Charles i Priscilla Studd

Żadna ofiara zbyt wielka

Eileen Vincent

Charles i Priscilla Studd

Żadna ofiara zbyt wielka

Fundacja Promocji
Literatury Chrześcijańskiej

Tytuł oryginału:
No sacrifice too great.
The story of C.T. Studd and Priscilla.

Autor:
Eileen Vincent

Przekład:
Anna Baranczuk

Korekta:
Izabela Turtoń

Redakcja:
Beata Szwarc-Kołak

Skład:
Zbigniew Kołak

Projekt okładki:
Radosław Krawczyk

Książkę można nabyć:
www.fplc.pl
e-mail: fundacja@fplc.pl
tel. (089) 646 08 20

ISBN 978-83-916850-1-3

Druk:
www.arkadruk.pl

Spis treści

Spis ilustracji

Przedmowa

Charles i Priscilla Studd – Boży mąż i niewiasta Boża! Oni nie robili nic „na pół gwizdka". W swoich czasach uznawani za kontrowersyjnych radykałów, pozostawili nam przykład godny naśladowania. Jak prawdziwych żołnierzy Chrystusa, ożywiało ich tylko jedno dążenie: ewangelizacja całego świata na chwałę Bożą. Chcieli, by piekło opustoszało, a niebo zapełniło się. Dla realizacji tego celu poświęcili bogactwo, wygodę, wspólnotę rodzinną i samych siebie.

Rozpłomienieni wizją, usilnie starali się obudzić uśpione kościoły i porwać do działania zajętych sobą wierzących. Kto może dziś policzyć, ilu ludzi rozpoczęło chrześcijańską służbę lub wyjechało na misje w rezultacie rzuconego przez nich wyzwania?

Oprócz organizacji misyjnej, którą sami założyli – Worldwide Evangelization Crusade – znam co najmniej dziesięć agencji misyjnych, które powstały pośrednio wskutek ich służby. Wiele z nich pojawiło się w następstwie działalności WEC w różnych krajach. „C.T." i „Matka Studd" energicznie propagowali poglądy, że istnieją całe nie zewangelizowane ludy i że ewangelizacja świata ma nastąpić w naszym pokoleniu. Te przekonania znajdują licznych zwolenników wśród pracowników współczesnych organizacji misyjnych.

Byli jednak tylko ludźmi. Mieli swoje słabości. Autorka przedstawiła je wiernie i z wyczuciem. Na tle duchowej wielkości naszych bohaterów ich słabości wydają się jeszcze większe. Nie możemy pozwolić, by umniejszyły ich osiągnięcia. Broń ukuta do walki z szatanem była czasem używana przeciw komuś innemu. Często byli przedmiotem kontrowersji, zwłaszcza w ostatnich latach życia. Każde posunięcie C.T. wzbudzało wielki zapał i poparcie, albo zaciekłą wrogość. Nikt nie mógł zachować neutralności wobec niego! Jakimi byli olbrzymami! Kim jesteśmy, by krytykować, jeśli sami nie mamy pragnienia, by praktykować równie potężną wiarę, wykazać takie samo samozaparcie i męstwo, ponieść równie kosztowne ofiary? Używając słów C.T. – czy jesteśmy „pasażerami w powozach Kościoła", czy „pchającymi machinę wojenną Boga"?

Ich serca oddane Bogu i Jego sprawie świecą na stronach tej książki. Oby i nasze płonęły tym samym współczuciem dla nie zewangelizowanego świata! Możemy wiele się nauczyć od tych wojujących świętych. Niech nas zainspiruje nawoływanie Charlesa Studda:

Niech nikt nie pomyli naszego celu; diabeł postara się schwytać wiele ryb w swoje sieci. Naszym celem jest EWANGELIZACJA WSZYSTKICH NIE ZEWANGELIZOWANYCH REGIONÓW ŚWIATA. Do tego upoważnia nas nadprzyrodzony nakaz Słowa Bożego. Na nic innego, choćby najpiękniej i najciekawiej wyrażonego nie mamy autorytetu, nic poza tym nas nie pociąga. Chcemy powrotu Jezusa. Nie dbamy o to, kto zakończy to chwalebne zadanie... Nieważne czy nasz udział jest wielki, czy nieznaczący. Nie spoczniemy i nie pozwolimy spocząć nikomu, dopóki to nie zostanie zrobione.

Patrick Johnstone
Sekretarz ds. Badań Międzynarodowych
WEC International

Wstęp

Koniec małych gier

Pewien amerykański korespondent prasowy był świadkiem zdobycia miasta przez komunistów. Gdy wokoło szalały pożary, napisał:

Gdy dzisiaj płonie Szanghaj,
Płonę i ja wraz z nim.
Lecz nie ma śmierci prawdziwszej
Niż ta, co duszę poraża.
Jedni padają od szrapnela,
Inni giną w płomieniach.
Większość umiera cal po calu
Rozgrywając małe gierki.

C.T. Studd nigdy nie zaliczał się do tej kategorii osób. Sięgał spojrzeniem poza „małe gierki", ku śmiertelnej walce, wiecznym płomieniom i ginącym ludziom. Oczami swego umysłu widział zgubionych płonących w piekle, nie mógł więc siedzieć bezczynnie.

Jego historia zachowuje swą aktualność i dzisiaj. Płomienie piekielne prześlizgują się przez szczeliny i pęknięcia w pozornie stabilnej budowli naszego społeczeństwa. Jedno miasto nie zaspokoi żarłoczności piekieł. Zagrożony jest cały świat.

Niniejsza książka została napisana w celu pobudzenia dzisiejszych chrześcijan, by odpowiedzieli na wołanie tych, którzy pozostają bez Chrystusa. I twój najbliższy sąsiad, i jakieś zapomniane plemię w oddalonym zakątku pilnie potrzebują dowiedzieć się tego, co ty już wiesz.

Diabeł nie przejmuje się zbytnio pojedynczymi narodzonymi na nowo ludźmi. Prawdziwym jego zmartwieniem są ci, którzy coś czynią, wydają wojnę jego królestwu. Szatan użyje wszystkich swych sił, by powstrzymać chrześcijan posiadających potencjalną moc do zdziesiątkowania jego królestwa, aby nigdy nie próbowali robić nic więcej poza chodzeniem do kościoła w niedzielę.

Życie przeciętnego chrześcijanina biegnie dwutorowo. Składa się z „normalnego" życia codziennego i w mniejszej części z życia duchowego. To drugie bywa ograniczone do kilku chwil w ciągu dnia i rzadko zmienia bieg pierwszego, mocno skoncentrowanego na świeckich postawach i dążeniach.

Kiedy C.T. Studd spotkał Boga, jego podwójne życie zakończyło się definitywnie. Od tego dnia należał wyłącznie do Jezusa. Żadna ofiara nie była zbyt wielka. Nie żył już dla siebie, codziennie każdym talentem i umiejętnością służył Bogu. C.T. Studd powiedział: „Jeśli Jezus Chrystus, będąc Bogiem, umarł za mnie, żadna ofiara z mojej strony nie może być zbyt wielka".

Oby historia Charlesa i Priscilli Studd obudziła w twoim sercu tą samą gorliwość i poświęcenie, by przed powrotem Jezusa potężne żniwo zostało zebrane. Oddani żołnierze kroczący w zastępach Chrystusa odepchną siły ciemności.

Obecne dni mają rozstrzygające znaczenie. Kościół musi obudzić się z letargu i w mocy Ducha, z nowym zapałem głosić ewangelię. Gorliwość i odwaga od Ducha Świętego sprawiły, iż wczesny Kościół podbił swoje pokolenie. Drogi Boże nie zmieniły się.

Niech i na nas, tak samo jak na nich, zstąpi w potężnym chrzcie ognia, który rozpali nasze serca i rozwiąże języki. Kościół posiada dziś więcej zasobów i możliwości nauczania niż kiedykolwiek przedtem. Nie możemy zasłaniać się niewiedzą. Nie potrzeba nam ani odrobiny poznania więcej. Bóg oczekuje posłuszeństwa.

Opowieść o życiu Charlesa i Priscilli brzmi jak akt oskarżenia przeciwko ewangelicznie wierzącemu Kościołowi, w którym ludzie umierają cal po calu. Pozostawmy nasze małe gry – również religijne – i zabierzmy się do dzieła.

Eileen Vincent
Listopad 1987

Rozdział pierwszy

Historia sukcesu

Coś musiało przemówić do niego z ogromną siłą. Co mogło sprawić, że ten młody, zamożny mężczyzna „zagrzebał się” w głębi Chin, a później wraz ze swą dzielną małżonką i czterema córkami pojechał do Indii? Jakby tego było za mało, po z górą trzydziestu latach nieustającej służby Jezusowi, jako człowiek pięćdziesięciotrzyletni sam wyruszył z pionierską misją do lasów Afryki Centralnej. Na ukoronowanie tej pracy, razem z żoną założył ogólnoświatową organizację misyjną, która i dzisiaj dociera do krańców ziemi.

Charles Thomas Studd urodził się w bogatej rodzinie 2 grudnia 1860 roku, za panowania królowej Wiktorii. Wychowywał się w atmosferze bezpieczeństwa i pewności, jaką w tamtych czasach cieszyło się ziemiaństwo. Jego nazwisko miało stać się sławne, a sukcesy w grze w krykieta miały uczynić go bohaterem narodowym.

W erze nieustających przemian trudno nam docenić zalety tamtego okresu, gdy życie przebiegało według od dawna ustalonych reguł. Bogacze pozostawali bogaci, a biedacy biedni. Zawiści chyba jeszcze nie wynaleziono. Nikt nie kwestionował wyznaczonego mu miejsca i drogi życiowej. Dziewczęta szły na służbę, a chłopcy uczyli się rzemiosła, inni studiowali w Eton, potem w Cambridge lub Oksfordzie i stawali się gentlemanami.

Edward Studd, ojciec Charlesa, był człowiekiem inteligentnym i przedsiębiorczym. Udało mu się zgromadzić fortunę, której połowa zadowoliłaby niejednego. Posiadał dwie plantacje indygo w Bihar, w Indiach północnych. Indygo, jako jedyny na świecie błękitny barwnik, stanowiło wówczas niezwykle intratny biznes.

Po przedwczesnej śmierci pierwszej żony Edward poznał Dorę Thomas pochodzącą z dobrze sytuowanej rodziny osiadłej w hrabstwie Bedfordshire. Tam też ożenił się z nią w 1856 roku. Rozpoczęli dostatnie życie, możliwe dzięki znacznym dochodom płynącym z Indii. Zamieszkali w Tedworth House, w hrabstwie Wiltshire. Przestronny dwór w stylu georgiańskim otaczał ogromny park, gdzie znalazło się dość miejsca na tor wyścigowy i boisko do krykieta. Wkrótce urodzili się czterej synowie. Gdy tylko byli w stanie utrzymać się w siodle, towarzyszyli ojcu w ulubionej rozrywce. Pasją jego życia były konie – hodowla, polowania, treningi i wyścigi. Nowa posiadłość zapewniała mu doskonałe możliwości rozwijania zainteresowań sportowych. Marząc o zwycięstwie w gonitwie Grand National, założył stadninę liczącą dwadzieścia koni. W 1886 roku jego koń Salamander zdobył upragnioną wygraną, dobiegając jako pierwszy do mety w tym najważniejszym angielskim wyścigu. Owego dnia radosnemu świętowaniu nie było końca.

Jak szczęśliwym człowiekiem musiał być Edward Studd! Jego rodzina powiększyła się, miał już sześciu synów i córkę. Charles był trzecim synem. Wydaje się, że Edwardowi nie brakowało niczego. Prowadził szczęśliwe życie bogatego ziemianina, otoczony gromadką dzieci, które rosły nie znając niczego oprócz obfitości, luksusu i przyjemności. Zawsze pełen był entuzjazmu, czerpał ogromną satysfakcję z życia sportowego i towarzyskiego.

W wieku siedmiu lat Charlie wraz z dwoma starszymi braćmi został posłany do szkoły przygotowawczej w Cheam. Później wszyscy trzej trafili do Eton, macierzy szlachty angielskiej. Chodzenie do kościoła było częścią życia szkolnego, formalnością, nad której sensem rzadko kto się zastanawiał. Religia nie wnosiła nic ciekawego, należało ją po prostu jakoś znosić. Po latach, wspominając dzieciństwo Charles powiedział: „Myślałem, że religia jest rzeczą niedzielną, jak niedzielne ubranie chowane do szafy w poniedziałek rano. Dzień odpocznienia był najnudniejszy z całego tygodnia, bo trzymaliśmy się niewłaściwego końca religii".

Niedługo trzech studentów miał spotkać niebywały szok. Życie w Tedworth stanęło na głowie od momentu gorącego nawrócenia Edwarda Studda. Posiadacz koni wyścigowych o duszy hazardzisty stał się zapalonym, nawracającym innych chrześcijaninem – była to chyba najbardziej kłopotliwa sytuacja, jaka mogła przytrafić się w życiu jego dzieci!

Edward Studd osiągnął już pięćdziesiąt sześć lat, siwiał, ale wciąż patrzył jasnym, przenikliwym spojrzeniem spod mocno zarysowanych brwi. Dni, tygodnie, miesiące i lata – jego życie płynęło, wypełnione po brzegi chwilami satysfakcji. Czas i energię poświęcał przemijającym przyjemnościom. Latem był to krykiet – treningi, mecze, tygodnie krykieta. Ku niezadowoleniu Dory dochodziło do tego, że w czasie letnich wakacji ogród ulegał zupełnemu zaniedbaniu, ponieważ ogrodników wciąż odrywano od pracy, by serwowali lub odrzucali piłki chłopakom podczas ćwiczeń.

Kolejnej rozrywki dostarczały konie, jazda z oszałamiającą prędkością wokół toru, a zimą dochodziły emocje polowania. Częste wyjazdy Edwarda na Tattersalls, słynne targi konne, zadecydowały o kupnie rezydencji w Londynie, przy Hyde Park Gardens 2. Można by pomyśleć, że życie Edwarda, jakie szczęśliwie dzielił między wieś, miasto i rodzinę, nie mogło mieć nic wspólnego z tak zwanymi misjami prowadzonymi w wielu miastach i miasteczkach wysp brytyjskich przez amerykańskiego ewangelistę D.L. Moody'ego i Irę D. Sankeya. Stało się jednak inaczej.

Rozdział drugi

Nowe życie

Zdarzyło się, że stary przyjaciel, pan Vincent, właściciel sąsiedniej plantacji w Indiach, utknął w Dublinie, spóźniwszy się na łódź powrotną z wyścigów w Punchdown. Mając w perspektywie wolny wieczór postanowił wybrać się do teatru. Pierwszy afisz, który przyciągnął jego uwagę reklamował Moody'ego i Sankeya. Nie znał tych nazwisk. Ciekaw, cóż to za przedstawienie, wszedł do środka.

Szybko zdał sobie sprawę, że niechcący znalazł się na spotkaniu religijnym. Sala była zatłoczona. „To na pewno jacyś znani kaznodzieje" – pomyślał. Na scenie Sankey śpiewał stary, rzadko intonowany hymn. Nie wiedzieć czemu Vincent chłonął każde słowo. Chociaż czuł się nieswojo w nieznanym otoczeniu, stał na swoim miejscu jak przykuty.

Gdy śpiewak zszedł ze sceny, powstał ewangelista D.L. Moody. Po jego kazaniu Vincent obserwował strumień ludzi płynący do sali rozmów. Nie, to nie dla niego. Odwrócił się, by dołączyć do osób przepychających się w kierunku wyjścia.

O dziwo, następnego dnia nie pojechał do domu. Wieczorem ponownie zajął miejsce wśród słuchających kazania. Choć nie wiemy na pewno, ile razy tak się działo, wiadomo, że przed opuszczeniem Dublina zapadła decyzja zmieniająca jego życie.

Z chwilą, gdy zabrzmiało zaproszenie, by przyjść do Jezusa, Vincent, pobudzony przez Ducha Bożego, stanął wśród oczekujących w kolejce do pokoju rozmów. D.L. Moody krótko zapytał: „Panie Vincent, czy wierzy pan, że Jezus Chrystus umarł za pana?". Ten odparł: „Wierzę". „Proszę Mu więc podziękować". Tak właśnie uczynił. Dublin opuścił jako przemieniony człowiek.

W miarę jak Moody i jego towarzysze odwiedzali kolejne miejsca, gazety wypełniły się sprawozdaniami z ich poczynań.

Największe sale kraju okazywały się za małe. Bogaci, biedni, młodzi i starzy przybywali tłumnie na spotkania, gdyż poruszały ich proste kazania Moody'ego i przesłanie płynące z pieśni śpiewanych przez Sankeya.

Problem braku miejsc rozwiązano stawiając specjalne hale, mieszczące po około pięć tysięcy osób. Zbudowano je w jedenastu najbardziej zatłoczonych dzielnicach Londynu. Moody przemawiał po dwa, trzy, a nawet cztery razy dziennie w salach wypełnionych po brzegi. Usłyszało go w sumie ponad dwa miliony ludzi.

Wśród licznych komentarzy prasowych wywołanych tymi wydarzeniami nie wszystkie były przyjazne. Edward Studd musiał się z nimi zetknąć. Z pewnością był co najmniej lekko zdziwiony niekonwencjonalnością owych spotkań. Pewnego razu oświadczył: „Chciałbym osobiście usłyszeć tego człowieka, gdy przyjedzie do Londynu. Musi być w nim coś dobrego".

Po powrocie do Londynu Vincent kontynuował swe nowe życie duchowe. Często bywał na nabożeństwach Moody'ego i Sankeya w teatrze Drury Lane. W tym okresie otrzymał list od Edwarda Studda, który pragnął podzielić się szczególną nowiną. Zakupił nowego konia, najlepszego ze wszystkich, jakie kiedykolwiek posiadał i postanowił wystawić go w wielkim wyścigu. Był tak pewien jego wygranej, że napisał: „Jeśli jesteś rozsądnym człowiekiem, przyjdź na wyścig i postaw wszystko co do pensa na mojego konia".

Przyjaciele postanowili spotkać się przy okazji przyjazdu Edwarda na londyńską giełdę koni. Właśnie opuszczali wspólnie Tattersalls, kiedy Edward spytał przyjaciela: „Ile postawiłeś na mojego konia?". „Nic" – odparł pan Vincent. Studd nie mógł uwierzyć. „Jesteś więc największym głupcem, jakiego znam. Mówiłem ci przecież, że wygra. No cóż, chociaż jesteś głupi, zapraszam cię na kolację".

Poszli do Hyde Park Gardens, do domu Studda. Podczas posiłku Edward był we wspaniałym nastroju. Zwrócił się do przyjaciela z pytaniem: „Gdzie spędzimy wieczór? Dokąd chciałbyś pójść?". „Może do Drury Lane?". „Co? Właśnie tam głoszą ci kaznodzieje, a przecież dziś nie niedziela. Lepiej wybierz jakieś przedstawienie albo koncert". „Czy nie spytałeś, dokąd ja chciałbym pójść? Chodźmy do Drury Lane".

Będąc człowiekiem słownym, Edward przystał na propozycję przyjaciela. Po przybyciu na miejsce okazało się, że okoliczności im nie sprzyjają. Przed wejściem do wypełnionej sali zgromadził się spory tłum ludzi usiłujących dostać się do środka. Vincent pospiesznie napisał kilka słów na swej karcie wizytowej i posłał ją przez stewarda do jednego z organizatorów. „Jest ze mną zamożny przyjaciel. Nigdy więcej nie uda mi się go tu przyprowadzić, jeżeli dziś wieczorem nie dostaniemy miejsc" – brzmiała notatka.

Podziałało. Steward wrócił, aby wprowadzić ich do środka bocznymi drzwiami. Po chwili siedzieli w pierwszym rzędzie, przed samym nosem D.L. Moody'ego. Edward utkwił spojrzenie w kaznodziei i nie odrywał ani na chwilę. Słyszane słowa zapadały mu głęboko w serce. „Chcę jeszcze raz usłyszeć tego człowieka" – powiedział, gdy wychodzili po zakończeniu spotkania.

Nawrócenie Edwarda Studda było definitywne. Z tą samą pasją, z jaką przez pięćdziesiąt sześć lat oddawał się przyjemnościom i zajmował końmi, podążył teraz za swym Zbawicielem. Zachował szczery i otwarty sposób bycia, który zademonstrował między innymi wtedy, gdy nie tylko w myślach, ale i w słowach nazwał Vincenta głupcem, kiedy ten oparł się pokusie gry na wyścigach.

Edward odważnie przyjął do wiadomości następstwa swego zbawienia i nie zawahał się wprowadzić zmian. W swym prostolinijnym umyśle nie brał pod uwagę możliwości jakiegokolwiek kompromisu w życiu chrześcijańskim. Wiedział, że nie może kontynuować dotychczasowego życia. Aby wyjaśnić tę kwestię raz na zawsze, umówił się na rozmowę z Moodym. „Czy teraz, kiedy jestem chrześcijaninem, powinienem przestać bywać na przyjęciach, wyścigach, polowaniach i przedstawieniach?". Moody odpowiedział równie bezpośrednio: „Wyścigi to zakłady, zakłady oznaczają hazard, a na to nie ma miejsca w życiu chrześcijańskim. Inne rzeczy? Proszę bardzo, ale mówię ci, że gdy raz zdobędziesz kogoś dla Chrystusa, stracisz zainteresowanie dla tych spraw".

Życie Studda dowiodło prawdy tych słów. Duchowe przebudzenie rozniecone przez misję Moody'ego i Sankeya, jak huragan wpadło do Tedworth House. Kiedy jakiś gość napomknął, że słyszał jakoby pan Studd stał się religijny czy coś w tym rodzaju, woźnica objaśniał zwięźle: „Cóż, proszę pana, nie mamy o tym pojęcia, ale mogę powiedzieć tyle, że choć skóra została ta sama, w środku siedzi nowy człowiek!".

Wiernie zaniósł on dobrą nowinę swym bliskim, lecz niestety nie był zbyt dobrym taktykiem. Przy każdej sposobności szarżował jak byk na zamknięte wrota. „Czy jesteś zbawiony? Jeśli nie, to z pewnością pójdziesz do piekła". To właśnie, powiedziane tonem dość nieuprzejmym, usłyszał jego szwagier George. Drzwi jego domu zamknęły się za Edwardem z trzaskiem i już nigdy nie został zaproszony. Herbert, jeden z młodszych synów, towarzyszył swemu ojcu w drodze do stajni, gdy ten zawołał przez trawnik do ogrodnika: „Giles, jesteś zbawiony?". Oburzenie i wstyd wypełniły serce młodego człowieka i nawet po sześćdziesięciu latach uczucia te były wciąż słyszalne w jego głosie, kiedy wspominał tę historię.

Zapewne Dora zastanawiała się, jak to wszystko się skończy. Edward stracił wszelkie zainteresowanie wyścigami, sprzedał konie. Zachował tylko po jednym koniu do polowania dla synów. Otworzył Tedworth House dla miejscowej ludności, pragnąc stworzyć im okazję do usłyszenia ewangelii. Objeżdżał okolice spraszając biednych i bogatych, aby posłuchali kaznodziejów zaproszonych przez niego z Londynu. Sam Moody przybył przy jakiejś okazji. Meble w domu zostały zastąpione przez ławki, a ich liczne rzędy całkowicie zapełniały się zgromadzonymi. Ludzie stali także tłumnie na schodach, wychylając się przez poręcze. Charlie i jego bracia pozostawali w izolacji od tych zdumiewających wydarzeń. Życie w Eton płynęło zwykłym trybem, podczas gdy Edward kontynuował wysiłki, aby nakłonić kogo tylko mógł do wysłuchania Moody'ego.

Gorliwość Edwarda Studda nie zmniejszyła się do dnia jego śmierci, kiedy zabrzmiały słowa: „W ciągu tych dwóch krótkich lat uczynił więcej jako chrześcijanin, niż większość czyni przez lat dwadzieścia". Nawet sposób, w jaki zakończył życie, stanowił odpowiednie epitafium dla tego dzielnego człowieka. Pewnego wieczoru, w drodze na spotkanie misyjne Moody'ego, nagle przypomniał sobie o jednym ze stajennych, którego miał zabrać ze sobą. Wyskoczył z jadącego powozu i ruszył biegiem z powrotem. Na nieszczęście poważnie uszkodził przy tym naczynie krwionośne w nodze i wskutek tego zmarł. Tym ostatnim czynem zamanifestował bezinteresowne poświęcenie. Pozostawił swoim synom wspaniały przykład, jak być nieustraszonym świadkiem.

Rozdział trzeci

Eton

W 1877 roku, roku nawrócenia ich ojca, Charles i jego bracia przeżywali innego rodzaju ekscytujące wydarzenia. Wszyscy trzej jednocześnie znaleźli się w drużynie krykieta reprezentującej Eton, a zdarzyło się to po raz pierwszy w historii zespołu. Otrzymawszy od ojca list z zaproszeniem do Londynu, od razu pomyśleli, że zabierze ich do teatru. Ale najgłębszym pragnieniem ich ojca było teraz zbawienie synów. Jakież było ich zdumienie, kiedy dowiedzieli się, że mają usłyszeć Moody'ego. Nigdy wcześniej chłopakom nie przyszło do głowy, że jacyś ludzie chodzą na spotkania religijne kiedykolwiek z wyjątkiem niedzieli. Przyznali jednak, że było ciekawie.

Chłopcy wrócili do szkoły i na jakiś czas sprawa przycichła. Po zakończeniu roku akademickiego szesnastoletni Charlie oraz jego dwaj bracia, wtedy liczący prawdopodobnie siedemnaście i osiemnaście lat, powrócili do Tedworth House. Często zwracano się do nich używając inicjałów imion. Najstarszy, Kynaston, zwany był J.E.K., George – G.B., a najmłodszy Charlie – C.T. Młodzi ludzie, nie znający nic prócz dostatku, powrócili na łono rodziny. Cały dom aż kipiał aktywnością. Młodszych chłopców ogromnie podniecała perspektywa obecności starszych braci w domu. Ci ostatni, zawsze gotowi do demonstracji swych umiejętności jeździeckich i gry w krykieta, stanowili dla młodszych braci źródło nieustającej radości. Dora z uśmiechem spoglądała na dzieci. Jakże zadowolona była widząc, że wyrastają na wspaniałych młodych mężczyzn.

Własny dom, nieważne – pałac czy chata, jest zwyczajny dla każdego dziecka. Dlatego nie sądzę, żeby młody C.T. Studd zachwycał się przepychem Tedworth House. Łagodnie wznoszące się stopnie schodów prowadziły z ogrodu do wejścia w stylu greckim. Cztery wysokie kolumny nadawały mu dostojnego charakteru. Wewnątrz, nieduży korytarz otwierał się na hol ze schodami o wdzięcznym kształcie wachlarza, spływającymi z balkonu okalającego pierwsze piętro. Hol łączył się z gustownie urządzonym salonem. Promienie słońca wpadały do środka przez duże okna. Służba pracowicie odkurzała i zamiatała pomieszczenie, wyposażone w drogie meble i bibeloty w stylu znamienitych domów epoki. W wieku szesnastu lat Charles wolał zapewne sprawdzić, ile uda mu się rzutów w krykiecie, niż podziwiać piękny ogród z trawnikami rozciągającymi się wokoło domu i inne wspaniałe widoki. Mam jednak nadzieję, że niektóre z tych obrazów zachował w pamięci.

Kilka lat później C.T. opowiadał grupie młodych ludzi o wakacjach w Tedworth i zdumieniu wywołanym przemianą ojca. „Nie mogliśmy pojąć, co mu się stało. Wciąż powtarzał nam, że jest »narodzony na nowo«, a wieczorem przychodził do mojej sypialni rozmawiać o duszy. Pytał czy jestem zbawiony. W końcu zmądrzałem i gdy tylko słyszałem jego kroki, natychmiast udawałem, że śpię. Każdy z domowników miał psie życie, dopóki się nie nawrócił. Ciągłe naciski ojca sprawiły, że unikaliśmy go, przechodząc na drugą stronę domu, gdy tylko dostrzegliśmy, że się zbliża".

Po roku Charles wraz z braćmi znów przyjechał do domu. Ich ojciec kontynuował program spotkań w Tedworth House. Z myślą o nawróceniu synów zaprosił na weekend dwóch młodych ludzi. Mieli też głosić słowo w niedzielny wieczór. Niestety, jeden z nich, Wetherby, nie wywarł na wysportowanych synach Edwarda najlepszego wrażenia. Ledwie zdołał utrzymać się w siodle i kiepsko grał w krykieta.

Tym niemniej Wetherby miał też swoje zalety. Tego popołudnia osobiście skłonił każdego z trzech młodzieńców do oddania życia Chrystusowi. Składając po latach świadectwo C.T. opowiadał: „Wychodziłem właśnie pograć w krykieta, kiedy niespodziewanie zatrzymał mnie i spytał: »Czy jesteś chrześcijaninem?«. »Nie takim, jak myślisz. Od małego wierzę w Jezusa Chrystusa. Oczywiście wierzę też w Kościół«. Myślałem, że pozbędę się go odpowiadając tak obcesowo, ale przykleił się jak wosk. »Pomyśl, Bóg tak umiłował świat, że Syna swego jednorodzonego dał, aby każdy, kto w niego wierzy, nie zginął, ale miał życie wieczne. Wierzysz, że Jezus umarł?«. »Tak«. »Wierzysz, że umarł za ciebie?«. »Tak«. »Czy wierzysz też w drugą część wersetu '...aby każdy, kto w niego wierzy, nie zginął, ale miał życie wieczne'?«. »Nie, w to nie wierzę« – odparłem. »Ale czy nie widzisz, że mówiąc tak, przeczysz Bogu? Jeden z was nie mówi prawdy, bo przeczycie sobie wzajemnie. Myślisz, że Bóg jest kłamcą?«. »Nie«. »Czy nie jesteś więc niekonsekwentny, wierząc w pierwszą część wersetu, a odrzucając drugą?«. »Na to wygląda«. »Czy zamierzasz trwać w tej sprzeczności?«. »Nie, myślę, że nie«. »W takim razie czy zechcesz teraz być konsekwentny?«. Byłem przyciśnięty do muru. Myślałem: »Jeżeli wyjdę z tego pokoju pozostając niekonsekwentny, nie będę mógł żywić do siebie zbyt wiele szacunku«. Odpowiedziałem więc: »Dobrze, zgoda«. »Spójrz więc – życie wieczne to dar. Kiedy ktoś ofiarowuje ci prezent na gwiazdkę, co robisz?«. »Przyjmuję go z podziękowaniem«. »Podziękujesz teraz Bogu za Jego dar?«. Wtedy uklęknąłem i rzeczywiście powiedziałem Bogu: »Dziękuję«. Natychmiast pokój i radość wypełniły moją duszę. Zrozumiałem, co znaczy narodzić się na nowo, a Biblia, dotąd tak sucha, stała się dla mnie wszystkim".

Nawróceniu C.T. na początku nie towarzyszyły ogień i zapał. Wrócił do Eton, nikomu nawet nie wspominając o swym kroku wiary. Chociaż to Wetherby przyprowadził Charliego do Chrystusa, ten jednak wiedział, że zawdzięcza swe nawrócenie modlitwom i gorliwości ojca. Skrycie podziwiał go. To ojciec był dla niego najprawdziwszym chrześcijaninem, jakiego kiedykolwiek znał.

Po niewielu dniach Dora i Edward otrzymali krótki list: „Drogi ojcze, powinienem był Ci o tym powiedzieć. Kiedy pan Wetherby był u nas, zaprosiłem Chrystusa do mego życia". List C.T. nie był jedyny. Jego bracia także przelali na papier swe wyznania wiary w Chrystusa. Sekrety wyszły na jaw, gdy Edward odpowiedział synom jednym listem. Chłopcy zdali sobie sprawę, że młody kaznodzieja był zdolniejszy niż im się zdawało. Aby być dobrym świadkiem, potrzeba z pewnością więcej odwagi niż do tego, by błyszczeć na polu krykietowym. Przyswojenie sobie tej lekcji miało zabrać Charliemu kilka lat.

Trzej studenci Eton od razu podjęli studiowanie Słowa pod przewodnictwem Kynastona. Dał się on poznać jako wierny naśladowca Pana i dobry przykład dla braci. Od tej pory Charlie znany był jako chrześcijanin, lecz jego główną pasją pozostał krykiet. Tak jak ojciec, był człowiekiem, którego cały umysł wypełniała jedna idea. Jeśli miał grać w krykieta, pragnął to robić jak najlepiej. Swoje najlepsze godziny poświęcał treningowi. Nieprzypadkowo w 1879 roku, gdy był kapitanem drużyny, w sprawozdaniach z meczu Eton – Harrow określano go jako bezkonkurencyjnie najlepszego gracza.

W opinii wydanej przed opuszczeniem szkoły, jego wychowawca napisał: „Mógłby zapewne uczyć się więcej, lecz jest to trudne dla kapitana jedenastki. Uczynił niemało dobra wszystkim, na których miał wpływ. Sądzę, że sekret jego ujmującego charakteru leży w tym, iż myśli raczej za innych niż za siebie".

Wraz z zakończeniem szkolnych dni nadchodził nowy okres w życiu Charlesa Studda.

Rozdział czwarty

Zdobyty

Z Eton droga wiodła prosto na Uniwersytet Cambridge, do Trinity College. Sportowa sława C.T. Studda wyprzedziła go. Od razu otrzymał błękitny klubowy strój, by przez następne cztery lata grać w uniwersyteckiej drużynie. Należał do jedenastki w 1882 roku, gdy zespół Cambridge w niezapomnianym meczu pokonał niezwyciężonych dotąd Australijczyków. Tego wieczoru nazwisko Studd znalazło się na ustach narodu. Cała trójka grała w zwycięskiej drużynie. C.T. prześcignął sam siebie w doskonałości rzutów. Nigdy wcześniej nie zdarzyło się, aby trzej bracia grali w jednym zespole, wszyscy z tak wielkim powodzeniem. Magazyn „Punch" nadał im miano „zespołu Studdów". Pewien bankier nosił przy kołnierzyku koszuli trzy złote spinki[1] z ich inicjałami. Najwyżej przypinał spinkę z inicjałami tego z braci, który zdobył danego dnia najwięcej punktów. Wspólnie Studdowie pobili pewien szczególny rekord, którego nikt w Cambridge nie powtórzył – każdy z nich po kolei był kapitanem drużyny.

O C.T. Studdzie nie można opowiadać nie wspominając o krykiecie. Była to jego gorąca pasja. Dzięki sukcesom na boisku stał się bohaterem narodowym. Starsi i młodsi podziwiali jego grę z jednakowym zachwytem. Jak każdy, kto znalazłby się na jego miejscu, Charles rozkwitał pod wpływem powszechnego uwielbienia. Gazety codzienne, magazyny krykietowe i wpływowi ludzie wychwalali go jednym głosem. „Lillywhites Annual" napisał: „C.T. Studd zajmuje pierwsze miejsce wśród obrońców w 1882 roku, bo trudno byłoby znaleźć trzy lepsze innings[2] w wykonaniu tak młodego zawodnika, niż jego trzypunktowe w meczu z Australią".

---

[1] Ang.: stud.

[2] W krykiecie runda obronna, podczas której drużyna zdobywa punkty.

W 1883 roku znów przypadło mu pierwsze miejsce wśród krykiecistów. „Sporo lat upłynęło, zanim miejsce to zajął sportowiec tak doskonały na każdej z trzech pozycji występujących w tej grze" – donosił komentator dnia. Doktor W.G. Grace, autorytet krykietowy tamtych lat, powiedział o C.T.: „Jest najznakomitszym członkiem znanej krykietowej rodziny, między 1881 a 1884 rokiem nieliczni grali lepiej niż on, występując na wszystkich trzech pozycjach".

Kariera krykietowa wydawała się nieunikniona. Jako zawodnik wysokiej klasy, reprezentował Anglię w wyjazdowym meczu z Australią i uczestniczył w wielu innych ważnych meczach.

Jak wpływało to na jego życie duchowe? Nie da się służyć dwóm mistrzom. Moody i Sankey podróżowali z misją po Wielkiej Brytanii, wywierając potężny duchowy wpływ na kolejne miasta, lecz nie objął on Charliego. Kiedy on i reszta drużyny cieszyli się sławą tych, którzy „odzyskali prochy"[3], Moody przyjechał do Cambridge. Brat Charlesa – Kynaston przewodniczył komitetowi organizacyjnemu tej wizyty. Wybór padł na niego, jako na oddanego chrześcijanina, nigdy nie unikającego rozmów z kolegami o ich potrzebie Chrystusa. Każdy student otrzymał zaproszenie na spotkanie misyjne podpisane: „J.E.K. Studd".

Po powrocie z Australii, Charlesa witało wielu przemienionych ludzi i gorąca atmosfera duchowa. Na różnych wydziałach zbierały się grupy modlitewne, wielu znanych studentów mówiło o pragnieniu zostania misjonarzami. Jego brat codziennie spotykał się w swym pokoju na modlitwę ze Stanleyem P. Smithem. Bez wątpienia modlili się o C.T., lecz nawet nie śnili o tym, że za kilka lat razem ze Smithem i „siódemką z Cambridge" popłynie on do Chin. W stanie „szacownego" odstępstwa Charles trwał sześć lat.

Był niezwykle popularnym człowiekiem. Jak zauważył jego wychowawca z Eton, miał ujmujący charakter i potrafił myśleć

---

[3] W 1882 roku, po przegranym meczu Anglii z Australią „The Sporting Times" zamieścił żartobliwy nekrolog zawiadamiający o śmierci angielskiego krykieta i zabraniu jego prochów do Australii, w roli trofeum. Od tej pory Anglia i Australia grały o to trofeum, odbijając je sobie wzajemnie.

C.T. Studd jako gracz krykieta. Reprezentacyjna drużyna Anglii na mecze z Australią w 1883 r.
Stoją od lewej: W. Barnes, F. Morley, C.T. Studd, G.F. Vernon, C.F.H. Leslie.
W drugim rzędzie: G.B. Studd, E.F.S. Tylecote, Hon. Ivo Bligh (Lord Darnley), A.G. Steel, W. Read.
Z przodu: R.G. Barlow, W. Bates

o innych. Wielkie poczucie humoru i wesołość stawiały go w centrum studenckich zabaw i żartów. Uroda, talent sportowy i wysoki wzrost (sto osiemdziesiąt dwa centymetry) nie pozwalały, by pozostał niezauważony.

Przez cały ten okres mało angażował się w życie duchowe. Jak sam opowiadał, nie miał nic przeciwko śpiewaniu „Sankeyów" przy pianinie, czy uczestnictwu w lekturze Słowa i modlitwie. Otoczenie uznawało go za chrześcijanina, bo chętnie rozdawał nowo przyjętym studentom zaproszenia na spotkania chrześcijańskie. Lata uniwersyteckie płynęły wśród sławy i sukcesów, lecz prawdziwy cel życia zostawał poza polem widzenia. C.T. balansował na krawędzi rzeczywistych wymagań wiary i nikogo nie przyprowadził do Jezusa. O latach tych powiedział później: „Zamiast mówić innym o miłości Chrystusa, samolubnie zachowywałem tę wiedzę dla siebie. W rezultacie moja miłość zaczęła słabnąć, wkradało się umiłowanie świata".

Zdumiewające, jak wiele mężczyzn i kobiet potężnie używanych przez Boga, wspomina o okresach nikłej duchowości. Przed C.T. Studdem leżały wielkie pokusy. Miał bogactwo i sławę, wszystko, czego zapragnął, mogło być jego – ale wkroczyć miał Ktoś jeszcze potężniejszy. Bóg ma swoje sposoby, by dotrzeć do każdego serca i zniweczyć moc pokusy.

Zbliżał się koniec studiów Charlesa w Cambridge, gdy nadeszła wieść o poważnej chorobie George'a – zapaleniu płuc. C.T. był mu z braci najbliższy wiekiem i usposobieniem. Kynastona jego bezkompromisowe chrześcijaństwo uczyniło człowiekiem dość surowym, aczkolwiek skrycie podziwianym. Może właśnie oddalenie się C.T. od najstarszego brata przyczyniło się do umocnienia relacji z Georgem. Wiele lat później, w 1927 roku Kynaston otrzymał stanowisko mera Londynu. Zaszczyt to godny tego szczerego człowieka. Pan ma wiele różnych sposobów, by nagrodzić wierność.

Charles pospieszył do Hyde Park Gardens. Wspiął się znajomymi schodami na trzecie piętro, szybkim krokiem przemierzył korytarz i wszedł do małej sypialni. Ciężkie zasłony okalały okna wychodzące na szarą ulicę. Obraz malujący się w pokoju sprawiał wrażenie, jakby musnęła go śmierć, tak samo jak zimowe drzewa na zewnątrz. George leżał w wysokim łóżku z mosiężnymi gałkami. Był przeraźliwie blady, przy każdym oddechu z jego piersi wydobywało się rzężenie. Stan brata przeraził Charliego. Tylko o rok starszy, George tak doskonale grał w krykieta. Należał do pamiętnej jedenastki, która pokonała Australię w Cambridge, grał w drużynie, która „odzyskała prochy". W kim mogło być więcej życia niż w tym wspaniałym, tryskającym zdrowiem, wysportowanym młodym mężczyźnie, występującym w barwach swego kraju? Ale teraz? C.T. usiadł przy łóżku i spojrzał w zmęczoną twarz George'a. Jakie myśli musiały przebiegać przez jego głowę? „O Boże! Życie jest tak kruche! To mogło spotkać i mnie!".

W bliskości śmierci cichną wszystkie inne głosy domagające się uwagi. Umysł nawiedzają myśli nieobecne w innych okolicznościach. Pojawiają się palące pytania domagające się odpowiedzi. Zgiełk świata już nie jest w stanie ich zagłuszyć. Co robię z moim życiem? O co w nim chodzi? Dokąd idę? Panie, co mam robić?

George dryfował między jawą i snem, z rzadka budząc się do końca. Mimo to w dniach choroby jego duchowe spojrzenie zyskało na ostrości. Rzeczywistość ducha wyraźnie odcinała się od zamazanego tła realiów świata. Wszystkie zainteresowania zbladły, poza Zbawicielem. Nic innego się nie liczyło. Całe jego kruche życie skoncentrowało się wokół Jezusa i Jego Słowa.

Noce były długie. C.T. miał wiele czasu na rozmyślania. Później dzielił się ze swoimi dziećmi myślami, które nawiedziły go podczas nocnego czuwania przy bracie. „Co warta jest ta cała sportowa sława? Co warte są bogactwa, gdy życie wisi na włosku? Co warte jest to wszystko? Nic na tym świecie nie ma żadnej wartości, kiedy śmierć zagląda w oczy. Życie, jedynie cenne jest prawdziwe życie. Cała reszta to marność. Marność nad marnościami, wszystko marność".

To doświadczenie otrzeźwiło go. Duch Święty, zawsze wierny, w sposób niepojęty wykorzystał stan George'a, by nauczyć Charliego ważnej lekcji. Być może miały w tym swój udział dwie starsze damy, przyjaciółki Edwarda Studda, które podjęły się modlitwy za C.T. Ich wierność bez wątpienia odegrała rolę w jego powrocie do Pana.

Kiedy już mógł opuścić stanowisko przy łożu brata, postanowił pójść na nabożeństwo Moody'ego. Działo się to w styczniu 1884 roku, gdy Moody głosił w St. Pancras w Londynie. Czas spędzony z bratem zmniejszył zaangażowanie C.T. w sprawy świata. Samodzielnie dostrzegł ulotność ziemskiej sławy i pozycji w świetle wiecznych wartości. Kiedy znalazł się na spotkaniu, wszystko przemawiało do niego z wielką siłą. Pieśni wyciskały łzy z oczu, kazanie odbierał jako skierowane do niego osobiście. Jego serce stało się miękkie i wrażliwe. Zniknęła światowość tak długo oddzielająca go od Boga – usłyszał Słowo Pana.

C.T. powiedział po prostu: „Bóg przyprowadził mnie z powrotem". Odnowił swoje poświęcenie Panu. To, co uczynił jako chłopiec, nie było wystarczające dla mężczyzny. Dawno „wyrósł" ze swego nawrócenia w wieku lat szesnastu, tego wieczoru zawarte zostało nowe przymierze. „Panie, wszystko, czym jestem i co mam jest Twoje. Moje życie przeżyję tylko dla Ciebie".

Jaka radość przepełniła jego serce! Natychmiast dał temu świadectwo. Jakby nowe życie wypełniało teraz każdą chwilę i ożywiało pragnienie dzielenia się zbawieniem. George odzyskał zdrowie, a Charles, zwolniony z obowiązku opieki, każdą chwilę poświęcał ewangelizowaniu. Niepohamowany w zapale, przyprowadzał tylu ludzi, ilu tylko zdołał, by posłuchali ewangelisty. Kolejny przyjazd Moody'ego miał miejsce podczas któregoś z ostatnich semestrów C.T. w Cambridge. Jak można było przewidzieć, wkrótce przyprowadził do Chrystusa pierwszą osobę. Jego radość była ogromna. Czuł się najszczęśliwszym z żyjących, na chwilę przyszłość przestała dla niego istnieć. Opisywał: „Zasmakowałem wielu przyjemności w życiu, lecz z tą nic nie może się równać". Zdobywanie dusz miało w sobie coś, co szczególnie pociągało jego ducha. Może jakąś rolę odegrała tu sportowa żyłka? Jeśli już przystąpił do akcji, nie dało się go powstrzymać. Znalazł cel życia, odkrył autentyczną radość, nieporównywalną z powierzchownymi uciechami świata. Nieustraszenie świadczył młodszym studentom. Zdarzyło się, że przemawiał obok Kynastona na jednym z mniejszych spotkań organizowanych w ramach kampanii Moody'ego. Pośród tych, którzy odpowiedzieli wtedy na zew Chrystusa, był młody student medycyny, w przyszłości sir William Grenfell, znany misjonarz z Labradoru.

Zbliżał się sezon krykietowy, a z nim pytanie: grać czy nie? Dla Charlesa gra straciła swój urok, zbladła wobec otwierającej się przed nim ekscytującej służby. Zagrał w kilku meczach, przy okazji zapraszając kilku zaprzyjaźnionych zawodników na nabożeństwo Moody'ego. Stosował technikę ojca: „Zaproś ich, by posłuchali Moody'ego, a będą zbawieni". „Rozdawaj swój chleb w obfitości, a po wielu dniach odnajdziesz go". C.T. raczej nie miał na myśli tego wersetu, zapraszając członków krykietowej reprezentacji Anglii na nabożeństwo. Ten sezon zakończył się dla Charlesa Studda zupełnie innym triumfem. Oglądał nowe narodzenie niektórych członków drużyny. Wiele lat później, gdy pracował w Afryce, kilku z nich stale pamiętało o nim w codziennych modlitwach.

Kampania Moody'ego zakończyła się 19 czerwca 1884 roku. Dobiegły też końca uniwersyteckie lata C.T. Studda. Jego serce nie należało już do krykieta. Pytał: „Co mam robić, Panie? Chcę służyć jedynie Tobie".

Rozdział piąty

Czas decyzji

Podczas ostatnich dwóch semestrów w Cambridge, C.T. nawiązał przyjaźnie mające w przyszłości wywrzeć wielki wpływ na jego życie. Jak ważne – wtedy jeszcze nie mógł wiedzieć. Stanley P. Smith, bliski przyjaciel Kynastona, opuścił Cambridge i został nauczycielem w Newlands School w południowym Londynie. Charles spotkał go pewnego dnia podczas pobytu w stolicy. Smith promieniował radością, nie mógł się powstrzymać, by nie opowiedzieć o cudownym błogosławieństwie, jakie go niedawno spotkało. Rozmawiając, udali się do Hyde Park Gardens. Po wyjściu Smitha Charlie zrozumiał, że stoi przed nowym wyzwaniem.

Kilka miesięcy wcześniej Stanley Smith przeszedł duchowy kryzys, w wyniku którego postanowił poświęcić całe życie Chrystusowi. Lecz wydarzyło się coś jeszcze, co sprawiło, że nie mógł milczeć tego dnia. Mieszkając w Londynie miał wiele okazji, by uczestniczyć w nabożeństwach i ewangelizacjach. Na jednym ze spotkań Armii Kościoła (Church Army) odpowiedział na wezwanie kaznodziei i poprosił o modlitwę o chrzest w Duchu Świętym. W trakcie modlitwy poczuł jak zstąpiła moc, która sprawiła, że od tej pory świadczył z wielkim oddaniem i zapałem. Rozmawiał z każdym bez strachu, nawet w najbardziej niezwykłych okolicznościach. Smith nie potrafił ukryć radości. Nietrudno wyobrazić sobie, jakie wrażenie jego opowieść wywarła na Charlesie, otoczonym duchową próżnią, nie wiedzącym dokąd iść.

Upłynęło sześć pracowitych miesięcy od dnia, kiedy C.T. ponownie powierzył swe życie Chrystusowi. Nie był kimś, komu trawa rośnie pod stopami. Chciał coś robić i to zaraz! Nigdy nie odstąpił od zamiaru pójścia za Chrystusem całym sercem, nawet gdy czuł się sfrustrowany i brakowało mu prawdziwego pokoju. Teraz pragnął przede wszystkim wiedzieć, co ma robić w życiu, lecz prowadzenie opuściło go. Odbywał długie rozmowy z wierzącymi przyjaciółmi, lecz każdy z nich udzielał mu innej rady. Żadna z nich nie przekonała Studda. Desperacko pragnąc poznać zamysł Pana, popadł w stan zatroskania i niepokoju. W miarę rozwoju wydarzeń coraz bardziej tracił cierpliwość. Pod koniec czerwca 1884 roku czuł się bardzo przygnębiony. Prawdopodobnie nie bez znaczenia był fakt, że jego przyjaciele z college'u – Smith, Hoste i Cassells – wiedzieli już, co mają robić. Każdy z nich z osobna podjął decyzję służby Chrystusowi w Chinach. Charliemu taka myśl nie przyszła do głowy.

Sytuacja ciążyła mu tak bardzo, że poczuł się niezdrów. Stało się jasne, że potrzebuje odpoczynku, postanowił więc zregenerować siły na wsi. Spędzone tam trzy miesiące poświęcił na szukanie Boga. Chociaż chciwie pochłaniał Słowo Boże, nie pomogło mu to odnaleźć Jego wolę. Pod koniec rekonwalescencji czuł się znacznie lepiej, lecz ani na jotę mądrzejszy. Czas płynął, a Pan nie przemawiał do niego. Należało podjąć decyzję, przyjął więc, że zanim otrzyma wyraźne wskazówki, podejmie studia adwokackie.

W rzeczywistości nigdy nie wykonał żadnych kroków w tym kierunku, bo zaraz po powrocie do Londynu uznał ten pomysł za niewłaściwy. Jak mógłby podjąć się nauki zawodu obcego jego sercu? Wszystkim, czego pragnął, była służba Chrystusowi. I tak miał więcej niż potrzebował. Czy byłby w stanie spędzać całe dni pracując dla własnego zysku, wiedząc jednocześnie, że miliony idą do piekła? Pragnieniem jego serca było głosić Chrystusa i oglądać zbawionych ludzi.

Choć wtedy C.T. nie mógł tego zrozumieć, w tym trudnym okresie odbierał ważną lekcję. Z racji swej pozycji w kraju i charyzmy osobistej, mógł czuć się kimś szczególnym. Czyż nie był dla Królestwa Bożego cennym nabytkiem? Jak to możliwe, że pozostawał bezczynny, poświęciwszy tak wiele? Na pewno gdzieś była odpowiednia dla niego służba. Duch Święty posłużył się tą niejasną sytuacją, aby wykonać swoją pracę w sercu Charlesa Studda.

W tamtym czasie do jego rąk trafił traktat autorstwa jakiegoś ateisty. Głosił on:

Gdybym naprawdę wierzył, tak jak miliony twierdzą, że wierzą, iż znajomość i praktykowanie religii w życiu doczesnym ma znaczenie dla życia przyszłego, religia byłaby dla mnie wszystkim. Porzuciłbym ziemskie uciechy jako śmieci, ziemskie troski jako głupstwo, ziemskie myśli i uczucia uznałbym za marność. Pierwszą myśl po przebudzeniu i ostatnią przed snem kierowałbym ku religii. Trudziłbym się tylko dla niej. Wszystkie myśli kierowałbym ku jutru wieczności. Zdobycie jednej duszy dla nieba uznałbym za warte cierpień całego życia. Ziemskie konsekwencje nie powstrzymałyby mnie od czynu ani nie zamknęły ust. Ziemia, jej radości i smutki nie zajmowałyby mnie ani na moment. Starałbym się brać pod uwagę jedynie wieczność i otaczające mnie nieśmiertelne dusze, wkrótce wiecznie szczęśliwe lub na wieki potępione. Poszedłbym do świata, aby głosić w czas dogodny i niedogodny, a moim przesłaniem byłyby słowa: „Albowiem cóż pomoże człowiekowi, choćby cały świat pozyskał, a na duszy swej szkodę poniósł?".

Potępiający ton owego traktatu mocno zapadł w serce C.T. Spojrzał przez jego pryzmat na własne życie i doszedł do wniosku, że nie był do końca konsekwentny w swym chrześcijaństwie. To niezwykłe dzieło literackie popchnęło go ponownie do szukania Bożej woli. Tym razem wiedział już, że nie ma sensu zwracać się do ludzi. Chciał usłyszeć samego Boga.

Lato 1884 roku skłaniało się ku jesieni. Mimo gorliwych poszukiwań Charles wciąż nie znał woli Pana. Wielu szczerych wierzących przeszło przez podobne doświadczenia. Kiedy chcieli dowiedzieć się, co robić w życiu, światło Ducha kierowało się na nich samych. W takich chwilach wydaje się, że dla Boga mniej ważne jest to, co robimy niż to, kim jesteśmy.

Całe zamieszanie poprzednich miesięcy teraz sprowadzało się do jednej sprawy. C.T. Studd znalazł się w centrum Bożego prześwietlania. I co się okazało? Z bolesną ostrością uświadomił sobie własną potrzebę mocy. Bóg chciał wyposażyć swego sługę, zanim odkryje mu swój plan.

Może C.T. przypomniał sobie świadectwo Stanleya P. Smitha, a może osobista lektura Biblii sprawiła, że zrozumiał potrzebę chrztu Duchem Świętym i mocą.

Pan wciąż mówił do niego. Człowiek niegdyś tak pełen, szukał teraz napełnienia, dawny zapaleniec zrozumiał, że jest w potrzebie i zapragnął siły Ducha.

W tym przypadku prostolinijność umysłu Studda działała na jego korzyść. Nie spoczął, dopóki nie otrzymał tego, co Bóg dla niego miał. Z dziecięcą prostotą uwierzył Pismu i przyjął pełnię Ducha w osobistej modlitwie. Uwarunkowany teologią tamtych dni, nie spodziewał się, że mógłby otrzymać dary Ducha Świętego. Ten wymiar życia duchowego pozostał poza jego zasięgiem. W owym czasie zjawiskiem nowym była intensywna ewangelizacja Armii Zbawienia czy nauczanie o świętości zgromadzenia z Keswick (Keswick Convention). Ludzie głodni Boga gromadzili się tłumnie, by szukać świeżego napełnienia Duchem przez uniżenie się w pokucie.

Kilka dni później zaproszono Charlesa na studium biblijne. Rozmowa od początku skoncentrowała się wokół pewnej pani, znanej zebranym. „Czy słyszeliście o błogosławieństwie, jakie spotkało panią Watson?". Była to dobra chrześcijanka, od lat wiernie służyła Chrystusowi. Opowiadano, że mimo wielu trudności i kłopotów życiowych, jej udziałem stało się trwałe błogosławieństwo – serce jej wypełniał pokój, którego nic nie było w stanie naruszyć. „Ona żyje w doskonałym pokoju" – mówiono. Zebrani postanowili sprawdzić czy Biblia mówi coś na ten temat. Nim spotkanie dobiegło końca, klęczeli modląc się o „pokój Boży, który przewyższa wszelki rozum" (Fil. 4,7) i o „radość niewysłowioną" (I Piotra 1,8).

Po powrocie do domu, w zaciszu własnego pokoju C.T. jeszcze raz przedłożył Panu tę sprawę. Gorliwie pragnął żyć każdym błogosławieństwem Bożym. Wcześniej kupił książkę „Chrześcijański sekret szczęśliwego życia" napisaną przez Hannah Whitall Smith. Tam znalazł jasno wyłożone kroki do życia wypełnionego mocą Bożą.

Przeczytał: „By osiągnąć błogosławione wewnętrzne życie odpocznienia i triumfu, musisz wykonać dwa kroki. Pierwszy z nich to zupełne oddanie, drugi – absolutna wiara". Przyjąwszy pouczenie czytał dalej, a Pan mówił do niego. Wspominając to przeżycie kilka lat później, opowiadał: „Odkryłem, że owo błogosławieństwo Bóg daje każdemu gotowemu i chętnemu je przyjąć. Ja nie otrzymałem go tylko dlatego, że nie dałem mu miejsca. Siedząc w samotności i rozmyślając spostrzegłem, że nie oddałem Panu tego, co należało do Niego". Kupiono go za cenę drogocennej krwi Jezusa, a on, jak złodziej, kradł Bożą własność. Był własnością Jezusa, lecz, jak sam mówił, nie oddał Mu się bez reszty. Powiedział: „Kiedy uświadomiłem sobie, że Jezus umarł za mnie, nie było ciężko oddać Mu wszystko. To była zwyczajna uczciwość". Klęcząc, modlił się z całego serca słowami hymnu Frances Ridley:

Weź życie me i niechaj będzie
Poświęcone Tobie, Panie.

Jego oddanie się Panu było pełne. Nic nie zatrzymał sobie. W prostocie wierzył, że Bóg zachowa to, co Mu powierzono. „Zdałem sobie sprawę, że mam żyć życiem prostej, dziecięcej wiary. Mam ufać Jemu, a On będzie działał we mnie według własnego uznania". Od tej chwili wszystko wyglądało inaczej. Niepewność minionych miesięcy uleciała. Pokój i radość napełniły duszę Charlesa.

Śledząc duchową podróż Studda, znowu widzimy go w akcie poświęcenia całego życia. Jak to możliwe? Przecież gdyby naprawdę oddał Bogu wszystko po swoim odstępstwie, nie byłoby potrzeby robić tego jeszcze raz. Możemy jedynie wierzyć, że był on prawdziwie szczery na każdym etapie tego procesu. Za każdym razem czynił to zgodnie ze swym najlepszym rozumieniem. Pan zapraszał go do bliższej społeczności z sobą i chodzenia w większej mocy. Jak ktoś powiedział: „Ewangelia jest za darmo, ale kosztuje cię wszystko". C.T. przekonał się, że im lepiej pojmuje ewangelię łaski, tym silniej porusza go wezwanie, by zostawić wszystko dla Chrystusa i Jego sprawy.

Niedługo po tym wydarzeniu Pan zdjął zasłonę okrywającą przyszłość C.T. Studda.

Rozdział szósty

Wiek przemian

Abyśmy lepiej rozumieli najważniejsze wpływy oddziałujące w życiu C.T. Studda, rzućmy okiem na epokę, w której przyszło mu dorastać. Jak my wszyscy, był człowiekiem własnej generacji – ery wiktoriańskiej, z jej ogromnymi nierównościami społecznymi, gdy spadła wreszcie zasłona tajemnicy tak długo okrywająca daleki świat. Nagle żadne miejsce na ziemi nie było zbyt daleko, by się tam dostać, mając dość chęci i odwagi.

Wiemy, że w college'u C.T. nie miał zbyt wiele czasu na cokolwiek prócz krykieta, lecz na pewno docierały do niego echa dysput ówczesnych myślicieli i działaczy pragnących kształtować zmieniające się społeczeństwo. Mógł poczuć „wiatr" swej epoki przynoszony na uniwersytet przez wielu gości, chrześcijan i świeckich.

W czasie, kiedy C.T. poszukiwał Bożej woli dla swego życia, królowa Wiktoria zbliżała się do złotego jubileuszu. Rządziła Anglią od młodych lat, wywierając niezatarty wpływ na życie narodu. Od 1861 roku prowadziła życie pustelnicze, przywdziawszy wdowią czerń. Surowy, posępny wizerunek nie przysparzał jej sympatii ludu. Nie ulegała presji opinii publicznej, nawet podczas uroczystości państwowych nie nosiła korony ani szat królewskich, wolała swój czarny czepek skromnie ozdobiony białą koronką. Stała się raczej instytucją niż osobą kochaną. Pomimo tego, normalne życie rodzinne, jakie wraz z księciem Albertem prowadzili, skutecznie zamknęło rozdział zapisany przez rozwiązły styl życia jej bezpośrednich przodków. Dzięki temu przyszłość angielskiej monarchii była bezpieczna, a naród nie odrzucił władzy rodziny królewskiej i nie poszedł w ślady republikańskiej Francji.

Studd wyrastał w wieku przemysłu, ciągłego postępu technicznego zmieniającego oblicze Anglii. Choć wygasło już życie duchowe, generowane przez przebudzenia XVIII wieku, nie zahamowało to zapoczątkowanych przez nie przemian społecznych. W XIX wieku zaznaczyła się rola filantropów we wprowadzaniu nowych rozwiązań prawnych, stworzonych w intencji niwelowania najbardziej rażących przejawów niesprawiedliwości społecznej. Byli to głównie chrześcijanie nowego typu, którzy pojawili się na scenie wskutek ewangelicznego przebudzenia wydobywającego Brytanię ze średniowiecza. Ich wysiłki obudziły świadomość wielu zwykłych ludzi. Ci ludzie o wielkich sercach zabrali się za problemy szybko narastające wraz z przyspieszeniem radykalnych zmian w społeczeństwie.

Nowe okręgi przemysłowe jak magnesy przyciągały ludzi do fabryk. Wokół nich chaotycznie, jak grzyby po deszczu wyrastały miasta. Ich mieszkańcy porzucili nędzę wsi dla jej gorszej odmiany. Brudne domy – zatłoczone szopy bez sanitariatów – były jedynym schronieniem po długich dniach harówki w równie odpychających warsztatach.

Bezdomność, nędza i nieludzkie warunki pracy, dotyczące również kobiet i dzieci, wykreowały rozległą subkulturę. William Booth, założyciel Armii Zbawienia, nazwał „pogrążonym odsetkiem" całą tę warstwę społeczną bez Kościoła i bez Chrystusa.

Koncentracja nędzy i wyzysku w miastach północnej i centralnej Anglii była punktem zapalnym dla ruchów reformatorskich, za czasów Studda zyskujących wpływ na każdy aspekt życia kraju. Edukacja, warunki pracy, ochrona kobiet i dzieci, reforma więziennictwa, kanalizacja miast, rozszerzenie praw obywatelskich stały się przedmiotem gorącej debaty politycznej. Aby wprowadzić fundamentalne zmiany w prawie, włączyli się w nią gorliwi chrześcijanie, motywowani miłością Chrystusa.

Palące potrzeby ubogiej klasy pracującej wołały o zaspokojenie. Jej jedyną siłą była liczebność i groźba strajków. W wyniku kryzysu rolnego i przemysłowego lat 70. i 80. wielu robotników głodowało. Rosły nastroje bojowe, lecz z pomocą grupy przychylnie nastawionych parlamentarzystów wprowadzono prawo o związkach zawodowych. Ten skromny początek wyznaczył drogę na przyszłość.

Odwiedzający Anglię pod rządami Wiktorii byłby zapewne zachwycony osiągnięciami nowych technologii, inżynierią, nowoczesnymi fabrykami i jakością wytwarzanych produktów. Wielka Wystawa w 1851 roku stała się pierwowzorem współczesnych targów światowych. Pod jednym dachem zgromadzała wszystkie cuda nowej epoki industrialnej, dumnie przedstawione całemu światu.

Wielka Brytania miała wiele powodów do dumy. W 1848 roku wytworzono tutaj połowę światowej produkcji surówki stali, aby w ciągu trzydziestu lat potroić jej produkcję. Wartość brytyjskiego handlu zagranicznego przewyższała handel francuski, włoski i niemiecki łącznie. Jako młody kraj, Stany Zjednoczone wciąż nie stanowiły poważnej konkurencji. Zjednoczone Królestwo było bogate, dumne i potężne.

Tradycyjnie warstwą zamożną było ziemiaństwo, a teraz pojawili się nowobogaccy, „gentlemani" własnej produkcji, z fortunami płynącymi przez ich ręce jak woda w wielkich młynach zakładów przemysłu wełnianego.

Obok tych rewolucyjnych przemian, do powstania imperium „nad którym słońce nigdy nie zachodzi" doprowadziła ekspansja światowa Korony. Epoka wiktoriańska stawiała wiele wyzwań przed młodym, wykształconym gentlemanem. Jeśli nie pociągała go kariera w przemyśle – a większość nawet nie brała jej pod uwagę – mógł próbować swych sił w polityce, dającej teraz więcej realnej władzy, albo wstąpić do armii bądź służby zagranicznej, co otwierało drogę do jednego z licznych stanowisk w administracji i zarządzaniu odległymi zakątkami Imperium Brytyjskiego.

Na uniwersytetach, zwłaszcza w Oksfordzie i Cambridge, stan rzeczy nie zmienił się. Pozostały zamkniętymi klubami dla wyższych klas, dokąd większość studentów trafiała z prywatnych szkół. Przygotowywały młodych mężczyzn do zajmowania wpływowych stanowisk, do roli przywódców. Ich absolwenci mieli dowodzić armią, zasiadać w parlamencie, przewodzić w Kościele anglikańskim lub reprezentować królową w świecie. Młody człowiek wywodzący się z tych kręgów, który przyjął ewangelię, szybko trafiał na pierwszą linię frontu – przywództwo miał we krwi. Rozumiał dobrze potrzebę przedsięwzięć misyjnych, posiadał środki i możliwości ich realizacji.

Imperium stwarzało chrześcijanom szczególne możliwości. Mimo, że metody kolonizacji stosowane przez niektórych wywoływały w kraju zaniepokojenie, idealiści pocieszali się, że zachodnie standardy edukacji i chrześcijaństwo „zdobędą pogan". Niekiedy misjonarze wyprzedzali sztandar, lecz częściej podążali szlakiem przetartym przez przedsiębiorców i kupców.

Za dni Studda podróżowanie po świecie było coraz mniej niezwykłe. On sam dwukrotnie udawał się do Australii, by grać w krykieta. Także robotnicy, zmuszeni ciężką sytuacją, w poszukiwaniu lepszego losu emigrowali do Stanów Zjednoczonych, Australii czy nowych kolonii. Świat powoli kurczył się.

Chociaż mniejszy, nadal szykował podróżnikowi wiele fascynujących niespodzianek. Trwał wiek odkryć, wciąż zdobywano dziewicze szczyty, odnajdywano źródła rzek, odkrywano nowe gatunki roślin, owadów, a nawet większych zwierząt. Ekspedycje naukowe Królewskiego Towarzystwa poszukiwały ukrytych cudów natury.

Ich raporty ogromnie interesowały chrześcijan, ponieważ zawierały relacje o plemionach i ludach żyjących w mrokach zabobonów i pogańskich praktyk. Misjonarze, w swych wyprawach kierowani niejednokrotnie tą samą żądzą przygód i pasją badawczą, powracali, by zdać sprawę z ciężkiego losu żyjących bez Chrystusa.

Wielkie poruszenie misyjne było u szczytu. Każde nowe terytorium stanowiło wyzwanie dla żarliwych wierzących. John Paton, ignorując opowieści o kanibalizmie, pojechał na wyspy Pacyfiku. Często historie takich dzielnych ludzi porywały innych do czynu. Powstało wiele towarzystw misyjnych wysyłających wolontariuszy na cały świat. Powracające wieści o kłopotach, chorobach, sprzeciwach, a często śmierci, nie odstraszały następnych od pójścia w ich ślady. Najważniejsze było, aby każdy usłyszał dobrą nowinę. Ludzie szli do narodów, a Duch Boży otwierał serca i przygotowywał drogę. Z pewnością C.T. czytał o odwadze i przygodach Davida Livingstone'a. Był on przykładem chrześcijanina, który głoszenie ewangelii połączył z walką przeciw chorobom i niewolnictwu, jednocześnie podejmując się rozległego zadania eksploracji, gromadzenia pomiarów i sporządzania map. Za swój cel przyjął ujrzeć ciemny kontynent afrykański otwarty na światło ewangelii.

O wszystkich tych sprawach na pewno wiele mówiono w Cambridge, lecz James Hudson Taylor, założyciel Chińskiej Misji Wewnętrznej, sprowokował najwięcej dyskusji. Oto pojawił się człowiek skupiający cały idealizm epoki, nakierowany ku chrześcijańskim celom. Nieustraszony pionier misji, dzięki któremu miliony Chińczyków zaistniały w świadomości Kościoła. Chiny potrzebowały ewangelii teraz. Chiny potrzebowały misjonarzy, a nikt nie mówił o tym z większym przejęciem niż Hudson Taylor.

XVI, XVII i XVIII stulecie miały swoje poruszenia duchowe, lecz w XIX, do 1880 roku, Anglia nie doznała odświeżenia, poza przebudzeniem 1859 roku w Irlandii. Życie duchowe gasło, toczyła się walka o czystość nauki ewangelicznej. W społeczeństwie zachodziły bolesne przemiany, wszystkie jego instytucje poddawano krytyce, prawie każdy czuł się upoważniony do wydawania osądu. To, co dzieje się w świecie, zwykle przenika do Kościoła. Nadszedł wiek wojującego racjonalizmu.

Większość ludzi chodziła do kościoła. Działali słynni kaznodzieje, jak Spurgeon czy biskup Ryle. Wydawało się, że Kościół się rozwija, chociaż, jak już była o tym mowa, duża grupa – klasy pracujące – pozostawała poza jego zasięgiem. Założona w 1865 roku Armia Zbawienia podjęła to nowe wyzwanie misyjne, by dotrzeć do owych zapomnianych ludzi.

Wrażenie życia i rozwoju było na tyle silne, że niewielu dostrzegło nowych, podstępnych wrogów podkopujących pozycję Kościoła. Na scenę wystąpił darwinizm, potrząsając wiarą w Słowo Boże. Nie trwało długo, a teolodzy niemieccy oświadczyli, iż brak powodów, abyśmy traktowali Biblię inaczej niż pozostałe książki. Powinniśmy badać i poddawać krytyce jej źródła i korygować w razie potrzeby, jak dzieła omylnych ludzi. Ten tak zwany wyższy krytycyzm rozprzestrzenił się w brytyjskich kościołach, college'ach teologicznych i uniwersytetach. Miał katastrofalny wpływ na świadectwo ewangelii, a rezultaty tego trwają do dziś. Prawda ewangelii walczyła o przetrwanie.

Moody i Sankey przybyli na Uniwersytet w Cambridge, by poruszyć pokłady niewiary, sceptycyzmu i sformalizowanej religii. Moody przedstawił tę samą prostą ewangelię bez jakichkolwiek religijnych tonów, głosząc do tłumów robotników. Brzmiało to szorstko, wręcz obraźliwie, lecz niosło siłę Ducha Świętego przekonującego o grzechu. Ci młodzi ludzie usłyszeli o prawdziwym chrześcijaństwie, dotąd znanym im tylko od strony formalnej. Zdobyło ono serca i wyobraźnię setek. Rozpoczął się ruch mający porwać za sobą synów bogatych, znanych rodów i uczynić ich gotowymi porzucić wszystko, by pójść za Chrystusem.

W swojej służbie Moody wyraźnie łączył zacięcie ewangelizacyjne z ciągłym rzucaniem wyzwania chrześcijanom. Nie pozwalał im wątpić czy powinni bez reszty poświęcić się zdobywaniu dusz dla Chrystusa. Był bezpośrednio odpowiedzialny za skierowanie dziesiątków młodych mężczyzn i kobiet na pole misyjne. Także C.T. należy do tej licznej grupy.

Rozdział siódmy

Płomień rozniecony

„Oto przychodzę wkrótce" – to cytat trafnie opisujący Boże prowadzenie. C.T. miesiącami szukał woli Bożej. Kiedy całkowicie poddał się Panu, nagle zobaczył drogę.

Oddałem się Bogu /.../ Od chwili, gdy zaufałem mu całym sercem, wszystko się zmieniło. On dał mi pokój przewyższający wszelkie zrozumienie i niewysłowioną radość. Zanim w pełni powierzyłem się Bogu, doświadczałem wiele radości, ale wtedy rozpoczął się najszczęśliwszy okres w moim życiu.

Świadectwo to złożył Studd na spotkaniu pożegnalnym przed wyjazdem do Chin.

1 listopada 1884 roku bliski przyjaciel Charlesa, Stanley P. Smith wrócił do Londynu ze spotkań pożegnalnych w Oksfordzie i Cambridge. Po Nowym Roku planował wypłynąć do Chin jako pracownik Chińskiej Misji Wewnętrznej (*China Inland Mission* – CIM). Kynaston i Charles cieszyli się, że mogą się z nim zobaczyć. Słysząc, że ma zamiar być wieczorem na spotkaniu pożegnalnym innego misjonarza CIM, Charlie postanowił iść razem z nim.

Na spotkaniu McCarthy, jeden z założycieli CIM, opowiedział jak przed dwudziestoma laty Pan powołał go do służby misyjnej. Charlie wspominał:

Nigdy nie zapomnę, z jaką szczerością i namaszczeniem opowiedział nam jak Pan zaprowadził go do Chin. Mówił, jak bardzo potrzebni są tam oddani pracownicy ewangelii, jak tysiące dusz giną codziennie, nie usłyszawszy o Panu Jezusie. Potem śpiewaliśmy:

Prowadzi mnie, prowadzi mnie,
Swą dłonią On prowadzi mnie.
Wiernie go naśladować chcę,
Bo ręką swą prowadzi mnie.

Czułem, że rzeczywiście On kieruje mnie do Chin, lecz nie chciałem pochopnie podejmować decyzji.

Nie zdołał zbyt długo utrzymać w sekrecie tak palącego zagadnienia. Zamierzał jeszcze modlić się i czytać Słowo przed podjęciem praktycznych kroków, ale już w drodze ze spotkania, gdy siedzieli w staromodnym autobusie z odkrytym dachem, wyrzucił z siebie: „Postanowiłem jechać do Chin". Smith nie ukrywał radości.

Kiedy C.T. uświadomił sobie powagę swej decyzji, poczuł jak spada na niego brzemię ciężaru ołowiu. Jakże mógł wyjechać? Przecież głęboko zrani ukochaną matkę. Wyjął z kieszeni Biblię i przeczytał Ewangelię Mateusza 10,37: „ Kto miłuje ojca albo matkę bardziej niż mnie, nie jest mnie godzien". Wzmocniony w swym postanowieniu, powierzył sprawę Bogu.

Najpierw wyjawił pomysł Kynastonowi, a ten ostro go skrytykował. Mimo sprzeciwu brata Charles opowiedział o nim matce. Jak się spodziewał zareagowała rozpaczą i lękiem. Całą rodzinę ogarnęło zamieszanie, nie było końca płaczom, błaganiom i kłótniom. Wzywano nawet przyjaciół i krewnych, by wpłynęli na Charliego. Zrozumiałe, że rodzina wątpiła w mądrość jego decyzji – przez ostatnie miesiące nie był w najlepszym stanie.

Matka prosiła: „Charlie, nie rób nic pod wpływem impulsu, odłóż to na tydzień lub dwa!". Przez kilka dni konflikt narastał. Spodziewał się oporu, ale jego gwałtowność wyczerpywała go emocjonalnie. Studdowie nie byli w stanie zaakceptować faktu, że jeden z nich zostanie misjonarzem. Każdy sposób był dobry, byle tylko odwieść go od tego, co uważali za głupotę. W ich oczach wyjechać znaczyło: zmarnować życie. Po raz ostatni usiłując przemówić bratu do rozsądku, Kynaston powiedział: „Popełniasz wielki błąd. Czy nie widzisz, że łamiesz serce matce?".

Bracia pomodlili się wspólnie. „Nie chcę być uparty, chcę tylko wypełnić Bożą wolę” – oznajmił C.T. Złożywszy całą kwestię w ręce Pana, udali się na spoczynek. Mimo zmęczenia Charles nie mógł zasnąć. Rozważał opinię brata. Czy rzeczywiście popełniał błąd?

W ciszy własnego serca wyraźnie usłyszał głos Pana mówiący: „Proś mnie, a dam ci narody w dziedzictwo i krańce świata w posiadanie” (Ps. 2,8).

Nie odwlekając dłużej ostatecznej decyzji, nazajutrz, 4 listopada C.T. pojechał do Londynu na spotkanie z Hudsonem Taylorem, założycielem i kierownikiem misji. Uczynił to kierując się głębokim wewnętrznym przekonaniem, choć bolało go, że musi postąpić wbrew woli matki. Spotkanie nie trwało długo. Hudson Taylor przyjął go chętnie.

Zakończenie konfliktu nie nastąpiło szybko. Pewnego wieczoru, podczas oczekiwania na pociąg do Bayswater, umysł Charlesa zalały wątpliwości i obrazy łkającej matki. Zaraz wyciągnął Biblię i odnalazł werset: „Tak to staną się wrogami człowieka domownicy jego” (Mat. 10,36). Nie potępił matki. Potężne Słowo Boże przyszło mu z pomocą, dodając sił. Wiedział, że usłyszał Boga i mimo bólu w sercu pragnął być Mu posłuszny.

Każde działanie w wierze prowadzi do kryzysu. Wszystko wydaje się wtedy stracone, beznadziejne, niemożliwe czy zupełnie niewłaściwe. To, jak zachowamy się w tej sytuacji determinuje przyszłość. Czy przejdziemy próbę z ufnością, czy poddamy się zmartwieniom i lękom? Oko wiary spogląda do przodu, poza trudności i cierpienia, by trwać w posłuszeństwie. Nie ma innej drogi niż przez sam środek kryzysu, którym Bóg pragnie kształtować nasze życie. Pan obmyśla go tak, by zahartować stal naszego ducha. To właśnie działo się z C.T. Próba była ciężka, lecz zwycięstwo zwiastowało spustoszenie w obozie wroga.

Teraz porwał Charlesa wir wydarzeń. Przyjęty przez CIM jako misjonarz stowarzyszony, miał wyruszyć do Chin po Nowym Roku. Każdy dzień wypełniały nabożeństwa, spotkania pożegnalne i zachęcanie innych, by szli za Panem na całego.

Razem ze Smithem i Hostem, innym przyjacielem z college'u, pojechali do Oksfordu. Wieści o nagłej decyzji Studda wywołały tam spore poruszenie, studenci tłumnie schodzili się, by go słuchać. Trwało to sześć dni. Dołączył do nich Beauchamp, także kolega uniwersytecki, zdecydowany wyjechać na misję do Chin.

Potem Smith i Studd udali się do Cambridge, gdzie Smith rozpalił już entuzjazm podczas poprzedniej wizyty. Planowano tygodniową kampanię misyjną, przybył Hudson Taylor. Nigdy jeszcze Cambridge nie oglądało takich spotkań. Świadectwa tych dwóch wspaniałych młodych ludzi – Smitha, szlakowego[1] osady wioślarskiej Cambridge i Studda, u szczytu kariery krykietowej wyjeżdżającego do Chin – miały głęboki wpływ. Po przemówieniu Hudsona Taylora zabrzmiało wezwanie skierowane do tych, którzy chcieliby służyć jako misjonarze. Do przodu wyszło czterdziestu pięciu mężczyzn. Było to wydarzenie bezprecedensowe. Następnego wieczoru odbyło się ostatnie nabożeństwo, kolejne dwadzieścia osób zadeklarowało chęć wyjazdu na misje, a wielu nawróciło się. W college'ach szumiało, wyzwanie Chrystusa stało się najaktualniejszym tematem dnia.

Szczere i bezpośrednie świadectwo Studda podbiło serca młodzieży. Braki w sztuce retorycznej rekompensowały komunikatywność i jasność przekazu. Wszystkich przekonała widoczna gołym okiem autentyczność mówcy. Smith i Studd nie posiadali się z radości.

Młodzi słuchacze tych „milionerów duchowych", jak określił ich pewien student, ujrzeli inne znaczenie słowa „ofiara". Każdy z nich zastanawiał się teraz czy może ponieść koszty – nie zupełnego poświęcenia się i rezygnacji ze światowych sukcesów, lecz kompromisu i utraty duchowej mocy i radości.

Pojęli, że nie warto dążyć do mniejszych rzeczy niż te, których doświadczają ich dwaj koledzy.

Studd wywarł wrażenie nie tylko na studentach, także na świątobliwym Handly Moule obecnym na spotkaniach. Pewnego popołudnia Moule, człowiek niezwykle spostrzegawczy, zabrał

1 Szlakowy – w wioślarstwie zawodnik nadający tempo.

Charlesa na spacer. Po przechadzce zanotował: „Znalazłem u Studda błogosławionego ducha i szczególne doświadczenie".

Podczas tygodniowej serii nabożeństw w Leicester wiele godzin, w tym jedną całą noc poświęcono modlitwie. Przemienione zostały życia ludzi mających do spełnienia ważną rolę w Królestwie Bożym. Wielebny F.B. Meyer, kaznodzieja baptystyczny, którego usługa i książki ubłogosławiły licznych chrześcijan, napisał:

Przyjazd Smitha i Studda do Melbourne Hall na zawsze zapamiętam jako początek nowej epoki w moim życiu. Przedtem me życie chrześcijańskie było chwiejne, nierówne /.../ U tych młodych ludzi zobaczyłem coś, czego sam nie miałem, co stanowiło ich źródło odpocznienia, siły i radości. Nigdy nie zapomnę tej sceny – siódma rano, pierwsze światło dnia pada na zebranych w sypialni pilnych badaczy Słowa /.../ Tamta rozmowa była jednym z wydarzeń, które wpłynęły na kształt mego życia. Dlaczego nie miałbym zrobić tego, co oni? Czy nie powinienem poddać Bogu całej swej osoby?

W tym, co mi mówili, nie było nic nowego. Że nie wystarczy wierzyć Chrystusowi tylko w sprawie zbawienia, że musimy Mu zaufać także w kwestii zwycięstwa nad grzechem, uwolnienia od każdego grzechu i troski. Pan Jezus pragnie przebywać w sercu całkowicie Mu poddanym. Przynaglali mnie, abym uczynił zdecydowany krok, za co będę im zawsze wdzięczny.

W serce F.B. Meyera wstąpił świeży zapał, inspirujący od tego dnia wszystko, co robił.

* * *

W ciągu kilku tygodni w życiu Studda nastąpił zwrot o sto osiemdziesiąt stopni. Zniknęła frustracja, skończyły się ciągłe poszukiwania. Już wiedział, jaka przyszłość go oczekuje. Nigdy wcześniej nie doświadczył takiego pokoju i radości. Życie miało sens.

Nazwisko Studd znowu było na ustach wszystkich. Prasa informowała: „Niezwykłe zainteresowanie wzbudziła wieść o tym, że kapitan jedenastki Cambridge i wioślarz szlakowy łodzi Cambridge opuszczają kraj jako misjonarze". Ich decyzja poruszyła umysły zwykłych ludzi. Entuzjastyczne artykuły pojawiły się w gazetach świeckich i religijnych.

Do biura CIM zaczęły napływać zaproszenia dla Smitha i Studda z kościołów, towarzystw i uniwersytetów. Ich usługa przynosiła wyjątkowe rezultaty, szczególnie w college'ach. Kiedy więc przyjaciel Hudsona Taylora, ewangelista Reginald Radcliffe zaprosił ich do Szkocji, Taylor jeszcze raz przeanalizował swoje plany. Co mówi Pan? Ustalono już spotkania pożegnalne w Londynie. Czy ci młodzi ludzie powinni opóźnić wyjazd, by do końca wypełnić to, co robi Duch Święty? Każda wieść o nowych błogosławieństwach, docierająca do centrali CIM, przynosiła chwałę Bogu i upewniała Taylora w przekonaniu, że dzieje się coś niezwykłego. Niewierzący przyjmowali zbawienie, wierzący przybliżali się do Pana. Hudson Taylor zobaczył wyraźnie, dokąd prowadzi Duch. On sam i kilku innych misjonarzy pozostali w Londynie, a Smith i Studd otrzymali pozwolenie podróży na północ.

28 listopada, zaledwie dwadzieścia osiem dni od podjęcia decyzji o wyjeździe do Chin, Charles podróżował nocnym pociągiem do Glasgow bez jakiegokolwiek bagażu, tylko z tym, co miał na sobie. Sprawy doczesne zupełnie go nie zajmowały. Martwiło to jego matkę:

Nie mogę pojąć nierozważnych poczynań mego syna Charliego, tej podróży do Szkocji bez żadnych ubrań na zmianę. Jest dla mnie tajemnicą, dlaczego ma nosić jedną i tą samą koszulę aż do 9 grudnia, kiedy ma ich spory zapas i zawsze uczono go, że czystość idzie w parze z pobożnością.

Starała się przekonać Taylora, żeby w Chinach przydał mu starszego, trzeźwo myślącego towarzysza. „Czuję, że on i pan Stanley mają podobny, impulsywny charakter – jeden pobudza drugiego".

Szkocka wyprawa oznaczała wejście na nieznany grunt. O swej usłudze młodzi kaznodzieje myśleli bez pewności siebie i polegania na wcześniejszych sukcesach. Całe popołudnie spędzili na kolanach błagając Boga, by zstąpił i dał im zwycięstwo.

Obawy, że nikt nie przyjdzie na spotkania okazały się płonne. Inaczej niż na poprzednie zgromadzenia chrześcijańskie, od samego początku przyciągnęły tłumy. Wchodzących do sali misjonarzy witały gorące oklaski. Studd mówił pierwszy, lecz, jak głosiło sprawozdanie: „Zupełnie nie potrafił on przemawiać. Fakt jego poświęcenia się Chrystusowi przemawiał najgłośniej. To wywierało większe wrażenie niż cokolwiek. Raz po raz zrywały się oklaski. Od początku wszystkich przyciągało to, że człowiek o takich perspektywach jak on, wyrzekł się siebie, swej fortuny i wybrał służbę". W epoce ociężałych kazań, radosna, nieco nieuporządkowana opowieść Studda o jego duchowym rozwoju przykuła uwagę studentów.

Jestem pewna, że lektura listów Charlesa opowiadających o wielkiej mocy, wielu zbawionych duszach, wspaniałych spotkaniach ze studentami i momentach, gdy Pan zstępował potężnie, pocieszyły jego zatroskaną matkę.

Dwaj „misjonarze sportowcy", jak ich nazywano, dotarli na Uniwersytet w Edynburgu. Wbrew wrogiej duchowej atmosferze, sala zapełniła się chętnymi słuchaczami. Sposób, w jaki modlił się Studd, z wyprzedzeniem dziękując Panu za zwycięstwo, które da On tego wieczoru, trochę zaszokował szacownych gentlemanów z komitetu organizacyjnego. Lecz modlitwa wiary obroniła się sama.

Zaledwie przebrzmiały słowa błogosławieństwa, tłum ruszył ku podwyższeniu, a nie była to zwykła ciekawość. Otoczyli Studda i Smitha, by usłyszeć więcej o Chrystusie – na wielu twarzach malowało się szczere pragnienie /.../ było to widoczne działanie Ducha Świętego.

Tego samego wieczoru setki studentów żegnały ich na stacji jak bohaterów, zapraszając do ponownych odwiedzin i życząc Bożego tempa.

To duchowe wrzenie sprawiło, że plany Hudsona Taylora zmieniały się z dnia na dzień. Rosła jego grupa ochotników. Do

Hoste'a, Cassellsa, Smitha i Studda dołączył Montague Beauchamp, którego siostra właśnie poślubiła Kynastona Studda. Kilka dni po Bożym Narodzeniu bracia Cecil i Artur Polhill-Turner uzupełnili ich liczbę do siedmiu. Od razu zespół nazwano „siódemką z Cambridge". Stali się słynni, broszurę z ich świadectwami przyjęła nawet królowa Wiktoria.

Studd jeździł ze spotkania na spotkanie – od Brighton do Liverpoolu. 8 stycznia po raz pierwszy cała siódemka wystąpiła razem w Exeter Hall, na ostatnim spotkaniu pożegnalnym Hudsona Taylora. Od tego dnia określenie „siódemka z Cambridge" stało się powszechnie znane.

Ponowne zaproszenie do Edynburga zabrzmiało jak Boże wezwanie – następnego dnia Smith i Studd znów jechali na północ. Komitet organizacyjny, teraz mocniejszy w wierze, wynajął największą salę w mieście. Modlitwa wstawiennicza rozpoczęła się ponad godzinę przed nabożeństwem.

W słowach spokojnych, lecz mocnych i płonących, Charlie złożył świadectwo o miłości i mocy osobistego Zbawiciela. Smith głosił dobrą nowinę „wyciągając długie ramiona w błagalnym geście, gdy opowiadał starą historię odkupieńczej miłości".

Reginald Radcliffe radował się widokiem żniwa dusz. Jeszcze następnego dnia zgłaszali się studenci pragnący oddać życie Panu. Rozmowy z konieczności ograniczono do kwadransa. Studd pytał: „Jesteś chrześcijaninem?". „Nie". „A chcesz nim być?". „Tak". Po czym modlili się wspólnie.

Chyba najbardziej znaczące było ostatnie nabożeństwo. Po jego zakończeniu pozostało trzysta, a może czterysta osób. Minęła północ nim zdołali pomóc wszystkim szukającym Boga. Telegram, który otrzymał Hudson Taylor w drodze do Chin donosił: „Chwała Bogu, dziś na wieczornym spotkaniu trzy tysiące".

Odwiedzili także inne miasta na północy. To, kim byli, miało dla ludzi największą wymowę. Gdziekolwiek się pojawili, przyciągali tłumy. Niezliczone dusze narodziły się dla Królestwa Bożego.

Charles pisał do matki:

Nie mogę opisać, jak bardzo Pan nam błogosławi. Codziennie wzrastamy w poznaniu Jezusa i Jego cudownej miłości; jak-

że inne to życie niż kiedyś. Bo krykiet, tenis, strzelanie są niczym wobec tej przeogromnej radości /.../ Dowiaduję się więcej o nędzy wielkich miast. Rośnie ma odraza do życia w luksusie, jakie niegdyś wiodłem; tyle garniturów i różnych strojów, gdy tysiące głodują i cierpią z zimna. Wszystko ma być sprzedane, kiedy wrócę, jeśli jeszcze tak się nie stało.

Czego dowiadujemy się patrząc na życie C.T. Studda w tym ekscytującym okresie? Widzimy, jak zaczyna czuć się niewygodnie w kwestii własnego bogactwa. On i Smith – obaj wywodzący się z podobnych kręgów – zdecydowanie negatywnie odnosili się do swego dawnego, wygodnego stylu życia. „C.T. uznawał skrajną prostotę" – wspominał Cecil Polhill, opisując później podróż do Chin. „O żadnych wygodach czy wyszukanym jedzeniu nie mogło być mowy. Nie pozwalał sobie nawet na krzesło z oparciem".

Dostrzegamy także, że Charles, chociaż nie obdarzony elokwencją Smitha, posiadał umiejętność docierania do słuchaczy. Jego dar wyrażał się w tym, że potrafił ciąć płomiennymi słowami jak mieczem, a kiedy trzeba – błysnąć dowcipem.

Za szorstkim sposobem bycia kryła się wielka łagodność serca, nieraz widoczna w stosunku do szukających Boga. Słowa świadectwa wypowiedziane przez C.T. tuż przed odpłynięciem do Chin, do dziś zachowują pierwotną aktualność i wagę: „Bóg nie zajmie się tobą, póki nie oddasz Mu się w pełni. Dopiero po tym powie ci, co masz dla Niego robić".

Jak wielu wierzących miota się, zadając sobie pytanie, co mają robić dla Boga? Czy nie tu leży odpowiedź? Bóg się nie zmienia – On czeka aż całkowicie Mu się oddasz. C.T. próbował dwa albo trzy razy, zanim to rzeczywiście nastąpiło. Mając przykład Charlesa pragnę zachęcić cię, byś nie rezygnował. Przyjdź do Pana jeszcze raz. Czy mam przypomnieć ci F.B. Meyera? Miał trzydzieści siedem lat, kiedy spotkał dwudziestoczteroletniego Studda. Dla tego sługi Bożego nie było za późno, by podporządkować Jezusowi każdą sferę życia. Do dziś korzystamy z owoców jego posłuszeństwa.

Dramatyczne słowa zamknęły ostatnie spotkanie: „Po co tak naprawdę żyjesz? Dla dnia dzisiejszego czy dla wieczności? Czy bardziej dbasz o opinię ludzi, czy o zdanie Boga? Ludzkie mniemanie nie będzie znaczyć nic w dniu sądu, zdanie Boga – tak. Czy nie lepiej byśmy od razu, bez zastrzeżeń je przyjęli?". Zabrzmiało wezwanie: „Rozszerzcie swoje serca i idźcie na cały świat. Jeśli nie poniesiemy światła danego nam w Anglii za granicę, nie zachowamy go w obliczu mocy ciemności". Hugh Price-Hughes zakończył zgromadzenie. Gdy zebrani wstawali z miejsc powiedział: „Na tym spotkaniu jest dosyć mocy, by poruszyć nie tylko Londyn i Anglię, ale cały świat".

Rozdział ósmy

Chińska szkoła wiary

5 lutego 1885 roku tłum przyjaciół i krewnych zebrał się na peronie londyńskiego dworca Victoria Station. Żegnano „siódemkę z Cambridge". Ci młodzi arystokraci, synowie wpływowych rodów, mieli wkrótce znaleźć się w Chinach. Za ich sprawą nawrócenie do Chrystusa stało się często wspominanym tematem. Co niezwykłe, udało im się przełamać schematy zachowania własnej klasy i nawiązać żywy kontakt ze zwykłymi ludźmi.

Pani Beauchamp i Kynaston ze swą nowo poślubioną małżonką mieli towarzyszyć im do Calais. Wśród żegnających Studda byli członkowie angielskiej reprezentacji krykietowej. Pociąg ruszył punktualnie. Podróżnicy w zadumie spoglądali na przesuwające się za oknami zielone pola Anglii. Wraz z nimi porzucali styl życia, którego mieli już nigdy nie zaznać.

C.T. wiernie opisywał matce wszystkie szczegóły podróży. Na statku „siódemka" od razu przystąpiła do ewangelizowania pasażerów i załogi. Charles pisał:

W drugiej klasie mamy siedmiu pasażerów i, jak ufamy, wszyscy są już dziećmi Bożymi. Jeden przypadek jest szczególnie cudowny. Chodzi o kapitana indyjskiego parowca znanego z kłamstw, pijaństwa, przeklinania i bluźnierstw. Dzięki Bogu, On nawet temu człowiekowi dał poznać Jezusa jako jego Zbawiciela. Pierwszego dnia rozmawiał z nim Hoste, a później, pewnego popołudnia Pan poprowadził mnie, bym mówił z nim o jego duszy. Wydawał się skruszony, więc zachęciłem go do decyzji. Klęcząc w swej kabinie, przyjął Pana Jezusa. Już trzy razy dał publiczne świadectwo. Zmieniło się jego całe życie. Całymi dniami czyta Biblię. Chwała Panu! To jest wspaniałe. Poza tym do Pana przyszło kilku stewardów. Możesz sobie wyobrazić, jak to wpływa na całe towarzystwo.

Rejon Chin, w którym pracowali misyjnie Charles i Priscilla Studd

Płynęli przez Brindisi, Suez, Aleksandrię, Colombo, Penang, Singapur i Hongkong, znacząc szlak błogosławieństwem. W czasie każdego postoju w porcie entuzjastyczni misjonarze schodzili na brzeg, głosząc, gdzie tylko mogli. Wielu osłabłych żołnierzy Chrystusa było umocnionych i wielu ludzi zbawionych.

Przepełniony radością Studd pisał: „Kapitan pozwolił nam przeprowadzić nabożeństwo w nadbudówce, przyszli prawie wszyscy pasażerowie pierwszej i drugiej klasy". Młodzi mężczyźni głosili czystą, nie zafałszowaną ewangelię, nie oszczędzając światowych ani religijnych przedstawicieli klas wyższych. Otwarcie nawoływali do przyjęcia Chrystusa.

Zamiast wylegiwać się w słońcu na pokładzie, przepływając przez Morze Czerwone, rozpoczęli systematyczne zmagania z chińskimi znakami. Gdy wreszcie statek zawinął do portu w Szanghaju, C.T. pisał: „Drogi Hudson Taylor przybył nad rzekę, by nas powitać". Od razu zorganizowano serię spotkań dla miejscowej społeczności brytyjskiej. Największe z nich odbyło się 23 marca w Temperance Hall, najokazalszym budynku miasta.

Przemawiał między innymi C.T. Studd. Po raz kolejny w sposób niezwykle żywy i poruszający opowiedział swą historię. Pod koniec spotkania wystąpił naprzód wielebny Fred Smith, kapelan brytyjski z katedry w Szanghaju i złożył szczere świadectwo. Pokornie wyznał, że gdyby Pan odwołał go tej nocy, jego dusza byłaby zgubiona, lecz teraz stoi w łasce Bożej. Wychowany przez pobożnych rodziców, otrzymał solidne nauczanie biblijne. Konfirmowany, a następnie ordynowany na kapłana w Kościele anglikańskim, z całych sił starał się jak najlepiej służyć Chrystusowi, ale nie oddał Zbawcy swej duszy. Teraz pewnie oznajmił: „Ja jestem Pana, a On jest mój".

Studd i bracia Polhill-Turner (później używali tylko pierwszego członu nazwiska) wylądowali w Chinach jako misjonarze stowarzyszeni z CIM. Nie było czasu, by podjąć decyzję co do braci Polhill, bo zgłosili się dopiero 8 stycznia. W przypadku Studda, zyskał status misjonarza stowarzyszonego prawdopodobnie dlatego, że zdecydował się pozostać na własnym utrzymaniu. W żadnym ze sprawozdań z działalności „siódemki z Cambridge" nie czyniono różnicy między nimi a pozostałą czwórką przyjętą jako misjonarze „na okresie próbnym".

Siódemka z Cambridge: C.T. Studd, M. Beauchamp, S.P. Smith A.T. Polhill-Turner, D.E. Hoste, C.H. Polhill-Turner, W.W. Cassells

Polityka misji zakładała, że wszyscy pracujący w głębi Chin powinni nosić miejscowe stroje. Dla mężczyzn oznaczało to nie tylko rezygnację z koszul i spodni na rzecz chińskich spódnic i bluz z długimi rękawami, ale też ogolenie głów i zapuszczenie warkoczy! Przed opuszczeniem Szanghaju przyjaciele spędzili przezabawny poranek, eksperymentując z nowymi strojami. C.T. powiedział: „Śmiałem się cały dzień z naszego groteskowego wyglądu". Niedługo miejsce śmiechu zajęły zmagania z trudami podróży i problemami adaptacji w nowym kraju.

Młodym misjonarzom podobało się kilkumiesięczne przebywanie we wspólnocie. Bogate dni spędzone razem, w różny sposób wpłynęły na każdego z nich, lecz zbliżał się czas rozstania. Mieli rozjechać się do odległych miejscowości w głębi Chin. 4 kwietnia Studd i Polhillowie wyruszyli na północ do Han-chung.

Początkowo popłynęli z Jangcy do Hankou, robiąc parowcem siedemset mil w cztery dni. Dalej podróżowali łodzią w górę rzeki Han, docierając do Han-chung. Odległość tysiąca stu mil pokonali w cztery miesiące. Studd pisał: „Mieliśmy w trójkę cudowny czas, całymi dniami czytając Słowo i modląc się. W ubiegłym miesiącu dołączył do nas pan Parker i objął komendę drugiej łodzi. Pan uczył nas wielu rzeczy". Jedną z nich był język chiński. Pomocą służył bardzo dobry nauczyciel podróżujący wraz z nimi.

Codziennie stykali się blisko z życiem Chińczyków. Szybko poznali zatłoczone kwatery, niewygodę, wszy, szczury, hałas, smród, gorąco, brud i okrucieństwo. Wszędzie w stronę Anglików kierowały się świdrujące spojrzenia, obserwowano każdy ich ruch. Byli najciekawszym widowiskiem, jakie oglądano na tym szlaku. Przekonali się, jak wiele łaski potrzeba, aby zachować przyjazne nastawienie, gdy ktoś ci się ciągle przygląda.

Śpiewne brzmienie chińskiego języka dźwięczało w ich uszach całe dni i wieczory. Jak bardzo chcieli nawiązać kontakt! Wszyscy ci ludzie dookoła nie znali Chrystusa, lecz Studd i dwaj bracia byli jak zakneblowani. Chiński wydawał się niezmiernie trudny. Spędzali z nauczycielem długie godziny, a właściwie nie zauważali postępów.

Pierwsze miesiące w Chinach były dla Studda czasem badania swego serca. Niemożność porozumiewania się stworzyła nieocenioną okazję do głębszego zanurzenia w Słowie Bożym. Bóg oczyszczał swego sługę, wyprowadziwszy go z centrum uwagi wielkich zgromadzeń i gorączkowej aktywności. Mówił mu ciągle o byciu martwym dla siebie.

W dniu przybycia do Han-chung, 22 sierpnia, Studd napisał list:

Przeszedłem przez wiele prób i Pan nauczył mnie wielu lekcji, szczególnie na temat moich słabości, tego, jak moje najmocniejsze strony i największe osiągnięcia przeszkadzają Mu. Jeżeli ja żyję i działam, jestem przeszkodą dla Jego działania przeze mnie. Tak, muszę być martwy, wtedy może posłużyć się mną dla swej chwały (Gal. 2,20). Martwy, martwy, martwy – martwy dla wszystkiego i wszystkich, dla opinii całego świata, także chrześcijańskiego. Piotr nie był martwy dla opinii swoich współtowarzyszy, upadł, a Paweł napomniał go. Tej szczególnej lekcji Pan uczy mnie ostatnio.

Czy Studd uchylał się od przestrzegania dyscypliny misji i błędnie uznał, że ma być martwy dla opinii jej pracowników? C.T. przyjął chytre oszustwo diabła. Jak każdemu zapalonemu młodemu wierzącemu, groziła mu nadduchowość. Hudson Taylor pisał:

Jaka szkoda, że Studd i bracia Polhill przyjęli tak radykalne poglądy. Mają dobrego nauczyciela i pomocnych przyjaciół, lecz przerwali studia, w poście i modlitwie proszą o cud znajomości języka! Jak liczne i podstępne są sposoby szatana, by utrzymać Chińczyków z dala od ewangelii.

Po dalszej korespondencji, w październiku 1885 roku Taylor zapisał: „Charles Studd i pozostali podjęli na nowo naukę języka i dostrzegli niektóre ze swych błędów".

Frustracja początkujących misjonarzy była zrozumiała. Przed wyjazdem z kraju widzieli dziesiątki, czasem setki nawracających się ludzi – a teraz? Łatwo wpadli w pułapkę krytykowania metod misji. Mając do czynienia z nieznaną sytuacją, założyli, że być może sami wiedzą lepiej. Brzmi znajomo? Obawiam się, że nawet niektórzy z ludzi potężnie używanych przez Boga mogą czuć się zawstydzeni na wspomnienie własnej ignorancji i aroganckiego, dziecinnego postępowania w przeszłości.

Wczesny okres pobytu C.T. w Chinach wypełniały długie podróże. Przekonał się wkrótce, że podróż łodzią stanowiła luksus w porównaniu z codziennymi czterdziestomilowymi marszami przez góry i równiny, w zaledwie z grubsza dopasowanym obuwiu. Słońce bezlitośnie paliło małą grupkę, odzianą w stroje bardziej nadające się do spania niż do wytężonego wysiłku. Pomieszczenie, jakie trójka przyjaciół dzieliła na łodzi, okazało się wygodne, w zestawieniu z parszywą gościną zajazdów wiejskich, gdzie wszyscy goście spali razem na podłodze.

Pragnienie służby Bogu płynęło z głębi serca Charlesa. Choć doświadczenia pierwszych dni w Chinach nie były łatwe, lgnął do Pana, pragnąc wyciągnąć z nich jak najwięcej nauki. Wśród pracowników CIM panował ofiarny duch, wyrażany przez jej założyciela i przywódcę Hudsona Taylora i przez niezliczonych bezimiennych, którzy oddawali swe życie za zbawienie Chin. Droga C.T. Studda wiodła przez wiele przystani, gdzie spotykał tych „aniołów usługujących". Rozmiar poświęcenia Chrystusowi i zaparcia się siebie, widziany u towarzyszy, wyzwalał w nim poczucie solidarności. W modlitwie wyznawał Panu własne oddanie i wolę służby. Chociaż nie przyprowadzał do Pana dziesiątków ludzi, rodziła się w nim płodność innej natury.

Zmagał się z nowym strojem, problem stanowiło zwłaszcza zdobycie butów w odpowiednim rozmiarze, pasujących na jego wielkie stopy. Pierwszy szewc, którego usiłowali nająć, wybiegł z domu, zdecydowanie odmawiając podjęcia się tak gigantycznej operacji. Duże stopy Charlesa stawały się często obiektem śmiechu i docinków ze strony przechodniów wytykających go palcami. Chińczycy są ludźmi niewielkiego wzrostu, o małych stopach – wysoki C.T. w chińskim stroju najwyraźniej prezentował się w ich oczach bardzo niezgrabnie.

C.T. wprowadził do swego rozkładu dnia zwyczaj, który miał stać się źródłem duchowej siły do końca jego dni. Wstawał wcześnie rano, niezależnie od godziny, o której mieli wyruszyć, by modlić się i czytać Słowo. Pisał: „Spaliśmy wygodnie na gołej drewnianej podłodze. Wstałem o drugiej nad ranem, by czytać przy świecy. O trzeciej trzydzieści byłem gotowy, wyruszaliśmy o czwartej". Co ciekawe, jego ojciec również był człowiekiem potrzebującym niewiele snu. Opowiadano, że potrafił o najbardziej nieziemskiej godzinie, na przykład o drugiej lub trzeciej w nocy, błąkać się po domu w poszukiwaniu rozmówcy. Bezlitośnie potrząsał swą ofiarą, budząc ją okrzykiem: „Wstawaj, nicponiu!". Sądzę, że gdy już się nawrócił, w takich momentach znajdował sobie lepsze zajęcie.

Pisząc z Ping-yang w lutym 1886 roku, C.T. opowiadał:

Pan jest tak dobry, każdego ranka daje mi spory łyk duchowego szampana orzeźwiającego na cały dzień. Ostatnio mam wyśmienity czas. Zwykle budzę się o trzeciej trzydzieści, na tyle rześki, by zająć się lekturą itp., a potem śpię jeszcze godzinę, zanim ostatecznie wstanę. Zauważam, że to, co wtedy czytam, jak niezatarta pieczęć odbija się w mym umyśle. To najspokojniejszy czas, ni żywej duszy dookoła, nie brzmi żaden głos, prócz Bożego. Bez niego czuję się jak Samson pozbawiony włosów i całej siły. Coraz wyraźniej widzę, jak wiele muszę nauczyć się o Panu. Chcę być wypróbowanym sługą, nie zaledwie dostatecznym, jak niegdyś. Jak żałuję, że nie poświęciłem życia Bogu i Jego Słowu od samego początku. Ile straciłem, całe lata goniąc za zaszczytami i przyjemnościami świata!

Konsekwentnie, przez całe życie Studd wstawał wcześnie i spędzał godziny na lekturze Biblii. Nauczył się rozważać Słowo Boże i czerpać zeń substancję do modlitwy wiary. Ono było jego źródłem, w oparciu o nie pretendował do dziedzictwa w Chrystusie i żył w obfitości Jego obietnic. Z czasem wyposażyło go ono nie tylko do składania świadectwa, ale i do nauczania – z wielkim powodzeniem.

Kiedy Charles zapomniał o ostatkach swego przyzwyczajenia do luksusu i wygody, nadszedł czas, gdy musiał wykazać się wytrzymałością na cierpienie fizyczne. Udawał się na północ, na spotkanie z Hudsonem Taylorem. Już na początku podróży, zaplanowanej na tygodnie, boleśnie obtarł stopy.

Następnego dnia stan moich stóp był tak zły, że musiałem zastąpić buty sandałami. Ich sznurki z każdym krokiem wpijały się coraz głębiej w skórę, nie tak twardą, jak u kulisów. Przez trzydzieści mil nie było zbyt słodko. Kolejny dzień był oczywiście gorszy, po dwunastu milach zdjąłem sandały i szedłem boso. Gdy doszedłem, stopy wyglądały okropnie, było na nich siedem otwartych ran, lecz, chwała Panu, dzięki temu, dotarłszy na miejsce, doceniłem odpoczynek.

Dalej C.T. opowiadał:

Przeważnie do śniadania robimy osiem mil, potem zatrzymujemy się przy czymś w rodzaju sklepu czy raczej chińskiej restauracji. Jest to szopa ze stołami, ławkami i paleniskiem, gdzie kupujemy trochę ryżu. Naprawdę lubimy te posiłki w drodze. Jestem już prawie Chińczykiem, ryż bardzo mi smakuje. Wolę go od zagranicznych potraw.

W sobotę moi towarzysze, dwaj kolporterzy, chcąc szybko zakończyć podróż uparli się, byśmy zrobili czterdzieści mil. Z moimi stopami ta perspektywa nie przedstawiała się najlepiej. Próbowali znaleźć dla mnie konia, ale bez powodzenia. Wydawa-

ło się niemożliwe, bym pokonał taki dystans, lecz Pan dał mi siły, nie wiem jak. Bolało bardzo, stan stóp pogorszył się. Następnego dnia trzydzieści osiem mil, uff! Przy każdym kroku ból jak od wbijających się ostrzy, a jednocześnie obecność Pana, jakiej wcześniej nigdy nie czułem. Szedłem zwykle sam, zwłaszcza ostatniego dnia, nie mogąc nadążyć za resztą. Ale dziękuję Bogu za to wszystko, bo przez to cierpienie nauczył mnie tak wiele. Człowiek wypełnia się zdumieniem i chwałą, widząc jak Pan dodaje sił, by mógł dotrzeć do celu.

Pisząc znowu, tak podsumowywał tę historię:

Wiem, że martwisz się o stan mojej stopy. Choć odpoczywałem, nie zagoiła się, przeciwnie – opuchła i zaczęła ropieć. Wierząc, że Pan uzdrowi ją, poprosiłem Hogga, towarzysza podróży, żeby namaścił mnie olejem w imieniu Pana Jezusa (Jak. 5,14-15). Najpierw się wahał, potem wspólnie przeczytaliśmy piąty rozdział Listu Jakuba i pomodliliśmy się. Następnego dnia przeszedłem sporą odległość – przyjąłem wiarą, że stopa jest uzdrowiona, choć na to nie wyglądało. Wieczorem była znacznie mniej spuchnięta. Zacząłem robić dwadzieścia mil dziennie, w rezultacie opuchlizna zeszła zupełnie, ropienie ustało, obie stopy są zupełnie zdrowe. Wielbię za to Pana.

Przeżycie cierpienia przemieniło się w lekcję wiary. 3 listopada Charlie ponownie pisał do matki:

Właśnie rozmawialiśmy na temat ciężkiego życia w Chinach. Zastanawialiśmy się, na czym polega ów ciężar, bo jakoś go nie dostrzegamy – to mit. Prowadzimy najlepsze, zdrowe życie, mamy dość jedzenia i picia, zdrowe, twarde łóżka i świeże powietrze – czego więcej potrzeba człowiekowi?

W lutym 1886 roku, w wyniku kolejnej zmiany miejsca pobytu Studd mógł znowu zobaczyć Hoste'a. Ten tak opowiadał o radosnym spotkaniu: „C.T. robi szybkie postępy w języku, wkrótce nadrobi stracony czas". Charles, Polhillowie i Stanley

Smith zaczynali na dobre zadomawiać się, poznawać chiński i przystosowywać się do miejscowego sposobu życia.

Będąc w Ping-yang Charles napisał do wierzących studentów z Edynburga w słowach pełnych ognia i zachęty, opowiadając im o radości spotkania ze Stanleyem Smithem po sześciu miesiącach rozłąki:

W słowniku prawdziwego chrześcijanina nie ma słowa „niemożliwe". Wiemy, że wszystko jest możliwe. Niektórzy z nas mają jedynie oślą szczękę, lecz jak potężna to broń, gdy oddamy ją Panu Jezusowi! Pobije całą batalię artylerii nauki, kierowaną ludzkimi dłońmi.

/.../ Od przyjazdu do Chin bardziej niż kiedykolwiek pewien jestem, że przyczyną chłodu i martwoty tak wielu chrześcijan jest ich nieposłuszeństwo nakazowi Pawła, by radować się zawsze w Panu. Szatan cały czas stara się ukraść radość Pana, szczególnie tu, w Chinach. W końcu zdałem sobie sprawę, że radość Pana jest naszą mocą. Tutaj doświadczamy pokus silniejszych i bardziej podstępnych niż w domu. Widząc warownię diabła, cieszymy się, że już niedługo będzie stała.

/.../ Stanley Smith całkiem nieźle mówi po chińsku. W ubiegłą niedzielę prowadził nabożeństwo i Pan mówił przez niego pół godziny. Chwała Bogu!

Jeśli Chiny mają być „przewrócone do góry nogami", najpierw misjonarze muszą „wyjść z siebie". Módlcie się, by Pan podniósł nas wszystkich i poprowadził naprzód w swojej mocy. Módlcie się o ludzi pokroju Pawła! Chcemy zebrać armię wierzących właśnie tu, w głównej kwaterze szatana. Bądźmy wszyscy bardzo, bardzo ambitni w pracy dla chwały Pana Jezusa. Wasz kochający brat C.T. Studd.

Minął rok. Wszyscy przybysze z Cambridge radzili sobie dobrze. Charles, jako jedyny z nich, nie utrzymywał ścisłych kontaktów z CIM. Pozostali korespondowali regularnie z centralą, ich sprawozdania pojawiały się w biuletynie misji. Jeden z raportów skierowanych do Hudsona Taylora mówił: „Przyszły wieści od wszystkich z Cambridge, prócz C.T. Studda".

Stanley Smith wraz z żoną i córką oraz z rodziną Studda i chińskim służącym

W maju tego roku bracia Polhill podpisali zobowiązanie o przestrzeganiu zasad CIM i zostali przyjęci jako misjonarze na okres próbny. C.T. aż do 1890 roku pozostał misjonarzem stowarzyszonym. Jakoś nie mógł dostosować się całkowicie do reguł organizacji. Jego indywidualizm skłaniał go do poszukiwania własnych sposobów pracy.

W lipcu wszyscy misjonarze przybyli do Shansi na doroczną konferencję. Niespodziewanie jej rozpoczęcie opóźniło się z powodu nagłej choroby pana Adamsona z Towarzystwa Biblijnego. Gościł on Studda i Cassellsa. C.T. zanotował:

Oczywiście kochany stary Cassells i ja najgłośniej domagaliśmy się prawa do zajmowania się chorym. Z pewnym trudem udało mi się zagwarantować sobie jeden dzień, a Cassells wyprowadził się do innego domu. Nazajutrz okazało się, że to nie był tyfus, tylko ospa. Monty zgłosił chęć zastąpienia mnie, ale nie dałem ruszyć się z miejsca. Doszliśmy do wniosku, że dodatkowa pomoc jest mi potrzebna, więc Monty przyłączył się.

Ci nieustraszeni żołnierze Chrystusa bez przerwy doświadczali prób i cierpień. Raz po raz odważnie ryzykowali życiem dla innych, w aktach bezinteresownego oddania. Dwaj młodzi ludzie przeszli przyspieszony kurs pielęgniarski oraz trening w radzeniu sobie z niechętną do współpracy służbą. Studd otrzymał jeszcze jedną lekcję zapierania się siebie, rezygnując ze swej naturalnej wrażliwości i podejmując się opieki nad ciężko chorym człowiekiem.

Po tym wydarzeniu C.T. i Hudson Taylor udali się w daleką podróż do Han-chung. Tam dosięgły ich wieści o groźnych zamieszkach w Chungking. Pogłoski o mordach, plądrowaniu i pożarach mroziły krew w żyłach. Żaden obcokrajowiec nie był bezpieczny, nawet przyjaźnie nastawieni Chińczycy bali się udzielać schronienia „obcym diabłom" – odwet był bezlitosny. Taylor, niepokojąc się o los tamtejszych misjonarzy, wysłał dwóch wolontariuszy, Studda z towarzyszem, by sprawdzili czy można ich uratować. Po przybyciu na miejsce okazało się, że przeżył tylko konsul. Obawiał się on o życie wędrowców, lecz w końcu zgodził się, by Charles u niego został. C.T. powiedział: „Nie wiedziałem, po co Bóg mnie tam posłał, wyjaśniło się to dopiero później".

Rozdział dziewiąty

Po co ta strata?

Po śmierci ojca część spadku przypadająca Charlesowi spoczywała w depozycie, dopóki nie osiągnął dwudziestu pięciu lat. Wiedząc, że ma stać się właścicielem pokaźnej sumy, przed opuszczeniem Anglii Charles rozmawiał z Hudsonem Taylorem o pragnieniu, by oddać wszystko na pracę Bożą. Pan przemówił do niego przez fragment ze Słowa opowiadający o bogatym młodzieńcu. Taylor doradził mu modlitwę i działanie we właściwym czasie.

Rozważania o finansach nie zajmowały głowy C.T. wśród niebezpieczeństw podróży do Chungking, lecz kiedy znalazł się w domu konsula, Pan ponownie zwrócił jego uwagę na biblijną historię młodego bogacza. Wrócił myślami do obietnicy złożonej Panu i rozmowy z Hudsonem Taylorem. Przemawiając łagodnie, Bóg przypomniał mu dawne deklaracje. Charles powiedział: „Bóg uczynił mnie zwyczajnie uczciwym i pokazał, co robić".

Kilka dni później nadeszły listy od bankierów i radcy prawnego z informacją o spadku. Moment ich nadejścia był dość niezwykły, zważywszy że poczta przychodziła tylko dwa razy w miesiącu, a musiała odnaleźć Studda w rejonie zamieszek. C.T. dopiero co obchodził dwudzieste piąte urodziny. Przymusowy pobyt w domu konsula okazał się jak najbardziej korzystny, bo do przekazania pieniędzy niezbędny był podpis urzędnika państwowego na dokumentach o udzieleniu pełnomocnictwa.

Kiedy Studd nabrał ostatecznej pewności co do zamysłu Pana, zwrócił się do konsula, pana Bourne, z prośbą o poświadczenie podpisu. Było to konieczne, by mógł rozpocząć rozdawanie pieniędzy. Ten w pierwszej chwili odmówił, sądząc, że to jakiś niemądry kaprys. Widząc, że zamiar jest poważny, poprosił Charlesa, żeby poczekał jeszcze dwa tygodnie, w razie gdyby jednak zechciał zmienić decyzję. Ostatecznie trzeźwa postawa misjonarza przekonała konsula. Papiery zostały podpisane. C.T. rozstawał się z pieniędzmi spokojnie, bez emocji, jakby podpisywał czek dla swego brokera.

Ogólną wartość spadku oszacowano wstępnie na około dwadzieścia dziewięć tysięcy funtów. Przeliczając, według dzisiejszych wartości (z 1990 roku) byłby on wart jakieś trzy miliony.

Charles postanowił rozpocząć od ofiarowania okrągłych sum – po pięć tysięcy funtów – czterem osobom. Dary te dają wyobrażenie o tym, które aspekty pracy Pańskiej cenił szczególnie. Pierwsze pięć tysięcy posłał D.L. Moody'emu z prośbą, by otworzył placówkę w Tirhoot w Indiach północnych. W tym rejonie znajdowały się plantacje, na których jego ojciec zbił fortunę. Czy młody Studd próbował w ten sposób spłacić dług? Czy czuł się odpowiedzialny za tych żyjących bez Chrystusa ludzi, którzy pośrednio zapewnili mu bogactwo? Być może poprzez hojność wobec Indii wypełniał to, co uczyniłby jego ojciec, gdyby żył dłużej. Niezależnie od kierującego nim motywu widzimy, że czuł z Indiami pewną duchową łączność. Po latach pojechał tam w służbie Panu. Moody nie był w stanie spełnić prośby Studda, wykorzystał więc pieniądze na potrzeby Instytutu Biblijnego, który do dziś kształci i wysyła misjonarzy do wielu miejsc na świecie.

Kolejny dar trafił do George'a Müllera. Człowiek ten prowadził w Bristolu wielkie przedsięwzięcie wiary. Zapewniał schronienie i opiekę dwóm tysiącom sierot, jedynie w Bogu pokładając ufność w sprawie bieżących wydatków. Zgodnie z przyjętą zasadą, nigdy nie informował nikogo o aktualnym zapotrzebowaniu. Nauczał on, jak otrzymywać bezpośrednio od Boga, przez modlitwę, a sam praktykował to w odniesieniu do małych i wielkich potrzeb swej służby. Świadectwo Müllera zainspirowało C.T. do podobnego postępowania. Poszedł w jego ślady z wielką radością. Ofiarował mu cztery tysiące funtów z przeznaczeniem na pracę misyjną, a tysiąc na potrzeby sierot.

Następne pięć tysięcy otrzymał na swą pracę wśród londyńskiej biedoty niejaki pan Holland. Był to wyraz współczucia, jakie Charles miał dla ubogich. Przeżył bowiem szok poznawszy nędzę swych rodaków, kiedy na kilka miesięcy przed wyjazdem z Anglii opuścił zamożne kręgi i podjął służbę wśród zwykłych ludzi.

Ostatnie pięć tysięcy podarował Armii Zbawienia na działalność w Indiach. Dzięki jego hojności do pracy wśród biednych skierowano nową grupę osób. C.T. wielokrotnie z ogromną sympatią wyrażał się o Armii Zbawienia. Podobały mu się ich wojskowy sposób działania, pomoc ubogim, bojowe pieśni, marsze uliczne i orkiestry.

Potem wypisał pięć czeków po tysiąc funtów. Pierwszy dla generała Bootha z Armii Zbawienia, trzy kolejne dla kaznodziejów głoszących ewangelię i niosących ulgę w cierpieniu mieszkańcom najgorszych dzielnic Londynu i Dublina, i jeszcze jeden – dla doktora Barnardo na jego domy dziecka. Po rozesłaniu dwudziestu pięciu tysięcy funtów po świecie, pozostały mu cztery tysiące, z których większą część oddał Chińskiej Misji Wewnętrznej.

C.T. Studd rozdał swój majątek w prostym akcie posłuszeństwa Słowu Boga usłyszanemu w sercu. Wierzył, że Bóg zadba o niego tak samo jak o Müllera. Dlatego ufnie przelał pieniądze ze światowego systemu bankowego do Banku Niebios. Ponieważ wierzył słowom: „Dawajcie, a będzie wam dane; miarę dobrą, natłoczoną, potrzęsioną i przepełnioną dadzą w zanadrze wasze" (Łuk. 67,38), spodziewał się niebiańskich odsetek – sto do jednego.

Zakończywszy rozporządzanie środkami finansowymi, Studd nadal pozostawał w posiadaniu trzech tysięcy czterystu funtów. Niewiele później spotkał swą przyszłą żonę. Biorąc pod uwagę zalecenie wypływające ze słów: „A jeśli kto o swoich, zwłaszcza o domowników nie ma starania, ten zaparł się wiary i jest gorszy od niewierzącego" (I Tym. 5,8), postanowił ofiarować owe pieniądze narzeczonej. W dniu przekazania podarunku spotkała go reakcja odzwierciedlająca jego własne upodobanie do obdarowywania. I ona pragnęła całkowicie zaufać Panu. Bóg dał Charlesowi partnerkę dzielącą z nim to samo życiowe powołanie. Razem zdecydowali przekazać resztkę fortuny C.T. generałowi Boothowi z Armii Zbawienia.

Oto fragmenty ich wspólnego listu:

Drogi generale Booth
Nie da się policzyć, jak wiele razy Bóg błogosławił mi przez pańskie kazania i książki. Załączamy czek na tysiąc pięćset funtów. Pięćset funtów wysłaliśmy do Indii komisarzowi Tuckerowi w prezencie ślubnym. Poleciłem też bankierom, by sprzedali naszą ostatnią ziemską własność – papiery wartościowe opiewające na tysiąc czterysta funtów – a uzyskane w ten sposób pieniądze przesłali panu. Odtąd nasz bank jest w niebie /.../ Kroki te podjęliśmy kierując się Słowem Bożym i nakazem Pana Jezusa, który powiedział: „Sprzedaj wszystko, co masz i rozdaj ubogim, a będziesz miał skarb w niebie", a także: „Jeśli mnie miłujecie, przykazań moich przestrzegać będziecie".
Dziękujemy Bogu, że – jeśli chodzi o Anglię – z dumą moglibyśmy rzec: „Srebra i złota nie mamy". Lecz nie chcemy być jak Ananiasz i Safira, przyznajemy uczciwie, że mamy tu z sobą niewielką sumę pieniędzy /.../ Jeszcze jedno przykazanie Pana Jezusa zostaje nam wypełnić: „Niechaj nie wie lewica twoja, co czyni prawica twoja, aby twoja jałmużna była ukryta". Tak więc prosimy o pozwolenie, by podpisać się /.../ Moja żona i ja.
P.S. Proszę zaksięgować wpływ jako pochodzący od: „Idź ty i czyń podobnie".

Znamy wszyscy historię kobiety, która przyszła do Jezusa z naczyniem pełnym kosztownego olejku. Nie oddała Mu go ani nie sprzedała dla pieniędzy, rozbiła alabastrowy słoik i wylała zawartość na Jego głowę. Wonny olejek obficie spływał w dół, namaszczając jej Pana. Zapach wypełnił dom, nie dałoby się zamknąć go z powrotem w naczyniu. Zaszokowani świadkowie tej sceny wołali: „Co ty robisz?! Po co ta strata!?!". Ale Pan powiedział: „Dobry uczynek spełniła względem mnie /.../ Będą opowiadać na jej pamiątkę i o tym, co ona uczyniła" (Mar. 14,3-9). Nie troszcząc się o nic, w niepowstrzymanym odruchu miłości wylała całe swe bogactwo na głowę tego, którego kochała.

Charles Studd rozdał swoje pieniądze z tych samych pobudek. Bez wahania złożył wszystko u stóp Mistrza. Taka postawa podobała się Panu.

Jakiekolwiek trudności finansowe spotykały go w przyszłości, wiedział, że Bóg patrzy na serce. C.T. efektownie zademonstrował pełne zaufanie i całkowite poświęcenie Panu. On i jego żona nigdy nie zmienili decyzji ani nie żałowali jej. Do końca swoich dni konsekwentnie, z prawdziwą satysfakcją żyli wiarą, nikomu, prócz Boga, nie wyjawiając swych potrzeb. C.T. Studd żył, jak ujął to Hudson Taylor, według zasady: „Z ręki Boga do moich ust”.

Rozdział dziesiąty

Spotkanie serc

Mogąc znowu podróżować bez przeszkód, Charles wybrał się na wybrzeże, na spotkanie z Georgem. Brat misjonarza z powodu słabego zdrowia spędzał zimę zwiedzając cieplejsze strefy klimatyczne, uciekając przed brytyjskimi chłodami. C.T. przybył do Szanghaju w kwietniu 1887 roku, dwa tygodnie przed nim. Szybko znalazł sobie zajęcie – mieszkańcy wybrzeża posługiwali się innym dialektem chińskiego niż znał, więc poświęcił uwagę załogom przypływających statków.

Ośrodek Misji Żeglarskiej, leżący blisko portu, przyciągał licznych samotnych młodych mężczyzn. Co wieczór na nabożeństwach wielu z nich było zbawionych. Na myśl o spotkaniu z tymi ludźmi oczy C.T. błysnęły. Nie zwlekając zaczął głosić, dzielić się świadectwem i przyprowadzać innych do Chrystusa.

Po przyjeździe George zamieszkał z Charliem. Nie planował zostać długo – zarezerwował miejsce na statku do Japonii. Zauważalne było jego oddalenie się od Boga, lecz C.T., bardziej niż kiedyś wrażliwy na Ducha, czuł, że nie należy od razu dążyć do konfrontacji. Milcząc myślał sobie: „To nic innego, jak chroniczny przypadek strachu przed człowiekiem".

George spędzał czas w klubie i na boisku krykietowym. Zdobywał bardzo wiele punktów w grze, co przysporzyło mu rozgłosu. Charlie też przyszedł popatrzeć. Od razu zaczęły padać pytania: „Co się stało z twoim bratem?". „Co?! Został misjonarzem?".

Nie minęło wiele dni, a ci sami ludzie z zadziwieniem słuchali świadectwa George'a, składanego publicznie. Okazał się tak samo „szalony" jak jego brat. Odwołał wyjazd do Japonii. Mieszkając wspólnie w ośrodku dla żeglarzy, bracia spędzili szczęśliwy czas – tygodnie przedłużyły się w miesiące.

Uwagę C.T. przyciągnęła pewna dama, dopiero co przybyła z Anglii do pracy w CIM. Z powodu choroby serca nie mogła jechać dalej. Charlie opowiadał: „Zauważyłem, że poruszała się bardzo wolno. Z największym trudem wchodziła po schodach. Myślałem, że taka osoba nie powinna przyjeżdżać do Chin. Mało prawdopodobne, by była w stanie znosić trudy życia w głębi kraju”. Trochę później miał zmienić zdanie o pannie Priscilli Livingstone Stewart.

Nabożeństwa dla żeglarzy najwyraźniej były błogosławieństwem nie tylko dla nich, lecz także dla panny Stewart. Duch Boży działał pośród nich. W Priscilli zaszła zauważalna zmiana. Charles opisywał to w liście do matki: „Jest bardzo żywa, biega po schodach skacząc co dwa stopnie”. Bóg uzdrowił i wzmocnił ją, a co najważniejsze, odnowił ogień w jej sercu. Teraz uczyła pieśni Armii Zbawienia i dzieliła się świadectwem. Czynnym udziałem w spotkaniach zdobyła sobie uznanie wszystkich.

W miastach takich jak Szanghaj społeczności przybyszów z Anglii starały się kultywować rodzime zwyczaje, tworząc kluby, koła konwersacyjne zbierające się przy grze w mah-jonga lub organizując salonowe spotkania przy herbacie. Pewnego dnia Priscilla poszła na jedno z takich przyjęć. Prowadzona Duchem Świętym opowiedziała o tym, jak znalazła Chrystusa. Siła i prostota tego, co usłyszały zdumiała zebrane panie. Jeszcze tego samego wieczoru zaproszono Priscillę na kolejne przyjęcie, potem były następne. Wiele kobiet było zbawionych i przemienionych. Spotkaniom przy herbatce towarzyszyły teraz zupełnie nowe tematy.

Priscilla opuściła Szanghaj, by rozpocząć długą drogę w głąb Chin. Po jej wyjeździe C.T. powiedział: „Przypuszczam, że wszystkie dobre rzeczy skończyły się”. Także i on powrócił do Shansi i Lungan, gdzie kontynuował owe „dobre rzeczy” poprzez ożywioną korespondencję.

Priscilla Livingstone Stewart przyszła na świat 28 sierpnia 1864 roku w Irlandii Północnej, w części Belfastu zwanej Lisburn. Pochodziła z bogatej irlandzkiej rodziny protestanckiej. W chwili przyjazdu do Chin miała dwadzieścia cztery lata i była ładną, niebieskooką i miedzianowłosą panną. Jej radosne usposobienie i bezpośredni sposób bycia podbijały serce każdego, kto ją poznał.

Wyrastała w religijnej atmosferze. Cała jej rodzina należała do Kościoła anglikańskiego. Dopiero od momentu nawrócenia

Priscilla Livingstone Stewart niedługo po swoim nawróceniu

dwóch wujów podczas przebudzenia w 1859 roku, religia stała się w rodzinie niewygodnym tematem. Jeden z nich był szczególnie aktywny w pracy Pańskiej. Podobnie jak Edward Studd, otworzył dom dla nabożeństw, na które zapraszał swych pracowników. Często gościł znanych ewangelistów – rodzice Priscilli nieraz zabawiali ich rozmową. Wielokrotnie goście ci korzystali z okazji, by wskazać młodej osobie potrzebę Chrystusa. Ta, sama siebie przekonując, że nie chce stać się chrześcijanką, wyćwiczyła się w sztuce udzielania wymijających odpowiedzi na pytania. Mówiła sobie: „Nie, nie zamierzam dla nikogo chodzić z nosem na kwintę". Miesiącami i latami wytrwale odrzucała Pana. Wspominała później: „W wieku osiemnastu lat stawałam się specjalistką w kpinach i szyderstwie".

Tak swą historię opowiedziała sama Priscilla:

Punkt zwrotny nastąpił w moim życiu, kiedy zamieszkałam u pewnej miłej pani, która przeszła wiele poważnych doświadczeń. Na jej widok nikomu nie śniło się nawet, że miewa jakiekolwiek zmartwienia. Zawsze była spokojna i radosna. Postawa i całe zachowanie tej kobiety wywarły na mnie wrażenie. Wkrótce poznałam sekret jej życia. Powiedziała: „Mam takie trudności, czy nie zechciałabyś pomodlić się ze mną?". Nim wyrzekłam słowo, już klęczała pochłonięta modlitwą.

Pewnego wieczoru wszedł ojciec owej pani z pytaniem: „Dziś wieczorem mam być na nabożeństwie Armii Zbawienia, czy nie poszłabyś ze mną?". „Ojcze, byłam już na popołudniowym spotkaniu, ale moja przyjaciółka będzie ci towarzyszyć". Co miałam począć? Gdybym mogła wyć, zrobiłabym to! /.../ Musiałam siedzieć obok niego na podwyższeniu. Nigdy, przenigdy nie zapomnę tamtego wieczoru spędzonego w otoczeniu setek dziewcząt z Armii Zbawienia. Ich wysokie kołnierze i zapięcia skrzypiały przy każdym ruchu. Machały dookoła mojej głowy swoimi kołatkami. To wszystko wytrąciło mnie z równowagi, lecz jakoś wydostałam się na zewnątrz, nie pytana o stan duszy.

Wróciwszy do domu zwróciłam uwagę na broszurkę napisaną przez generała Bootha. Opisywał w niej wizję, w której ujrzał wielu rozbitków. Tylko ich głowy wystawały z wody, wyciągali ramiona ku górze, niektórzy znajdowali się na skałach. Jakiś głos mówił o niespodziewanym powrocie Jezusa i strasznym losie nie zbawionych w owym dniu.

Choć życie Priscilli obracało się wokół przyjęć, balów i światowych rozrywek, jakoś nie mogła zapomnieć tego, o czym czytała. Publicznie paliła papierosy, zakładała się nawet z przyjaciółmi, że wypali sześć przez jeden wieczór – i udawało się jej! Całym życiem deklarowała: „Nie jestem chrześcijanką!".

Zmęczona, ale zadowolona wróciła pewnego ranka z balu. Zasnęła szybko, a po przebudzeniu wciąż pamiętała wyraziste obrazy z niezwykłego snu.

Śniło mi się, że byłam na kortach tenisowych z grupą młodych ludzi. Graliśmy, kiedy pojawił się Jezus, wskazał na mnie i powiedział: „Odejdź ode mnie, nigdy cię nie znałem". Obejrzałam się na towarzyszy mówiąc: „Co tam, pójdziemy do piekła razem!". Ale oni zniknęli. Byłam sama. Wtedy ujrzałam straszną, przerażającą wizję piekła. Następnego dnia słowa: „Odejdź ode mnie, nigdy cię nie znałem" nie opuszczały mnie. Widziałam je na stronach czytanej książki, w żaden sposób nie mogłam się od nich uwolnić.

Jakiś czas później, odwiedzający moją ciotkę młodzi ludzie opowiadali o swoich przeżyciach. Ja opowiedziałam im historię wizji generała Bootha. Zaczęliśmy rozmawiać o wizjach i snach od Boga. „Bóg nie ma nic wspólnego ze snami" – oświadczyłam. „Pamiętam doskonale z czasów szkolnych, że kiedy poświęcałam zbyt wiele czasu na naukę, nawet po zaśnięciu mój umysł dalej pracował. Miewam też sny po ciężko strawnych posiłkach. Bóg nie ma tu nic do rzeczy!". Potem powiedziałam, że koszmar, który przyśnił mi się po balu także nie miał nic wspólnego z Bogiem. „Jaki koszmar?" – spytała ciotka. Nie zastanawiając się, zaczęłam opowiadać. Dopiero dochodząc do momentu, kiedy trafiam do piekła, spojrzałam na ciotkę i pomyślałam: „Och, czeka mnie teraz niezgorsza pogadanka". Wybuchnęłam śmiechem: „To tylko wpływ homara i szampana!". „Gdyby ktokolwiek otrzymał takie ostrzeżenie od Boga... Natychmiast oddaj serce Panu Jezusowi!" – powiedziała.

Nie pamiętam chwili, gdy wstałam, ani jak znalazłam się w drugim końcu długiego pokoju. Klęcząc mówiłam: „Nigdy nie podejmowałam decyzji dla Boga, ale dziś to zrobię". Ktoś zwrócił się do mnie: „Co tu robisz? Trzy miesiące temu powiedziałaś, że przenigdy nie pójdziesz tą drogą". To był diabeł. Uklęknął obok mnie. Rozpoznałam go, był dotąd moim przyjacielem. Słyszałam kaznodziei mówiących: „Ludzie nie nawracają się ze strachu". A ze mną tak właśnie się działo. „Boję się piekła" – wypowiedziałam te słowa i moc złego zniknęła, objął mnie Pan. Pojawił się inny głos: „Czego chcesz, dziecko?". „Co bym dała, żeby przyjść do Boga... Ale nie potrafię".

Całe dotychczasowe życie przesunęło się przed oczami Priscilli. Zobaczyła wszystkich, którzy próbowali jej świadczyć. Zdała sobie sprawę, że za każdym razem sam Pan Jezus wyciągał do niej rękę, a ona Go odpychała.

Moje serce było czarne jak u najgorszego grzesznika na ziemi. Niewiara, naśmiewanie się, drwiny – zasługiwałam na piekło najbardziej ze wszystkich żyjących. Kiedy tak czekałam na kolanach, przed moimi oczami pojawiła się najcudowniejsza wizja krzyża Golgoty i przybitego doń Jezusa. Krzyż był tak blisko, że mogłam dotknąć Jego błogosławionych stóp. Widziałam gwoździe wbite przez ludzi, koronę z cierni wciśniętą na czoło i spływającą krew. Głośno zawołałam: „Po co tam był?". Nadeszła odpowiedź: „Zraniony był za nasze występki, starty za nasze winy, Jego ranami jesteśmy uleczeni". Głos nie umilkł jeszcze, zwrócił się osobiście do mnie: „Moimi ranami ty jesteś uleczona". Wizja krzyża zniknęła, wstałam z kolan. Trwało to dwie godziny. Gospodyni zapytała: „Co widziałaś?". „Widziałam Golgotę. Już na zawsze Jezus będzie moim Panem i Bogiem".

Priscilla natychmiast poszła do swego pokoju, padła na kolana i modliła się. Nawróciwszy się otrzymała przebaczenie grzechów i z wielkim zapałem opowiadała o tym każdej spotkanej osobie.

Moi religijni krewni oznajmili: „Jeśli ta najczarniejsza z czarnych owiec nawróciła się, jest nadzieja dla każdego". Poszłam do Armii Zbawienia. „Pułkowniku, jestem zbawiona. Stało się to wczoraj wieczorem". „Pewnie nawróciłaś się kilka dni temu na spotkaniu". „Nie, nie wtedy. Tamtego wieczoru nikt ze mną nie rozmawiał".

Uczestnictwo w spotkaniach i marszach Armii Zbawienia przynosiło jej wielką radość.

Mówię wam, warto było maszerować z Armią Zbawienia. Leciały na nas stare trzewiki, polana, kamienie, zgniłe jajka i pomarańcze. To były cudowne dni. Przyjaciele przestali rozpoznawać mnie na ulicy. Młodzi mężczyźni, którym kiedyś się podobałam, na mój widok przechodzili na drugą stronę.

Po osiemnastu miesiącach płomienna młoda chrześcijanka rozpoczęła szkolenie misyjne. Nie mając jeszcze dwóch lat w Chrystusie, znalazła się na chińskiej ziemi.

Dzielna Priscilla dołączyła do panny J. Burroughs i dwóch innych nieustraszonych żołnierek Chrystusa, również niezamężnych, mieszkających w Hoh-chau. Kobiety te wykazały wielką odwagę, nie dając się zniechęcić mimo opozycji, jaka spotykała je na każdym kroku.

Jakże pragnęłyśmy zanieść dobrą nowinę do każdego domu w tym mieście. Lecz kobietom nie wolno było chodzić ulicami. Chcąc przewietrzyć się nieco, musiałyśmy korzystać ze starego, rozklekotanego powoziku z kołami bez szprych, który ustawiano na tylnym podwórku i otaczano parawanem. Tak wyglądały nasze przechadzki. Odwiedzając inną kobietę, wjeżdżałyśmy naszym powozem na jej podwórze i dopiero tam wysiadałyśmy. Żadnemu mężczyźnie nie wolno było spojrzeć na obcą kobietę, lecz to nic nie dawało – i tak było to podłe miasto.

Patrząc na nas mówiono: „Macie twarze kobiet, ale jesteście mężczyznami. Przebieracie się w damskie stroje, żeby zwabić nasze kobiety". Wzbudzałyśmy ciągłe zainteresowanie, prawie nie traktowano nas jak ludzkie istoty. Widząc nasze naturalnie zaróżowione policzki mówiono, że malujemy twarze. Słyszałyśmy też: „Popatrzcie na ich włosy, to kolor krowiej sierści". Nie dostawałyśmy zbyt wielu komplementów.

Modliłyśmy się wspólnie, nie wiedząc jak dotrzeć do ludzi. Zapadła decyzja, że następnego ranka mam udać się w towarzystwie nauczyciela do sklepu z jedwabiem. Szłam za nim w odpowiedniej odległości, a potem weszłam do sklepu, gdzie jak najdłużej zwlekałam z targowaniem się co do ceny. Wiedzieliśmy doskonale, że zgromadzi się spory tłum, a wtedy nauczyciel będzie mógł do nich przemówić. Ryzykowaliśmy reputacją wychodząc na zewnątrz, by głosić ewangelię.

Odwiedził nas pastor Hsi, któremu opowiedziałyśmy, co robimy. Zgodził się zaaranżować spotkanie na wolnym powietrzu, tuż przed naszym domem. Był marzec, padał deszcz ze śniegiem. Ulicą płynęły strugi wody. Miałyśmy na sobie ocieplane bawełniane spodnie. Kiedy pastor głosił, w czwórkę uklękłyśmy, by się modlić. Dzięki przykładowi i zachętom pastora nabrałyśmy odwagi, by po jego wyjeździe robić to samo. Nigdy nie widziałam łez w oczach Chińczyków, prócz tych dni, gdy my dziewczęta klęczałyśmy na ulicy modląc się o ich dusze.

Otoczone przez głębokie ciemności, Priscilla i panna Burroughs pisały do domu, dzieląc się swymi troskami. Ludzie wokół wydawali się wręcz opętani przez diabła. „Oni są zniewoleni, jak zaklęci, głusi, ślepi, zatwardzeni przez diabła, naprawdę martwi w swych występkach i grzechach". Obie kobiety zaczęły zastanawiać się: „Czy Biblia uczy nas, że istnieje większa moc?". Bóg wykorzenił niewiarę ich własnych serc, więc każdą cząstką swej istoty wiedziały, że Syn Boży przyszedł zniweczyć dzieła diabelskie. Priscilla powiedziała:

Ach, jak raduje się serce, a umysł prawie tańczy! On posłał nas, będąc pewny zwycięstwa. W Nim jesteśmy więcej niż zwyciężczyniami. Jak wspaniała to myśl: „W Nim – więcej niż zwyciężczynie!". Nie ma rzeczy niemożliwych, dokonamy bohaterskich czynów i będziemy mocne.

Weszły w przymierze z Bogiem, by szukać Go z całego serca i osiągnąć zbawienie dusz. Pan postawił je przed pytaniem: „Czy tu, w Chinach, ryzykuję coś dla Pana, czy może staram się uchronić siebie przed hańbą i uniknąć krzyża?”. Priscilla pisała: „Wznosimy nasze wołanie do Boga: Panie Jezu, jeśli zbawienie coś dla mnie znaczy, pomóż mi żyć wśród tych ludzi jak ktoś, kto wierzy w wieczność. Pomóż pokazać im, że chcę podjąć każde ryzyko, nawet śmierci, by ocalić ich od piekła”. Serca tych kobiet były złamane przed Bogiem. Widziały wokół wielkie potrzeby, lecz ich próby przekazania dobrej nowiny udaremniały chińskie tradycje i konwenanse. Nie bacząc na to, trwały przy zamiarze niesienia ewangelii tam, gdzie byli ludzie.

Miałyśmy spotkanie na dużej, otwartej przestrzeni niedaleko domu. Pan wyraźnie postawił na nim swą pieczęć. Przyprowadził ludzi w wielkiej liczbie. Stojąc tam, czułyśmy jak nigdy wcześniej, że żywy Bóg jest wśród nas. Moc Ducha Świętego spoczęła na ludziach. Nikt nie przeszkadzał – przeciwnie, słuchano nas w spokoju i z uwagą. Przyszły też kobiety i dzieci. Byłyśmy tam trzy kolejne niedziele i od samego początku Pan dał nam zwycięstwo. Kilkoro nowych mężczyzn i kobiet odważyło się przyjść na domowe nabożeństwo. Wierzymy, że wychodząc na zewnątrz i pokazując, jak wielbimy Boga, dodajemy im śmiałości. Ostatniej niedzieli dołączyło czterdzieści kobiet, w tym kilka z wyższej klasy, podwajając naszą liczbę. Lew z Judy rozerwie każdy łańcuch i da nam znowu zwycięstwo.

Skończył się pierwszy rok Priscilli w Chinach, rok nauki języka i uczestnictwa w trudnej pionierskiej pracy. Jedynym przerywnikiem w jej intensywnym życiu była ożywiona korespondencja z Charlesem.

Będąc na okresie próbnym, misjonarze nie mogli zawierać związków małżeńskich przez dwa lata, kiedy poznawali życie w Chinach i język. Nie przeszkodziło to Charlesowi w oświadczynach. Rozmyślał nad poślubieniem Priscilli od chwili, gdy się rozstali.

Rozdział jedenasty

Odnajdując własną tożsamość

Wróciwszy do Lungan razem z bratem, Charles gotów był z nowym zapałem przystąpić do walki. Dni spędzone w Szanghaju przyniosły mu satysfakcję. Tak dobrze było móc porozumiewać się i wydawać owoc dla Pana.

Studd spędził w Chinach już dwa lata. Adaptował się powoli, a przedłużony pobyt na wybrzeżu znalazł odbicie w kilku listach. „C.T. Studd nie utrzymuje ścisłego kontaktu, jest zbyt niezależny. Ucieszę się, gdy znajdzie pomocnego towarzysza" – pisał Hudson Taylor. Studd pozostawał misjonarzem stowarzyszonym, a te kontakty z organizacją misyjną, jakie miał, nie zachęcały go do ostatecznego włączenia się w jej szeregi.

Jednym z powodów takiego stanu rzeczy była być może jego fascynacja metodami Armii Zbawienia. Podobały mu się ich pieśni śpiewane przez Priscillę i bojowy duch. Bardzo poruszył go list otrzymany z Indii od Booth-Tuckera, tamtejszego działacza Armii. Pragnął naśladować ich ofiarność i śmiało propagować ewangelię w kazaniach ulicznych, poprzez marsze i występy orkiestr. Zdaje się, że obaj, Stanley Smith i Charles Studd, korzystali z takich metod ewangelizacji, mimo niepokoju Hudsona Taylora. Ów pisał: „Istnieje niebezpieczeństwo, że nasi rozochoceni bracia w Shansi zaczną działać zbyt szybko". Prawdopodobnie Studd zwrócił się do Armii Zbawienia z prośbą o pomoc w pracy. Taylor pisze o tym dalej:

Jedna hałaśliwa orkiestra Armii Zbawienia może z łatwością wszystkich nas wyrzucić z dowolnej prowincji w Chinach /.../ O każdym posunięciu mandaryni informują stolicę okręgu. Tam łatwo wzbudzić alarm. To kolejny powód, by wypróbować Studda w Mongolii, może razem z Cecilem Polhill-Turnerem.

Plany te zniweczyła choroba C.T. Zaatakował go tyfus, a po nim zapalenie płuc i opłucnej. Chorował ciężko przez kilka tygodni. Na szczęście był przy nim brat, który pielęgnował go aż do powrotu do zdrowia. Czas rekonwalescencji sprzyjał dalszej korespondencji z Priscillą. Pewnego razu napisał aż dwa listy, liczące sześćdziesiąt osiem i sześćdziesiąt dziewięć stron! Oświadczył się jej, ale ku jego absolutnemu zdumieniu, odmówiła. Studd nie dał się zniechęcić. Po ośmiu dniach postu, modlitwy i badania własnej duszy napisał ponownie, z wielką pewnością siebie. Wiele lat później Priscilla opowiadała:

Gdyby był tutaj, powiedziałby wam, że to ja zaproponowałam mu małżeństwo. Nie zrobiłam tego. Faktycznie, odmówiłam mu z pewnych powodów. Jeśli powiem wam, jak brzmiała jego odpowiedź, zobaczycie, jakim był człowiekiem. Powiedział: „Nie myślisz ani o planie Bożym, ani o Jego woli w tej sprawie, a ja – tak. I zamierzam ożenić się z tobą, chcesz czy nie, więc lepiej pomyśl i pogódź się z sytuacją!". Co miałam robić? Dlatego dziś jestem panią C.T.!

Mijał miesiąc za miesiącem, a listowna debata trwała. 25 lipca C.T. pisał:

Jestem tego coraz bardziej pewien i nie wątpię, że to wola Pana. Wiesz, że od dnia otrzymania twego listu odłożyłem wszystko na bok – wszelkie zajęcia, sen, posiłki – i szukałem Jego oblicza. Prowadzi mnie prosto i dzień po dniu zachęca, bym prosił właśnie o ciebie.

Dopiero 5 października Priscilla wyraziła zgodę. Trwało to tak długo, ponieważ zdawała sobie sprawę, że zaręczyny oznaczają dla niej rezygnację z pełnego członkostwa w misji i przyjęcie roli pracownika stowarzyszonego z CIM.

Miesiące rozterek i usilnych starań, by poznać wolę Pana, odbiły się na wszystkich relacjach Charlesa. Kierując się ojcowską troską o niego, Hudson Taylor pisał: „Cieszę się, że go spotkasz. Obawiam się, że bez modlitwy i opieki mógłby łatwo wpaść w problemy. Niektóre z jego ostatnich listów do przyjaciół świadczą, że nie jest szczęśliwy. Martwi ich to". Po kilku tygodniach w innym liście zastanawia się:

Wiele wskazuje na to, że musimy dołożyć dużo starań, jeśli nie chcemy się z nim pożegnać. Zastanawiam się, czy nie byłoby dobrze, by Studd i Cecil Polhill-Turner pojechali do Mongolii. W ten sposób ich niestabilność przynajmniej nie zaszkodzi innym /.../ Obaj interesowali się Tybetem. Módl się w tej sprawie i czyń, co uznasz za stosowne.

Rok 1887 był trudny dla C.T. Studda. Nie posuwał się w rytmie narzucanym przez misję, ale jego relacje z poszczególnymi ludźmi były doskonałe. Współpracownicy bardzo go kochali. Mimo oddalenia przetrwały też silne więzy łączące go z resztą „siódemki z Cambridge".

Pod koniec roku Hudson Taylor powiedział: „Musimy uczynić wszystko, by mocniej związać go z nami, dla jego własnego dobra. My lepiej poradzimy sobie bez niego, niż on bez nas".

Co działo się z Charlesem Studdem? Czy był zwykłym buntownikiem? Z pewnością nie był tym typem misjonarza, jakiego wielu dzisiaj poszukuje. Buntownik robi to, co podoba się jemu samemu, odrzuca ograniczenia dla własnych celów. C.T. oddał się bez reszty Bogu i na Jego wolę pozostawał otwarty. Z jego rozmów i modlitw widać, co nosił w sercu. Z całą pewnością nie był to bunt. Pragnął tylko chwały dla Jezusa. Chciał widzieć Go wywyższonego, ponad wszystko podobać się i służyć tylko Jemu. Żył zasadą mówiącą, iż musi być martwy dla własnego „ja", własnej woli i pragnień, aby pozwolić Bogu działać w Jego doskonały sposób. Nie było tu miejsca na szukanie chwały dla siebie ani na „moją pracę". Serce Charlesa było przejrzyste i uczciwe. Patrząc na nie Pan widział, że nie był on buntownikiem.

Dwa lata wystarczyły, by Studd zaczął używać swoich „pionierskich mięśni". Samodzielność w myśleniu, wizji i działaniu pokazała, że w jego żyłach płynie krew pioniera. Taki człowiek niechętnie dopasowuje się do ram wyznaczonych przez innych.

Jeśli ma iść w czyjeś ślady, będzie się wlókł. Bóg powołuje go, by przetarł nowy szlak, którym następni podążą za nim.

Problemy, które pojawiły się przed Studdem wynikały z faktu, iż pionierski duch nie oznaczał natychmiastowej dojrzałości. Hudson Taylor, jako mądra stara sowa czuwająca na straży, musiał przeżyć wiele niepokojów. Być może jego mądrość pomogła mu dostrzec, że ma do czynienia z człowiekiem, który w przyszłości będzie torował drogę innym.

Już jako narzeczony Priscilli, C.T. wciąż pisał długie listy, wylewając przed ukochaną całe serce. Każdemu wyrazowi miłości do niej nierozdzielnie towarzyszyło wyrażanie wszechogarniającego poświęcenia Panu. Pisał:

Nim będę pisał dalej, chcę błagać cię, najdroższa, byśmy oboje tą samą prośbę zanosili codziennie do naszego Ojca. Byśmy w każdym dniu naszego życia powierzali siebie wzajemnie Jezusowi, aby nigdy żadne z nas nie stało się idolem dla drugiego, czy będziemy razem, czy oddzielnie za Jego wolą.

Śmieję się, gdy pomyślę jak mało o tobie wiem, moja najdroższa. Nie znam nawet twego wieku, lecz ponad wszystko wystarczy mi wiedzieć, że jesteś prawdziwym dzieckiem Bożym, zakochanym w Jezusie, że On złączył nasze serca, byśmy razem z całych sił, dusz i umysłów pracowali dla Niego aż do dnia, kiedy przyjdzie /.../ Kocham cię za twoją miłość do Jezusa, kocham cię za twą gorliwość dla Niego, kocham za twą wiarę, za miłość do ludzi, kocham cię za to, że mnie kochasz, kocham cię dla ciebie samej, kocham cię na wieki. Kocham cię, ponieważ ciebie Jezus użył, by mi pobłogosławić i rozpłomienić mą duszę. Kocham cię, bo zawsze będziesz jak rozpalony do czerwoności pogrzebacz, prowokujący do szybszego biegu. Panie Jezu, czy kiedykolwiek uda mi się odwdzięczyć Ci za taki dar?

Nadszedł czas, by podzielić się z matką wieścią o zaręczynach. C.T. napisał:

Zapewne chciałabyś dowiedzieć się o niej czegoś więcej. Cóż, prawdę mówiąc niewiele mogę powiedzieć poza tym, co dotyczy jej życia duchowego /.../ Umie grać na fisharmonii i organach, trochę śpiewa, lecz jej głos nie brzmiał wspaniale w Szanghaju. Tak jak ja, bardzo lubi Armię Zbawienia i ich hymny. Ani trochę nie boi się ludzi, kogo tylko spotka, od razu pyta o jego duszę.

Kilka lat wcześniej C.T. Studd żartował na temat małżeństwa z grupą studentów. Powiedział wtedy: „Dzięki Bogu nie mam ochoty na żeniaczkę, ale jeśli kiedyś do tego dojdzie, chciałbym poślubić prawdziwą pannę z Armii Zbawienia". Wzbudził tym rozbawienie całej grupy. Wygląda na to, że Pan Bóg złapał go za słowo i dał mu to, czego pragnął.

Data ślubu nie była wyznaczona, jak zwykle u Studda, i tym razem wszystko odbyło się pod wpływem impulsu.

26 grudnia 1887 roku nadeszły wieści od panny Burroughs, przyjaciółki Priscilli. Charlie odczytał list Stanleyowi – Priscilla zachorowała na zapalenie płuc. Przyjaciele pomodlili się, choć było już późno. „Był to najbardziej wzruszający akt rezygnacji, jakiego wysłuchałem" – powiedział później Stanley. List wysłano trzy dni wcześniej. Nie zwlekając C.T. spakował swój skromny dobytek i wynajął wóz, którym miał dotrzeć do ukochanej w ciągu trzech dni.

Spotkanie to na pewno było bardzo czułe – widzieli się po raz pierwszy od wyjazdu z Szanghaju. Priscilla czuła się dużo lepiej, kryzys minął. Gdy po kilku dniach przyjechał Stanley Smith, była już prawie zdrowa. Smith opowiadał: „Czułem głęboką wdzięczność za to, że panna Stewart dana została Charliemu. Widząc ją stwierdziłem, że jest dokładnie taka, jak mówił". Na obu z nich wielkie wrażenie wywarła wyjątkowa praca, jaką wykonywały te kobiety. Stanley wspominał: „Z kilku powodów było to najlepsze chińskie nabożeństwo, w jakim uczestniczyłem". Mężczyźni mieli wyjechać 9 stycznia. Przed wyjazdem zebrali się w pokoju Priscilli, by oddać chwałę Bogu. Zaraz potem wyruszyli do Hungtung, dokąd przybyli dziewiątego dnia podróży, tuż przed północą. Niestety, nie mogli jechać dalej. 18 stycznia Stanley dostał gorączki tyfusowej. Do 5 lutego Charlie opiekował się nim troskliwie, czuwając dniem i nocą.

Priscilla nigdy nie znikała z jego myśli. Przyjaciel doszedł do siebie, a wtedy Charles postanowił, że zamiast jechać do swej placówki, wróci do Hoh-chau, do Priscilli. Na jego widok miejscowi chrześcijanie orzekli, że skoro pokonał tak wielką odległość, by się z nią spotkać, powinni się pobrać. Charles zgodził się z nimi!

By wziąć ślub urzędowy, musieli udać się do angielskiego konsula. Oznaczało to długą podróż na wybrzeże. Aby mogli jechać razem w poszanowaniu, najpierw powinni zawrzeć ślub chiński. Zorganizowano wszystko pospiesznie, pastor Hsi, bliski przyjaciel, a także znany ewangelista wędrowny, zgodził się poprowadzić ceremonię.

Prawie w każdym społeczeństwie ślub stanowi poważne, uroczyste wydarzenie, obchodzone w specjalnych, nowych strojach. Pastor Hsi nie mógł pojąć lekkiego podejścia Studda do tej kwestii. Nalegał, by założył choć nowy kapelusz i buty, które sam dla niego wykonał. Niestety, okazały się tak ciasne, że C.T. musiał je zdjąć podczas uroczystości. Priscilla uczciła tę okazję dodając do stroju długą białą szarfę z napisem: „Zjednoczeni do walki dla Jezusa".

Biorąc ślub przed konsulem w Tientsin, mieli na sobie swoje codzienne perkalowe ubrania, co wielce zaszokowało przyjaciół. Ważne były priorytety – Charles nie widział potrzeby wydawania pieniędzy na nowe stroje. Cokolwiek mieliby na sobie, w majestacie prawa staną się małżeństwem. Tak samo podchodził do sprawy obrączek ślubnych. Przed wyjazdem do Chin Priscilla otrzymała w prezencie od bliskiej osoby skromny złoty pierścionek. Jakimś zbiegiem okoliczności miał on wygrawerowane wewnątrz litery CTS. Charles pisał: „Kiedy nadszedł dzień naszego ślubu, powiedziałem: »Nie ma lepszego pierścionka niż ten, nie potrzeba nam innego do ślubu«". Wystarczył przez osiem lat, do dnia ich wizyty w domu. Matka Charlesa spytała Priscillę: „Gdzie jest twoja obrączka?". Pierścionek niezbyt jej się spodobał. „Charles nie zamierza kupić innego" – wyjaśniła synowa. Pani Studd zaraz odnalazła pierścionek ślubny babki Charlesa i włożyła go na palec Priscilli. W charakterystycznym dla siebie stylu C.T. powiedział: „Nigdy nie kupiłem pierścionka. Słowa Piotra o biżuterii wystarczyły, by powstrzymać mnie przed tego rodzaju nonsensem".

Był 16 maja 1888 roku. Wcześnie rano, nieco po piątej, Charles Studd przybył do Lungan z młodą małżonką. Zjednoczyli się, by walczyć dla Jezusa i pokonać diabła na jego własnym terytorium.

Rozdział dwunasty

Walka i cierpienia w Chinach

Życie młodej pary w Lungan nie płynęło spokojnie, od razu znaleźli się w ogniu bitwy. Szukali nowego domu, a jedyny odpowiedni okazał się nawiedzony przez duchy. Jednak szybko uciekły przed nowymi mieszkańcami, oddającymi chwałę żywemu Bogu. W pracy misyjnej pomagała im panna Burroughs.

Mała społeczność obcokrajowców żyła w taki sam sposób, jak otaczający ich ludzie. Nosili takie same ubrania, jedli to samo pożywienie. Mieszkali w bardzo skromnym domu o białych kamiennych ścianach, z chłodnymi ceglanymi posadzkami. Spali na ogrzewanym podwyższeniu z cegieł, a cienkie bawełniane kołdry służyły im za materace. Centralne miejsce w pokoju zajmował tradycyjny chiński bojler. Wydobywająca się z niego para uchodziła przez otwór w dachu. Unoszące się opary stanowiły obciążenie dla płuc Charlesa, który miał skłonności do astmy. Dlatego w końcu zastąpili bulgoczącego olbrzyma bardziej efektywnym urządzeniem, co zresztą wzbudziło wielką ciekawość wśród sąsiadów.

Podstawą miejscowej diety było proso. Grubo zmielone jadło się je na śniadanie, zmielone cieniej podawano na obiad, a jeszcze cieniej – na kolację. W sezonie dostępne były warzywa, polubili też wiele chińskich specjałów. Próbowali samodzielnie wypiekać chleb – udało im się coś, co przypominało angielski bochen.

Lungan nie było miejscem, gdzie łatwo rozpocząć życie małżeńskie. W tym wielkim mieście, wśród większości oddającej się kultowi duchów, żyło dziesięć tysięcy muzułmanów. Państwo Studd próbowali zaprzyjaźnić się z sąsiadami, którzy dali się namówić na wizytę w ich domu. Wizyta polegała na tym, że wścibscy goście dokładnie, metodycznie sprawdzili każdy kąt. Biegali po całym domu jak mrówki, nie omijając żadnego miejsca. Zaspokojenie ciekawości nie zmniejszyło bynajmniej otwartej niechęci do „obcych diabłów”, obelgi i przekleństwa spotykały ich co dzień.

Mandaryni, których słowo stanowiło tu prawo, nie chcieli misjonarzy w mieście, więc nikt inny nie śmiał zbliżyć się do nich. Priscilla opowiadała: „Przez pięć lat przy każdym wyjściu z domu sąsiedzi obrzucali nas stekiem przekleństw. Cokolwiek działo się w mieście, nas obarczano odpowiedzialnością. Nastał rok suszy, więc nasze życie wisiało na włosku, bo uważano, że my jesteśmy temu winni”. Należało przebłagać boga deszczu, którego zamierzano sprowadzić z innego miasta. Miała odbyć się procesja, podczas której słońce powinno zajść nad głową bożka. Pojawiły się ogłoszenia polecające wszystkim zamknięcie w tym czasie drzwi od podwórza i zapalenie przed nimi kadzidła dla boga deszczu. Priscilla opowiadała: „Wiedzieli, że nie zapalimy kadzidła przed naszymi drzwiami. To by bardzo obraziło boga i mógłby powstrzymać deszcz. Zamierzali wszcząć rozruchy przed naszym domem”.

Tłum zaczął rozwalać kaplicę, próbował podpalić dom. C.T. pospiesznie odesłał wszystkich Chińczyków do domów. Priscilla była akurat ciężko chora, więc wyniósł ją na podwórko, a sam przeszedł przez mur i pobiegł zawiadomić mandarynów. Ci jednak przewidująco wyjechali z miasta. Nagle sam Bóg przyszedł im na ratunek. W tłumie znajdował się pewien wykształcony człowiek, cieszący się znacznym szacunkiem. Krzyknął on: „Co wy robicie? Marnujecie czas, a dzień mija. Bierzcie boga i maszerujcie, by słońce zaszło nad jego głową. Przyjdziecie tu w drodze powrotnej”. Ludzie pokornie podnieśli bożka i odeszli w stronę dzielnicy bogaczy. Tam plądrowali domy, zabierali z nich srebra, żeby zapłacić miastu, z którego wypożyczyli posąg!

W społeczeństwie chińskim tamtego okresu powszechne było wielkie okrucieństwo, ludzie żyli w strachu. Życie miało niewielką wartość, zwłaszcza życie niemowląt płci żeńskiej. Priscilla opisywała:

Kiedyś poszłam do pewnej matki i znalazłam ją lamentującą. Spytałam, gdzie jest dziecko. Urodziło się o świcie i od razu wrzucono je do kanału. Czasem zrzucano je ze zbocza góry lub do specjalnie w tym celu zbudowanej pagody. W ścianie zostawiano otwór dla wilków, by mogły pożywić się ciałami.

Wielokrotnie Priscilla wracała do domu ze złamanym sercem. Zwykłą sprawą były publiczne egzekucje. Pewnego razu Priscilla poszła na plac, gdzie miano ściąć rabusiów. Zapytana, po co tam była, odpowiedziała: „By się wzmocnić. Nie wiem, kiedy mnie może spotkać coś podobnego. Nie zapomnę nigdy człowieka ciągniętego na linie. Zanim dotarł na główny plac, gdzie miał być ścięty, już go zlinczowano".

Jako formę kary stosowano też okrutne chłosty. Przeszło przez nie wielu chrześcijan. Jeden z nawróconych C.T. Studda, człowiek, który powiedział o sobie: „Jestem mordercą i cudzołożnikiem, złamałem wiele razy wszystkie nakazy Boże i ludzkie", po nawróceniu gorąco pragnął udać się do miasta, gdzie uczynił całe to zło, by głosić tam dobrą nowinę. Zebrał się tłum, doprowadzono go przed mandaryna. Otrzymał dwa tysiące uderzeń bambusem, aż jego plecy stały się jedną wielką raną. Sądzono, że nie żyje. Przyjaciele zabrali go do chrześcijańskiego szpitala i pielęgnowali do chwili, gdy mógł sam siedzieć. Wtedy oznajmił: „Muszę tam wrócić". W żaden sposób nie dał sobie tego wyperswadować.

Jeszcze raz stanął przed sądem. Tym razem nie otrzymał chłosty, ale wtrącono go do więzienia. Stamtąd przez malutkie okienko zwiastował ewangelię zebranym na zewnątrz tłumom! Powstało takie zamieszanie, że w końcu władze uwolniły go.

Mimo sprzeciwów i wielu trudności Charlie i jego młoda żona usilnie starali się rozprzestrzeniać dobrą nowinę. Kiedy zainteresowanie otoczenia słabło, eksperymentowali wychodząc na ulice wzorem Armii Zbawienia. Marsze otwierał C.T. Studd grający na bandżo. Ich sympatia wobec Armii Zbawienia urosła do tego stopnia, że rozeszły się pogłoski, iż przystąpili do tej organizacji. Takie nie potwierdzone informacje pojawiły się w indyjskim wydaniu pisma Armii Zbawienia „Okrzyk wojenny" (*War Cry*). Wywołało to wiele komentarzy w kręgach CIM. Faza ta minęła po kilku latach. Obaj, Studd i Smith – także zaangażowany w sprawę, przyznali, że głośne manifestacje, bębny i procesje nie przyniosły spodziewanych rezultatów. Hudson Taylor nie ukrywał, że uważał te metody za niewłaściwe w regionie, gdzie ledwie tolerowano obecność misjonarzy.

Studdowie byli radykalnymi wierzącymi. Odważnie łamali te tradycje chińskie, które sprzeciwiały się nauce Chrystusa. Obyczaj nakazywał, by pani Studd szła z tyłu za mężem, gdy są razem na ulicy. Oni chodzili ramię w ramię, nie bacząc na drwiny. Nie chcieli nic czynić na przekór, raczej zależało im, by nie ugiąć się przed zwyczajami będącymi produktem pogańskich wierzeń. Uznali za ważne pokazać, że w chrześcijańskim małżeństwie jest miejsce na miłość i szacunek wobec kobiety.

W starożytnych Chinach nienaturalnie małe stopy uznawano za piękne u kobiet, więc już w dzieciństwie dziewczynkom ciasno je krępowano, by zapobiec naturalnemu wzrostowi. Na skutek tego większość kobiet miała zdeformowane i bolące stopy. O dziwo, według tradycji wspominanie w rozmowie kobiecych stóp stanowiło tabu dla mężczyzn. Studd przełamał je odważnie, wyjaśniając głupotę i okrucieństwo takich praktyk. Zwrócił się do grupy mężczyzn, by wyobrazili sobie ból i niewygodę, jaką znosiliby chodząc z ciasno obwiązaną dłonią, aż do momentu jej deformacji i bezużyteczności. Potem odniósł to do stóp ich żon. Słuchacze pojęli, w czym rzecz. Zbyt ciasne opatrunki nie więziły już stóp następnych kandydatek do chrztu.

Każdego dnia Priscilla i Charles znosili wiele niedostatków, lecz obserwując życie Chińczyków, którym służyli, nie narzekali. Bóg pozwolił im dzielić te same cierpienia. Priscilla przeżyła to samo, co przechodziły przy rodzeniu dzieci wszystkie miejscowe kobiety. Kiedy miało przyjść na świat pierwsze dziecko, stanęli przed wyborem: albo wyjadą gdzieś, gdzie znajdą pomoc medyczną, albo zostaną na miejscu i poradzą sobie sami. Wyjazd oznaczał przerwanie pracy misyjnej na kilka miesięcy przed rozwiązaniem. Powrót byłby możliwy dopiero, gdy matka i dziecko wzmocniliby się na tyle, by znieść trudy podróży. Decyzja zapadła szybko. Nie mogli pozwolić sobie na tak długą nieobecność, więc zostali.

Cała ich wiedza na temat macierzyństwa ograniczała się do tego, czego nauczono Priscillę w Anglii na dwumiesięcznym kursie przed wyjazdem. Charles nie miał podobnego doświadczenia, za to posiadał dwie książki medyczne, gdzie znalazł nieco informacji. Już w trakcie porodu okazało się, że Priscilla musi pełnić rolę własnego lekarza, a jej mąż robił, co mógł jako pielęgniarz. Studd opowiadał: „Miałem asystenta. W pokoju obok nasz dobry przyjaciel Stanley Smith czuwał jak anioł, nie przestając modlić się za nas. Doktor Jezus przeprowadził wszystko doskonale!". Urodziła się cudowna dziewczynka. Dobrze się stało, że niedługo potem dotarła pielęgniarka, ponieważ Priscilla poważnie zachorowała. Po kilku ciężkich dniach pielęgniarka oświadczyła: „Panie Studd, spróbowałam już wszystkiego, co tylko przyszło mi do głowy, ale nic nie pomaga. Stan pańskiej żony pogarsza się gwałtownie. Obawiam się, że muszę panu powiedzieć, iż nie widzę nadziei na jej wyzdrowienie".

C.T. był człowiekiem walecznego ducha. Patrząc śmierci w oczy, nie zamierzał oddać diabłu ani piędzi. Pielęgniarka kontynuowała: „Jeśli jakimś cudem Bóg ją oszczędzi, natychmiast musi pan zabrać ją do domu". Na te słowa odpowiedź wypłynęła wprost z jego ducha: „Wracać do domu! Bóg nie przysłał nas tu, żeby zrobić z nas głupców!". Z taką postawą – nieustępliwą wobec mocy ciemności – modlił się o żonę.

Zdany tylko na Boga wiedział, że nie zostało nic innego, jak namaścić ją olejem i modlić się. Wyczerpany fizycznie i psychicznie poszedł do umierającej żony i wypełnił posłusznie Słowo. Następnego ranka Priscilla była nową kobietą.

Ogromnie wdzięczny, Charles wiedział, że Bóg odpowiedział na jego akt wiary. Rzekł: „Tylko w ten sposób możemy przeżyć w Chinach". Nie wiadomo dokładnie, na co zachorowała Priscilla. Możliwe, że wysiłek rodzenia zaszkodził jej słabemu sercu. Komplikacje powracały przy każdym porodzie.

Czworo następnych dzieci tych odważnych ludzi przyszło na świat w podobnych okolicznościach. Ani razu nie korzystali z pomocy lekarza.

Przy narodzinach drugiego dziecka Priscilla doświadczyła bólu znanego wielu chińskim kobietom. Nowo narodzony chłopczyk zmarł. Studdowie samotnie stawili czoła stracie. Dopiero na wiadomość o poważnej chorobie Priscilli przyjechał Stanley

Smith. Zjawił się w odpowiednim momencie, by pomóc Charlesowi, który właśnie wybierał się do miasta z zamiarem kupienia skórzanego kuferka na trumnę dla dziecka. Priscilla pisała:

Zostałam sama w pokoju. Nie zapomnę nigdy tego przeżycia. Przylgnęło do mnie na całe życie. Czułam się zupełnie załamana. Chodziło o to czy się poddam, czy całe moje życie misjonarki legnie w gruzach. Pod nieobecność Charlesa postawiłam znak w swojej Biblii. Zawarłam przymierze z moim Bogiem, że nie pozwolę żadnemu smutkowi zawładnąć mną i uniemożliwić pracę misyjną. Nie chciałam, by mój mąż zobaczył rozpacz, która wytrąciłaby go z równowagi. Po powrocie nie zobaczył ani jednej łzy.

24 stycznia 1890 roku Priscilla zanotowała w swej Biblii narodziny Paula Snowballa Studda, dodając krótki wierszyk:

Moim szczęściem właśnie to:
Nie bez krzyża życie,
Ale Zbawiciela moc
Uświęci każdą stratę.

Nawet w słabości ta nieugięta kobieta odnalazła w sobie siłę woli. Przyjęła cierpienie, a jej reakcją było: „Pójdę dalej". Znalazła w Bogu źródło sił potrzebnych, by się nie poddać. Jej postawa z pewnością wiele powiedziała obserwatorom.

Podobne doświadczenia dotykały wiele kobiet, lecz jej reakcja była odmienna – ona znalazła pocieszenie w Bogu. Bezdenny żal ludzi bez Chrystusa rozdzierał serce Priscilli. Opowiadała:

Nie zapomnę nigdy tego, jak usłyszałam płacz kobiety rozpaczającej po stracie jedynego dziecka. Zza muru otaczającego nasz dziedziniec dochodził niezwykły dźwięk, prawie nierealny. Przerażał mnie. Ktoś wyjaśnił: „To twoja sąsiadka, która straciła dziecko". Był to najbardziej przejmujący odgłos, jaki kiedykolwiek słyszałam. Ach, jak to zmienia stan rzeczy, gdy wiemy, że kiedyś znów spotkamy naszych najbliższych!

Po powrocie do Anglii Priscilla urodziła syna w Manchesterze, ale i tym razem po czterech dniach dziecko zmarło.

W 1889 roku C.T. z żoną nadal mieszkali w Lungan, gdzie nabyli nieruchomość dla celów misji. Oboje mieli status misjonarzy stowarzyszonych z CIM, co nie przeszkadzało centrali w wysłaniu do nich Stanleya Smitha z żoną. Praca rozrastała się, chociaż postępy były powolne. Teren był trudny, ewangelia napotykała większy opór niż w innych regionach, może ze względu na wpływy muzułmańskie.

Oprócz kościoła otwarto schronisko dla uzależnionych od opium. Początkowo pomocy szukało zaledwie kilku mężczyzn, bardzo posuniętych w nałogu. Kiedy opuścili ośrodek uwolnieni, przyszło wielu innych. W pracy pomagał im pastor Hsi. Jego pomoc była nieoceniona, lecz porywczy temperament i silna osobowość czyniły współpracę trudną z równie żywymi Smithem i Studdem. W ich stosunkach często dochodziło do momentów zapalnych.

Choć to mężczyźni stanowili większość wśród zażywających opium, przekleństwo owo dotykało całego społeczeństwa, również kobiet. Nawet małe dziewczynki szukały w jego znieczulającej sile ucieczki od strachu, który ogarniał je na myśl o przyszłości. Nic radosnego nie niosła perspektywa roli czwartej czy piątej żony starego człowieka. Jedyną przyszłością była harówka, niewola u innych żon, bicie za wszelkie niedociągnięcia czy po prostu dla kaprysu.

W ciągu ośmiu lat przez schronisko przewinęło się osiemset mężczyzn i kobiet. Część z nich opuściła to miejsce zbawiona i uwolniona od nałogu.

Studdowie prowadzili też poradnię dla chorych. Cierpiący zgłaszali się do nich codziennie. Z pomocą kilku książek medycznych i sporej dozy zdrowego rozsądku, prawie każdemu byli w stanie coś doradzić. Priscilla mawiała: „Przez siedem lat nie uśmierciliśmy nikogo!". Charles stał się całkiem niezłym lekarzem amatorem, odważnie ordynował leki z jednym palcem w podręczniku farmakologii.

Liznąwszy medycyny Studd nabrał pewności siebie i do końca życia leczył się sam. Kiedy po latach znalazł się w szpitalu, zadawał wyczerpujące pytania i czynił dokładne notatki na temat wszystkich zabiegów i leków. Żywił nieufność do profesjonalnych medyków, chciał wydawać sądy samodzielnie i starał się zdobyć wiedzę, która pozwoliłaby mu czynić to ze zrozumieniem.

W 1890 roku zaczęła działalność nowa placówka w Lucheng, kierowana przez Stanleya Smitha z żoną. Studdowie pozostali w Lungan, kontynuując niezależną pracę. Ich nazwisko zniknęło z listy misjonarzy stowarzyszonych z CIM. Z własnego wyboru zostali sami.

Priscilla przyjechała do Chin w odpowiedzi na osobiste powołanie, nie trafiła na pole misyjne w ślad za mężem. Zawierając małżeństwo nie porzuciła pragnienia bycia posłuszną Panu. Jeżeli było trzeba, nie cofała się przed sytuacjami, w których musiała działać sama. Kiedyś z bardzo daleka, aż zza gór, przybyli do nich ludzie prosząc, by ktoś udał się do ich miasta i głosił tam dobrą nowinę. Zapadła decyzja, że pojedzie Priscilla, pod opieką jednego z wierzących. Podróżowali z początku wozem na kołach bez szprych. Koła nie były przymocowane do górnej części wozu, dzięki czemu mogli je zostawić, gdy musieli przedzierać się przez skały. Priscilla opowiadała: „Musiałam się trzymać, chodziło o życie. Słońce właśnie zachodziło, gdy dotarliśmy na miejsce. Po zachodzie nie należało przebywać poza miastem ze względu na rozbójników i wilki". Doszło chyba do zamieszek, bo tłum ludzi opuszczał miasto. Wydalono kilku Rosjan, którzy pomagali przy budowie kopalni minerałów i nikogo nie wpuszczano. „No cóż" – rzekła Priscilla. „Muszę dostać się do miasta".

Weszliśmy do miasta, idąc prosto do domu, w którym miałam się zatrzymać. Zamknięto za nami bramę wejściową na podwórze, czego nie wolno było robić w mieście. Dla tych ludzi była to zniewaga. Zaczęły się krzyki: „Wejdziemy siłą, jeśli nas nie wpuścicie". Chciałam pomodlić się wewnątrz domu, ale usłyszałam: „Nie zapraszaj tu swego Boga" /.../ Wyszłam na środek podwórka, a wszyscy sterczeli w oknach. Pomodliliśmy się i powiedziałam do starszego: „Otwórz bramę". „Nie mogę. Jeżeli cię nie ochronię, co powie pastor Studd?" – odpowiedział. „Mu-

simy otworzyć bramę". Kiedy tak się stało, natychmiast całe podwórko było pełne. Pytali: „Gdzie jest obcy diabeł?". Odpowiedź jak błyskawica przemknęła mi przez głowę. „Gdzie jest diabeł? Nigdy go nie widziałam. Tu go nie ma. Przywiozłam wam dobre nowiny. Dlaczego mnie przeklinacie?". Otoczyli mnie, mówiąc: „Jesteś całkiem inna niż my, spójrz na swą skórę. Czy oni cię głodzili? Dlaczego twoje włosy mają taki kolor?" (jeżeli włosy Chińczyka przybierają kolor brązowy, uważa się go za niedożywionego). Mówili: „Słyszeliśmy, że macie otwór w ciele, przez który przechodzi dyszel rikszy". Kobiety zadawały mi w obecności mężczyzn pytania intymnej natury, odwracały się i chichotały. „To tylko kobieta, zostawcie ją w spokoju". Zostałam w tym mieście cały tydzień i zwiastowaliśmy im dobrą nowinę.

Charles powiedział o Priscilli:

Nie głosiła na podstawie książek ani studiów, nawet nie rozmyślań. To, co mówiła brało się z wizji i ze społeczności. Widziała to, w co wierzyła i o tym opowiadała, dlatego miała wielki wpływ na słuchaczy.

W sferze finansów przeszli wiele prób. Ich pieniądze zostały zasiane, lecz nie od razu zebrali stokrotny plon. Po ślubie Priscilla poinformowała rodzinę, że jej mąż rozdał cały swój majątek i prosiła, by tak samo jak przedtem mogła otrzymywać od nich pięćdziesiąt funtów rocznie. Nie wiemy czy było to ich jedyne stałe wsparcie. Przez pewien czas rodzina Charlesa nie wiedziała nic o jego położeniu, ale niezależnie od rozmiaru potrzeb Studd nie zamierzał zwracać się z prośbą o ich zaspokojenie do nikogo prócz Boga.

Nic dziwnego, że – jak to często zdarza się żyjącym z wiary – były chwile, gdy resztki środków były na wyczerpaniu, bez widoków na nowe. Poczta przychodziła raz na dwa tygodnie. Zbliżał się dzień, kiedy powinna nadejść. Gdyby tym razem listonosz nic nie przyniósł, głodowaliby. Położyli dzieci do łóżek, z zamiarem całonocnej modlitwy. Jednak po dwudziestu minutach wstali z kolan. Powiedzieli Bogu już wszystko. Wydawało się bez sensu modlić się dalej, jakby Bóg był głuchy lub nie potrafił zrozumieć ich desperackiego położenia.

Kurier pocztowy przybył o czasie. Pospiesznie otwierali listy, ale nic nie znaleźli. Ich oczy spotkały się. Charles wywrócił worek do góry dnem i potrząsnął. Ze środka wypadł list adresowany nieznajomą ręką. C.T. rozerwał go i odczytał: „Z jakiegoś powodu Bóg polecił mi przesłać wam czek na sto funtów. Nigdy was nie spotkałem, jedynie słyszałem o was i to nie za często. Dziś w nocy Bóg nie dał mi spać swoim nakazem. Nie wiem, dlaczego kazał mi wam to wysłać – pewnie wy będziecie wiedzieli lepiej. Tak czy owak załączam czek. Mam nadzieję, że się przyda". Podpis nic nie mówił żadnemu z nich. Z wielką wdzięcznością oddali chwałę Panu.

* * *

Stopniowo astma stała się poważnym problemem Charlesa Studda, przeszkadzającym mu w normalnym życiu. Przebywali w Chinach już osiem lat. Odbiło się to na zdrowiu obojga małżonków. W maju 1893 roku o złym stanie zdrowia C.T. dowiedziała się jego matka. Natychmiast przesłała pieniądze na powrót całej rodziny, ale minął jeszcze rok, zanim wybrali się w tak długą podróż.

Przed wyjazdem Hudson Taylor spotkał się ze Studdami w Shunteh. Tak opisywał to spotkanie:

Ucieszyłem się widząc C.T. w lepszej formie. Na niżej położonym terenie od razu lżej oddychał. Z początku bardzo słaby, nie mógł dużo chodzić, ostatniego dnia przeszedł osiemnaście mil. Znalazłem jego żonę i jego w wyśmienitym nastroju, dzieci wyglądały dobrze. Studd przekazał swoją dużą placówkę CIM. Chciałem pozostawić mu prawo nadzorowania jej pracy, ale on wolał oddać wszystko bezwarunkowo i zostawić nam wolną rękę w wyborze kierunków rozwoju całej stacji misyjnej. Zabudowania są większe niż ja sam uznałbym za potrzebne, ale z drugiej strony można je zaadaptować na centrum szerszej działalności.

Pozostawiwszy placówkę i pracę misyjną w dobrych rękach, C.T. opuścił Chiny, słaby na ciele, ale rozradowany na duchu, ze szczerym zamiarem powrotu po podreperowaniu zdrowia.

Japonia prowadziła wojnę z Chinami, więc każdy ruch „obcych diabłów" wzbudzał zaniepokojenie. Ich życie było w ciągłym niebezpieczeństwie. W drodze na wybrzeże eskortowało ich dwóch młodych chrześcijan. Podróż z czwórką małych dzieci nie należała do łatwych. Gdy dojechali do Szanghaju, ich dwaj towarzysze zdali sobie sprawę, że nadeszła chwila rozstania. Na oczach całej załogi i pasażerów statku Chińczycy zapłakali. Wszyscy słyszeli ich szlochanie. Studd machał ręką w ostatnim geście pożegnania, kiedy jakiś współpasażer dotknął jego ramienia mówiąc: „Cóż, panie Studd, nie na darmo przyjeżdżał pan do Chin".

Rozdział trzynasty

Służba w Stanach Zjednoczonych

Studdowie wrócili do Anglii w 1894 roku. Matka Charlesa otworzyła przed nimi swoje serce i swój dom. Przyjęła serdecznie wszystkich – Priscillę, której wcześniej nigdy nie spotkała i jej cztery niesforne dziewczynki. Otrzymali do dyspozycji trzecie piętro domu przy Hyde Park Gardens, pełne zaopatrzenie i opiekunkę do dzieci. Cudownie było wypoczywać i cieszyć się spływającą obfitością, obdarowano ich szczodrze wszystkim. Charles niezbyt uprzejmie odniósł się do faktu wyposażenia go w „odpowiednie" ubrania, ale dziewczęta uwielbiały jedwabne sukienki, falbaniaste spódnice, loki i kokardy. Jazda babcinym powozem nie przypominała wygodą chińskich wozów!

Spokój i odpoczynek sprawiły, że wkrótce wszyscy członkowie rodziny wyglądali lepiej. Babcia znana była z wybornych wiktuałów regularnie goszczących na jej stole. Na pewno miało to wpływ na polepszenie zdrowia Priscilli i C.T. Najprawdopodobniej pod naciskiem matki Charlie poddał się gruntownym badaniom medycznym. Wykazały one, że pomimo dolegliwości astmatycznych, w jego płucach nie rozwijał się proces chorobowy. Problem Priscilli był poważniejszy. Miała nieuleczalną chorobę serca – związane z nią dolegliwości zmniejszyły się pod wpływem lżejszych warunków życia w Londynie.

Odpocząwszy i nabrawszy sił Charles znowu gotów był do pracy. Otwierały się przed nim możliwości usługi w wielu miastach i miasteczkach wysp brytyjskich. Z rodziną ulokowaną bezpiecznie w Hyde Park Gardens, nic go nie zatrzymywało.

Pan łaskawie zaopatrywał jego i całą gromadkę. Pewni bogaci przyjaciele obdarowywali go regularnie, co nie dawało jednak finansowej niezależności od krewnych. Ci wspierali go przez wiele lat. Z bólem znosił fakt, że nie mógł wybrać drogi, na której jedynie Bóg zaspokajałby wszystkie jego potrzeby.

Nie było zaskoczeniem zaproszenie do odwiedzenia amerykańskich uniwersytetów, przekazane Charlesowi, gdy tylko wieści o jego powrocie z Chin dotarły do Stanów. Po wypłynięciu „siódemki z Cambridge" brat C.T. – Kynaston – objechał USA opowiadając ich historię i zachęcając innych do pójścia ich śladem. Z zasianego wtedy ziarna wyrósł Studencki Ruch Wolontariuszy (*Student Volunteer Movement*). Jego założyciel John Matt został przyprowadzony do Chrystusa przez Kynastona podczas owej podróży.

C.T. Studd przybył do Ameryki w 1896 roku. Zaplanowano dla niego bardzo pracowity, urozmaicony program. Jeździł z uniwersytetu na uniwersytet, spędzając wszędzie od kilku dni do tygodnia. W listopadzie zmieniał miejsce pobytu codziennie lub co drugi dzień, głosząc każdego dnia, czasem nawet po pięć razy. Między nabożeństwami odbywał spotkania indywidualne. Przyprowadził wielu do Pana, dziesiątki innych zachęcał do pełnego poświęcenia się Mu, doradzał też jak żyć w pełni Ducha Świętego. W grudniu podróżował po Nebrasce i Kentucky, z wieloma przystankami po drodze, w styczniu odwiedził Columbię i Pensylwanię, w lutym Ohio, w marcu Indianę i znów Kentucky. Można by wymienić jeszcze wiele miejsc – usługiwał w różnych college'ach, spotykał się ze studentami wielu różnych kierunków.

Nic nie mogło przynieść mu większej duchowej satysfakcji. Mówił: „Takie życie jest cudowne. Wszędzie dusze zaczynają świecić nowym blaskiem. Bóg ich przygotował". Studd-ewangelista nie posiadał się z zadowolenia. Często zapraszano go do lokalnych zborów. Otwierały się niezliczone drzwi, a wszędzie błogosławił mu Pan. Przemawiając na pewnej konferencji miał wrażenie, że do słuchaczy nic nie dociera. Zastanawiał się czy to jego wina, bo głoszenie nie szło mu najlepiej. Czuł się, jakby zderzył się z ceglanym murem. Po nabożeństwie podeszło wiele osób mówiąc o wielkim błogosławieństwie, jakie przyszło do ich życia przez słyszane Słowo. Plon był duży, C.T. otrzymał też wiele nowych zaproszeń. Zrozumiał, że nie może polegać na uczuciach lub mierzyć rezultat przyjemnością głoszenia.

Co kilka dni pisał do domu. Listy te stanowią swoisty dziennik podróży, opis przeżyć, służby i jej wyników. C.T. przeżywał wspaniały okres. Będąc w Knox College pisał: „Mieliśmy taką wolność w modlitwie, śmialiśmy się, dziękowaliśmy. Byliśmy pijani Duchem".

C.T. był utalentowanym doradcą. Jego konkretne, zdecydowane podejście do problemów duchowych energicznie otrząsało ludzi ze złudzeń i stawiało twarzą w twarz z rzeczywistością. Rozwiązaniem było spojrzenie prawdzie w oczy i zareagowanie osobistym aktem woli.

Odstępcy płonęli ze wstydu widząc swój grzech i pojmując, że okradają Boga. Nie nawróconym nie pozostawiał wątpliwości co do ich stanu, lecz miał niewyczerpaną cierpliwość dla tych, którzy chcieli robić coś dla Boga. Z łatwością mógł poświęcić trzy godziny swego „wolnego czasu", nawet bardzo wczesne godziny ranne. Studd kochał ludzi i gorliwie służył Bogu, rzadko narzekając na stojące przed nim wymagania.

Jego celem, niezależnie od tego czy rozmawiał z jednym człowiekiem, czy przemawiał do tysięcy, było zachęcenie słuchacza do pełnego poświęcenia się Bogu, tak, by żaden aspekt życia nie pozostawał do dyspozycji „ja", zaspokajania własnych pragnień i własnych planów. C.T. usatysfakcjonowany był jedynie widząc ludzi w pełni oddanymi, tak, by Bóg mógł wypełnić przez nich swą wolę.

Wprowadzając młodych ludzi na pozycję użyteczności dla Boga, Studd chciał, by przypieczętowali swe oddanie modlitwą. Następnie prowadził ich ku przyjęciu pełni Ducha Świętego. Nauczał jasno, że najlepsze intencje ludzkie na nic się nie zdadzą bez wyposażenia w moc Ducha. Nie przekonanym ukazywał przykład – życie apostołów przed i po Pięćdziesiątnicy. Dzięki prostocie jego wyjaśnień setki przyjęły napełnienie mocą.

Głosząc pewnego razu wołał: „Obecność Pana jest tak wyraźna, poddajemy Mu się całkowicie i wychodzimy tak napełnieni, napełnieni miłością, wielbiąc i radując się. Świętość jest cudownym produktem ubocznym. Chwała, chwała, alleluja!".

Mimo przepełnionego rozkładu Charles prowadził zdyscyplinowane życie. Poranny czas modlitwy był więcej niż ważny, stanowił źródło życia i mocy. „Cichy czas" był fundamentem relacji z jego ukochanym Bogiem. Rozkoszował się tym, który „wyróżnia się wśród dziesięciu tysięcy". Pieśń nad Pieśniami była i jego listem miłosnym, o miłości otrzymywanej i płynącej dalej.

W domu Priscilla przechodziła bardzo trudny okres. Zmagała się z samotnością, błahością spraw, jakie ją teraz otaczały i dezaprobatą rodziny. Samodzielnie wychowywała córki, ciążył jej brak poczucia bezpieczeństwa w kwestiach finansowych, a zdaje się, że rodzina nie pozwalała jej o nim zapomnieć.

Kilkakrotnie prosiła Charlesa o pozwolenie na przyjazd do Stanów, lecz on za każdym razem odmawiał. Między innymi dlatego, że charakter prowadzonej tam służby wykluczał obecność żony. C.T. przekonany był, że przeszkadzałaby mu w pracy, ograniczając czas spotkań i rozmów z licznymi młodymi ludźmi szukającymi jego rady. „Oni czuliby się onieśmieleni" – wyjaśniał, „a i tak podczas moich wyjazdów byłabyś sama".

Jakże często gościnność, z jaką go przyjmowano, zostawiała wiele do życzenia. Czasem nikt nie witał go w mieście, do którego przybywał albo zapominano, że on także potrzebuje się posilić. Wielokrotnie nie zapewniono mu pokoju, bardzo często dzielił łóżko z jednym ze studentów! Charles miał rację – nie były to warunki dla Priscilli.

Robił wszystko, co mógł, by podtrzymać żonę na duchu, pisząc do niej długie listy. Rozumiał, że jej rola jest w tym wszystkim najcięższa. Bardzo pragnął zachować wpływ na dzieci, wychować je w miłości do Boga. Często napominał Priscillę, by składała świadectwo, pouczał, jak przyjąć Ducha Świętego, dziękować, radować się i być posłuszną. W każdym liście zachęcał ją do chodzenia w ogniu, tak jak w Szanghaju. Listy, jakie nadchodziły z domu na pewno wiele razy rozdzierały mu serce. Priscilla często chorowała, kilkakrotnie bardzo ciężko. Charles musiał pogodzić się z faktem, że jej stan zdrowia oznaczał pożegnanie z Chinami.

Konieczność zamieszkiwania w Hyde Park Gardens była jej solą w oku. Nie mogła dojść do porozumienia z opiekunką dziewczynek, a jedynym rozwiązaniem, jakie mogła brać pod uwagę, było dołączenie do Charlesa w Stanach. Dylemat trwał miesiącami, przysparzając Priscilli zmartwień. Ograniczone środki finansowe nie pozwalały im samodzielnie organizować sobie życia. Pani Studd obejrzała nawet domek, gdzie mogliby mieszkać sami, ale ze względu na cenę był dla nich nieosiągalny.

Wszystko to ciężkim brzemieniem spadało na Charlesa. Oto jego słowa: „Dziś wieczorem przyszedł diabeł i powiedział: »Zrobiłeś z siebie głupca oddając pieniądze«. Momentalnie odparował cios mieczem Słowa Bożego i zmusił szatana do ucieczki. Nigdy nie poddał się wątpliwościom, tak samo Priscilla, chociaż piekło knuło przeciw nim wiele spisków. C.T. powiedział: „Diabeł rzeczywiście wyśmiewa i prześladuje. Niekiedy spada na mnie ponury cień".

Nieobecność Studda w domu przedłużała się – do roku, potem do osiemnastu miesięcy. Tak długa rozłąka zaczęła odbijać się na ich życiu. Kiedy Priscilla znów zachorowała, Charles pytał: „Czy to moja wina? Może coś w moim życiu jest nie w porządku. Módl się, proś Boga, by mi to pokazał". Jego listy z tego czasu były czułe i pełne delikatnych wskazówek. Chciał dla niej jak najlepiej i pragnął dopomóc w zachowaniu właściwej postawy w stosunku do jego krewnych.

W tym okresie służby z łatwością przychodziło mu przyznawanie się do pomyłek, prawdziwa pokora przenikała wszystko, co napisał. W jednym z college'ów wyznał: „Poczułem niechęć do pewnego człowieka i nie mogę się otrząsnąć. Módlcie się o mnie. Będę dotąd modlił się o niego, aż w moim sercu zagości miłość". Niestety, ta postawa zniknęła w późniejszych latach, co jest ostrzeżeniem dla nas wszystkich. Bez przerwy zdumiewała go dobroć Boga. Opowiadał: „Dziesięć spotkań w dwa dni. Jestem śmiertelnie zmęczony. Bóg działa pomimo mego stanu".

Ostatnie miesiące w Ameryce minęły pod znakiem konfliktu wewnętrznego. Widział doskonałe wyniki służby, a obok nich swoje niedoskonałości i problemy. Często niedomagał. Miał mało czasu na odpoczynek, przez co infekcje dróg oddechowych i inne choroby ciągnęły się miesiącami, aż w końcu trafił do szpitala.

Popadł w depresję, mówił ponuro: „Wydaje się, że czarniejszy jestem od samego diabła. Nienawidzę siebie coraz bardziej. Czuję się hipokrytą. Nie wiem, dlaczego Bóg pozwala mi trwać w tym stanie". Diabeł skorzystał ze sposobności i mocno mu dołożył. Lecz powalony wojownik nie leży długo. Siedząc na łóżku w bezsenną noc, z powodu kłopotów z oddychaniem, nauczył się na pamięć 1 rozdziału Listu do Filipian. Przeżył tej nocy wielkie napełnienie radością.

W ciężkich chwilach zagłębiał się w Pana. Opowiadał: „Zrezygnowałem ze śniadania i kolacji, by mieć więcej czasu z Panem w modlitwie".

Każda relacja małżeńska w podobnej sytuacji mogłaby być nadwyrężona, a ich związek nie był wyjątkiem. Próbując zająć konstruktywne stanowisko co do przedłużającej się rozłąki, Studd mówił: „Jest to dobroć Boża, że uczy nas poznawać Go w głębszej intymności". Napominał Priscillę: „Zapomnij o mnie i skoncentruj się na Jezusie, poznaj Go jak swego męża". Niekiedy listy od niej nie przychodziły tak często, ani nie były tak serdeczne, jak pragnąłby tego C.T., lecz nawet wtedy znajdował w sobie pozytywne nastawienie. Był przekonany, że gdy w końcu nadejdzie kres separacji, będą jeszcze bardziej kochać się nawzajem, a Priscilla zapragnie jego obecności. Skrycie podejrzewał, że żona odrobinę nim gardzi.

Dumając o małżeństwie w internatowym pokoju, z praniem suszącym się nad głową, chory, napisał: „Musimy uważać, by Jezus i Jego praca nie poniosła uszczerbku ze względu na potrzeby naszego małżeństwa". Zapatrywania większości współczesnych wierzących są dokładnie odwrotne.

Po krótkim pobycie w Anglii Studd jeszcze raz wrócił do Stanów, tym razem w towarzystwie Priscilli. Ogromnie ją podziwiał. Tak się o niej wyraził:

Posiadała niezwykłą osobowość. Dokądkolwiek się udała, spotykała ludzi gotowych zwierzać się jej. Gdy płynęliśmy statkiem, było z nią równie ciekawie, jak z gazetą. Zawsze bardzo dbała o moje zdrowie, w niedzielę nie pozwoliła mi głosić więcej niż jeden raz. Ludzie domagali się jeszcze jednego nabożeństwa, więc sama je poprowadziła, opowiadając o pracy w Chinach – niemało osób było poruszonych. Cały statek o tym mówił. Podczas rejsu powrotnego do Anglii na pokładzie znalazł się ktoś, kto płynął z nami w tamtą stronę. Zaraz opowiedział o spotkaniu na temat Chin. Pojawiła się delegacja błagająca Priscillę, by przemówiła znowu. Na spotkanie przyszli prawie wszyscy ze statku, a rezultat był taki sam jak poprzednio.

Priscilla ożywiała się zawsze, gdy miała okazję usługiwać. Dwoje ludzi takich jak ona i Charles z trudem mogło znaleźć satysfakcję duchową w zwykłej pracy kościelnej w Anglii. W tradycyjnej, schrystianizowanej Brytanii utalentowani pionierzy ewangelizacji skazani byli na bezustanną frustrację. Stopami stojąc na rodzinnej ziemi, sercem żyli na polach misyjnych świata. Po krótkim czasie Pan zaczął otwierać kolejne drzwi. Znając pragnienia ich serc, poprowadził do miejsca spełnienia.

Rozdział czternasty

Indie – tłuste lata

W umyśle Charlesa kiełkowała idea, by odwiedzić kiedyś Indie. Jakże cieszyłby się z możliwości zwiastowania dobrej nowiny robotnikom z rodzinnej plantacji! Podniecała go już sama myśl o tym. George tam był, a jego opowieści tylko zwiększyły zainteresowanie C.T. Zadawał sobie pytanie – czy już teraz Bóg otwiera drogę?

Vincent, stary przyjaciel ojca, potwierdził wolę Pana, oferując finansowe wsparcie wizyty. Niesamowicie ucieszyło to Studda. Ciekawe czy Priscilla, obserwując rozwój wydarzeń, wróciła myślami do okresu, gdy dopiero co oddała życie Chrystusowi? Pewnego dnia, szukając wskazówek na przyszłość, na marginesie otwartej Biblii zobaczyła trzy słowa: Chiny, Indie, Afryka. Nadchodził czas Indii. Czy następna będzie Afryka?

Charles wyruszył w podróż sam, kierując się do Tirhoot w Indiach północnych. Niewiele wiadomo o tym okresie jego życia – na pewno głosił ewangelię, na swój niepowtarzalny sposób. Żarliwe pragnienie dotarcia do hinduskich robotników napotkało przeszkodę w postaci bariery językowej, co nie przeszkodziło mu próbować. Podjął wyzwanie i stanął oko w oko z nieznaną kulturą.

Największe możliwości dzielenia się znalazł wśród krewnych, braci i sióstr ojca, jego dawnych partnerów handlowych i dzieci z pierwszego małżeństwa. Sześć miesięcy spędził z rodzinami przyrodnich braci i sióstr. Otrzymał w tym czasie propozycję objęcia funkcji pastora w kościele w Indiach południowych.

Przebywając w Tirhoot zetknął się z pracą Angielsko-Indyjskiego Towarzystwa Ewangelizacyjnego (*Anglo-Indian Evangelisation Society*), niosącego ewangelię imigrantom brytyjskim, izolowanym od chrześcijańskich społeczności i świadectwa. Przez kontakt z tą właśnie organizacją usłyszał o Kościele Zjednoczenia (*Union Church*) w Ootacamund, górskiej miejscowości uzdrowiskowej zamieszkanej przez wielu Anglików. Kościół miał opinię ewangelicznego i wpływowego, odwiedzali go wybitni kaznodzieje.

C.T. wsiadł na statek w Kalkucie. Odwiedziwszy i tam przyjaciół rodziny, popłynął do Madras. W Ootacamund znalazł się w niedzielę 20 maja 1900 roku. Jego przyjazd wywołał niemałe poruszenie. Pan T. Staines, lokalna znakomitość, zachęcił kościół, by powitał Studda jak najserdeczniej.

Zgodnie z zawartą umową, dwie trzecie swego czasu Charles miał poświęcić zborowi, pozostały mógł przeznaczyć na podróże i ewangelizację wśród rozproszonych Europejczyków. Otrzymał do dyspozycji dobry dom o nazwie Elk Hill Lodge. Na pewno był bardzo rad. Napisał do Priscilli, dziękując i chwaląc Boga za urzeczywistnienie ich marzenia. Oboje pragnęli mieć dom dla siebie. Przy jakiejś okazji C.T. pisał do żony: „Lepiej by było mieszkać za granicą, gdzie rodzina nie widziałaby, jak żyjemy i jak wychowujemy dziewczęta!”.

Priscilla starała się zorganizować wszystko tak, by jak najprędzej dołączyć do męża. Kiedy przebywał w Stanach i usługiwał studentom powiedziała: „Powinni wypłacać ci stałą pensję”. Teraz, po raz pierwszy w ich wspólnym życiu miał ją otrzymywać. Zbór i Towarzystwo uzgodniły między sobą jej wysokość. Priscilla nie kryła zadowolenia – było to jakieś zabezpieczenie. Charles szybko przypomniał jej, że ich ufność spoczywa w Bogu, a nie w zapłacie. Rzekł: „Jeśli pokrywają nasze wydatki, to bardzo dobrze, ale nie zamierzam polegać na Bogu i na nich. Tylko Bogu będę ufał, tak samo i ty”.

Priscilla pojawiła się w Ootacamund w październiku 1900 roku. Zaczął się nowy, spokojniejszy etap w życiu rodziny. Będąc gospodynią u siebie, pani Studd mogła nacieszyć się do woli przyjmowaniem gości. Celowała w gościnności, a jej pozycja żony pastora w prężnym kościele dostarczała mnóstwa okazji do jej praktykowania.

Ich córki, w wieku od sześciu do dwunastu lat, upajały się wolnością nowego życia. Ojciec często bywał teraz w domu, sprawiał im tym wielką frajdę. Zabierał je na przejażdżki małym powozikiem, lecz zamiast trzymać się głównej drogi, robili odważne skróty stromymi ścieżkami, prawie ryzykując życiem. Przez dom przepływał wciąż strumień ludzi. Młodzi oficerowie, nie mając wiele do roboty, bawili się z dziewczynkami, towarzyszyli na wycieczkach i piknikach, a gdy podrosły – na przyjęciach i spotkaniach towarzyskich. Tych w Ootacamund nie brakowało. Dziewczęta uwielbiały to. Mijały długie, szczęśliwe dni.

Położone siedem i pół tysiąca stóp nad poziomem morza Ootacamund było przystanią Brytyjczyków w Indiach. Klimat, wilgotny i często chłodny – prawie jak angielski – przynosił ulgę od spiekoty równin. Popularność miasta rosła, stacjonowało tam coraz więcej wojskowych sprowadzających się z całymi rodzinami. Po zboczach wzgórz porozrzucane były eleganckie rezydencje oficerów, emerytowanych urzędników państwowych i bogatych biznesmenów.

Klub, ze swoimi zasadami, przenosił do obcego kraju wycinek życia angielskich wyższych klas. Bardzo ważny był sport. Na pięknie utrzymanych polach grywano w tenisa, krykieta, polo oraz golfa. Zajmowano się polowaniem, strzelectwem, jazdą konną. Życie oferowało wszelkie luksusy po przystępnej cenie oraz taką liczbę służby, o jakiej w Anglii nie można było wtedy nawet marzyć.

Poprawiła się jakość dróg, większość miała twardą nawierzchnię, przynajmniej bruk. W transporcie nadal korzystano z wozów ciągniętych przez woły lub konie. Pojazdy napędzane silnikiem wciąż były ogromną rzadkością. Do Coonoor, leżącego jedenaście mil na południe i dwa tysiące stóp niżej od Ootacamund, przeciągnięto linię kolei wąskotorowej. Bez względu na trudności, jakie napotykał podróżnik pragnący tam dotrzeć, miasto cieszyło się rosnącą sławą.

Ooty, jak je wszyscy nazywali, było letnią rezydencją gubernatora stanu Madras. Z jego przybyciem zaczynał się sezon. Można by zastanawiać się, jak Charles i Priscilla, z ich przekonaniami, mogli pasować do tego obrazka. Wygląda na to, że Studd szybko poczuł się jak u siebie. Wiele razy zapraszany był do domu gubernatora, gdzie sącząc herbatę z filiżanki z najlepszej chińskiej porcelany, dyskutował z lordem i lady Ampthill, gubernatorem i jego żoną. Obaj, Charles Studd i gubernator byli dawnymi uczniami Eton, co wyjaśnia tak natychmiastowe zaakceptowanie kaznodziei. Do Ooty trafili też wiceksiążę Indii, lord Curzon i biskup Madras. C.T. miał przywilej spotkać się z nimi.

Wygodny byt Europejczyków toczył się obok codziennych spraw Hindusów. Ich drogi rzadko się przecinały, chyba że w relacji pan – sługa. Język, kultura, wykształcenie, tradycja i aspiracje pogłębiały przepaść między nimi. Niewielu udało się pokonać te bariery.

Przyjezdni delektowali się życiem w nowoczesnym, zachodnim stylu, hinduskie kobiety po stromych zboczach nosiły na głowach ładunki drewna nieprawdopodobnych rozmiarów, chłopcy włóczyli się za skubiącym trawę bydłem, grupy grzejących się mężczyzn ciasno otaczały ogniska, bosonogie rodziny jak stada górskich kozic wędrowały po stromych, porośniętych trawą ścieżkach, do swych chłodnych chat.

Bieda nękała lud. Choroba czy kapryśna pogoda mogły odmienić los rodziny tak, że ci, którzy niedawno mieli dość jedzenia, musieli zacząć żebrać. Życie było ciężkie.

Służba C.T. nie była skierowana do tych ludzi. Kościół Zjednoczenia w Ootacamund powołali do życia Europejczycy, dla Europejczyków. Nabożeństwa prowadzono po angielsku.

Konkurencję w małym mieście stwarzały dwa inne kościoły, oba anglikańskie. Do nich automatycznie uczęszczali przedstawiciele establishmentu. Istniała też spora grupa niezdecydowanych, spośród której Kościół Zjednoczenia mógł rekrutować swych członków. Zgromadzenie to stanowiło zbiór nonkonformistów. Zyskało rozgłos i wpływ dzięki jakości nauczania biblijnego usługujących tam kaznodziejów.

Studd nie bardzo odpowiadał stereotypowi pastora takiego zboru. Po pierwsze, był ewangelistą, a po drugie, nie miał czasu na dbanie o dobry humor chrześcijan po to, by zechcieli uczęszczać na nabożeństwa do końca życia. Nie karmił ich ładnie brzmiącymi frazesami, łechcącymi próżność. Nie prezentował solidnego, pogłębiającego wiedzę biblijną nauczania, by mieli więcej okazji do nieposłuszeństwa! Mógł być tylko sobą – płomiennym, bezpośrednim ewangelistą. W kręgach, gdzie głośne świadectwo wzbudzało pogardę, wykorzystywał każdą okazję, by nieustraszenie głosić Chrystusa. Za dni Studda o kościele mówiono: „Nie powinieneś tam iść, chyba że chcesz się nawrócić!".

Wiedziony wielką miłością do ludzi, odwiedzał stacjonujące w okolicy regimenty. Znalazł tam urodzajne pole – wielu żołnierzy zawdzięczało swe zbawienie jego wiernemu zwiastowaniu. Zaprzyjaźnił się blisko z kilkoma oficerami, którzy otworzyli przed nim swoje domy, a przed Chrystusem – serca.

Wśród zajęć żołnierzy poczesne miejsce zajmowały sporty drużynowe – nie trzeba było długo czekać, by Studd zaczął odzyskiwać formę na boisku krykietowym. Zachwycił wszystkich kilkoma wyjątkowo udanymi rzutami, reprezentacja jednego z regimentów zaprosiła go nawet do udziału w meczach wyjazdowych. Każde takie wydarzenie stanowiło okazję do przebywania z ludźmi i składania świadectwa.

Charles pozostawał w Indiach do 1906 roku. Charakter służby i tamtejszy styl życia nie wydawały się najlepiej pasować do C.T., za to Priscilla i dziewczęta zyskały tam wytchnienie od presji rodziny. Ooty okazało się cudownym miejscem dla dorastających panien – korzystały z wygód i rozrywek dostępnych ludziom bogatym, choć rodzice nie dysponowali takimi jak oni dochodami.

Naukę pobierały w domu, u guwernantek przysłanych z Anglii. W ciągu sześciu lat w Ooty uczyły je trzy nauczycielki, pomagając zdobyć wykształcenie niezbędne dla młodych dam. Nie zabrakło nawet lekcji muzyki, łącznie z grą na pianinie. Bóg w swej wierności sam sprawił, że córki Studdów odebrały wykształcenie na odpowiednim poziomie. W przyszłości z łatwością zajęły swoje miejsca w rodzinie, społeczeństwie i pracy Pańskiej. Większą część każdego miesiąca Charles spędzał w domu, pełniąc służbę na miejscu. Tego właśnie potrzeba było córkom. Były to lata pełne radości, rodzina zżyła się z sobą, dziewczęta dorastały w atmosferze spokoju i dostatku.

Wszystkie dzieci uczyły się jazdy konnej – z problemami, bo na koniu, który je zrzucał. Charles myślał: „To nauczy je odwagi!". Wyjeżdżały z ojcem wcześnie rano na jego ulubionym australijskim wierzchowcu. Nie miał syna, próbował więc narzucić tę rolę córkom. Jeśli chodzi o krykieta, nie widział powodu, dla którego miałyby się go nie uczyć. Najlepsza na boisku była Edith – ona najchętniej pełniła rolę „chłopca" taty.

Dla astmatyka Ooty było kiepskim miejscem. Duża wysokość nad poziomem morza sprzyjała atakom, na dodatek w całym dystrykcie nie było drogi leżącej na jednym poziomie. Nawet krótki spacer wiązał się z pokonywaniem znacznych pochyłości, co u Studda natychmiast wywoływało zadyszkę. Pod tym względem życie na równinach byłoby dlań o wiele łatwiejsze. Musiał miewać lepsze okresy, skoro zdołał grać w krykieta, lecz tamtejszy klimat, chłodny i mokry w miesiącach zimowych, nieprzyjazny był dla osób o słabych płucach. Gdy opuszczali Indie, Priscilla powiedziała: „Prawie każdy najmniejszy ruch wywołuje kolejny atak".

Pauline, Edith, Dorothy i Grace w czasie podróży do Indii

Zbliżał się czas powrotu do Anglii. C.T. rozmyślał nad chrztem córek – były w wieku od dwunastu do osiemnastu lat. Wiele lat wcześniej zmagał się z problemem chrztu niemowląt. Ku konsternacji rodziny, opuścił Kościół anglikański i odrzucił możliwość, by jego dzieci mogły być w ten sposób chrzczone. Teraz chciał, by jako wierzące przyjęły chrzest przez zanurzenie. W rezultacie odbyła się wielce niekonwencjonalna uroczystość chrztu.

Zebrało się znakomite grono: misjonarze, wśród nich Amy Carmichael, przyjaciele, liderzy kościelni i ksiądz anglikański. Każdą z młodych panien goście przepytali na okoliczność ich osobistej wiary. Egzamin zdały śpiewająco. Te dziewczyny wiedziały, co znaczy należeć do Jezusa i z całą pewnością mogły być ochrzczone ze względu na wiarę. Szczególną radość przeżyli zapewne Charles i Priscilla, oglądając jak ich pociechy przypieczętowują swe zbawienie publicznym świadectwem.

Kościół nie miał baptysterium, więc specjalnie na tę okazję zbudowano basen. Ogrodnik wykopał dół w miejscu największego klombu. Z bazaru przywieziono duży zbiornik i wpuszczono go w otwór. Służba usiłowała wypełnić go ciepłą wodą, lecz szybko dostrzegli, że to wyścig z czasem – zbiornik przeciekał! Studd, stojąc w innym dole obok zbiornika, po kolei zanurzył dziewczęta, po czym wrócili do salonu, gdzie w nieformalnej atmosferze odbyło się łamanie chleba.

Wkrótce potem Priscilla, Charles i cztery młode damy znaleźli się znowu w domu babci przy Hyde Park Gardens. Zanim rodzina zdążyła zbombardować C.T. pytaniami w rodzaju: „Co teraz będzie z twoimi pannami?" – łaskawie interweniował Pan. Trzy najstarsze pomachały na pożegnanie i odjechały do szkoły w Szwajcarii. Półtora roku później mówiły już słabo po francusku. Jeśli Charles zachowałby swą fortunę, wysłałby je do Scherbourne School, uważanej za najlepszą w kraju. Pan jakby czytał w jego myślach – za Jego sprawą właśnie tam podjęły naukę od kolejnego semestru, prócz najmłodszej.

Najstarsza, Grace, wkrótce miała wyjść za mąż. Dzieciństwo skończyło się, a wraz z nim czas formowania charakteru i nasycania miłością. Edith powiedziała: „Wiedziałyśmy, że matka nas kocha, lecz rzadko wyrażała to uczucie otwarcie". Zdaje się, że ani Charles, ani Priscilla nie byli zbyt wylewni w okazywaniu przywiązania. Dziewczynki uwielbiały babcię, najbardziej przystępną i czułą osobę, do której zawsze mogły się zwrócić.

Charlie znów rozpoczął służbę wędrownego kaznodziei, podróżował po całych wyspach brytyjskich. Choć miał już czterdzieści sześć lat, nie potrafił osiedlić się w Anglii. Obraz zadowolonego z siebie Kościoła brytyjskiego napełniał go smutkiem. Nadal interesowało go pole misyjne. Nie czekał długo, by zainteresowanie zaowocowało powołaniem. W 1908 roku Bóg skierował C.T. Studda do największego zadania, które wypełniał do dnia swej śmierci.

Rozdział piętnasty

Pięćdziesiątka nie wypada z gry

Mówi się, że „życie zaczyna się po czterdziestce". Ale co dzieje się po pięćdziesiątce? Pionier staje wtedy przed dylematem. Na zewnątrz widzi oznaki starzenia, ale motywy, które doprowadziły go do miejsca, w jakim się znajduje, wciąż są silne w jego wnętrzu. Snuje szalone plany, na ekranie umysłu ogląda wizje, w jego duszy grają pasje i pragnienia. „Czemu nie spróbować jeszcze raz?" – mówi. „Lepiej wypalić się w ostatnim rozbłysku płomienia niż wygasać jak ledwo tląca się resztka knota".

W 1908 roku, kiedy C.T. zbliżał się do tego niebezpiecznego wieku, znajdując się w Liverpoolu „przypadkowo" zauważył intrygujący napis: „Ludożercy potrzebują misjonarzy". Umysł Studda był doskonałą glebą dla tak prowokacyjnego ogłoszenia. Nie mogło brzmieć bardziej zachęcająco: kanibale – okazja do zmierzenia się z prawdziwym wyzwaniem i zaniesienia ewangelii do twierdzy szatana! Pociąg do przygody jest częścią wizerunku pioniera, a to wyglądało na ryzykowne przedsięwzięcie.

Plakat reklamował spotkania niemieckiego badacza, doktora Karla Kumma. Ten nieustraszony człowiek przeszedł piechotą całą Afrykę Centralną. Widział na własne oczy, jak muzułmanie posuwają się na południe, zagarniając całe plemiona, które raz znalazłszy się w mocy islamu były bezpowrotnie stracone dla chrześcijaństwa. Żarliwie opowiadał o niezliczonych plemionach, które nigdy nie słyszały o Chrystusie. Usilnie prosił o wsparcie – by zahamować marsz muzułmanów na południe, w głąb kontynentu, potrzebni byli misjonarze i nowe placówki.

Otwierało się ukryte wnętrze Afryki. Szlaki przetarli już kupcy i myśliwi. Od stuleci Arabowie nękali kontynent w poszukiwaniu „towaru" do niegodziwego handlu niewolnikami, teraz odwiecznymi szlakami Afrykańczyków kroczyli współcześni poszukiwacze osobliwości, badacze i naukowcy. Białe twarze przestały dziwić, kolonizacja przywiodła europejskich urzędników – a gdzie podziali się misjonarze? Nikt nie przybywał, by opowiedzieć o Jezusie. C.T. Studd czuł się osobiście zawstydzony: „O Boże! Jakże Kościół zawiódł!”.

Doktor Kumm był rodzajem człowieka, do jakiego zwróciłby się Studd – nieustraszony i dzielny, wszystko uznawał za stratę wobec Chrystusa. Stary Niemiec mówił, a Duch Boży wykonywał w sercach dzieło przekonywania. Niektórzy ofiarowali swe pieniądze, inni wyszli z brzemieniem do modlitwy, a C.T. był jak „schwytany” przez Boga. Czy znalazł się w tym miejscu przez przypadek?

Z głębi jego duszy wyrywał się krzyk: „Boże, dlaczego nikt z wierzących nie odpowiedział na wezwanie!?”. Nadeszła odpowiedź: „Czemu ty sam nie miałbyś pojechać?”. Od razu pomyślał: „Już za późno, jestem chory i lekarze na to nie pozwolą”. Natychmiast usłyszał: „Ja jestem Bogiem, który cię uzdrawia. Czy nie możesz mi zaufać? Pójdę z tobą i zachowam cię”.

Kwestia posłuszeństwa Bożej woli od wielu lat pozostawała jasna. Usłyszeć znaczyło dla C.T. poddać się. Bóg przemówił – jedyne, co mógł zrobić, to iść za tym. Przepełniały go silne uczucia. Jak podniecała go myśl o podróży do serca Afryki! Czuł radość, że zaniesie dobrą nowinę o Jezusie tym, którzy Go dotąd nie znali. Wyobrażając sobie ten rodzaj pracy wiedział, że nic nie dałoby mu większej satysfakcji.

Musiał stawić czoła twardej rzeczywistości – nie miał pieniędzy, ale miał za to pięćdziesiąt lat, żonę o słabym zdrowiu i cztery córki, z których jak dotąd wyszła za mąż dopiero jedna. Chociaż nie chciał się z tym pogodzić, po cichu zdawał sobie sprawę, że on sam nie przeszedłby pomyślnie żadnych testów medycznych.

Otrząsnąwszy się z myśli o problemach, jakby nic nie znaczyły, Studd palił się do wyjazdu. On i Kumm postanowili jechać razem i przemierzyć Afrykę ze wschodu na zachód. C.T., rozpłomieniony w swym duchu, chciał założyć łańcuch stacji misyjnych w środku Afryki.

Kiedy wrócił do rodziny, pewien swego nowego powołania, spotkał się z silnym sprzeciwem. Jego matka, przez lata otaczająca rodzinę Charliego troskliwym zainteresowaniem i miłością, była przerażona. Nie kryjąc łez błagała, by nie wyjeżdżał. Priscilla, jego wierna żona, łkała w swoim pokoju na trzecim piętrze domu przy Hyde Park Gardens. Ani prośby, ani wołanie: „Och, Charlie, jak możesz!" – nie zmieniły woli jej męża.

Negatywna opinia córek również nie przyniosłaby wielkiego efektu. W relacji z nimi C.T. zawsze zachowywał spory dystans. „Ojciec był twardy dla dzieci" – komentowała Edith wiele lat później.

Z oczami stale skierowanymi na pola misyjne świata, zdawał się nie zauważać własnego ciała i krwi. Z jego perspektywy nie miał wyboru – z trudem pozwalał sobie na luksus rodzinnych spotkań. Żeby oddać sprawiedliwość powściągliwemu Studdowi, należy powiedzieć, że we wszystkich ważnych momentach życia pisał do córek, udzielając im wskazówek pełnych troski i miłości.

Zbliżał się dzień wypłynięcia, kiedy, jak przyznał sam C.T., zainterweniował Bóg. Statek odbijał od nabrzeża, a Charles leżał w domu z wysoką gorączką – znów zaatakowała go malaria. Gdyby teraz wypłynął, uczyniłby to wbrew zaleceniom lekarzy, raniąc żonę i rodzinę. Bóg powiedział: „Nie".

Mimo falstartu C.T. nie zachwiał się w zamiarze niesienia ewangelii do Afryki. Gdy wróciły siły, znów podjął starania, by wypełnić Boży nakaz. Zarysował się nowy plan działania, po raz kolejny demonstrując Bożą mądrość. Studdowi, człowiekowi pierwszej linii, wysuwającemu się na czoło w każdym zespole, trudno byłoby pozostawać numerem dwa po doktorze Kummie. Nie taki był plan Boży. Chciał użyć Charlesa inaczej.

W 1910 roku w Edynburgu odbyła się Światowa Konferencja Misyjna. Uczestniczył w niej także C.T. Ogromnie poruszył go raport Johna Motta, sekretarza generalnego Światowej Federacji Studentów Chrześcijańskich (*World Christian Student Federation*), zatytułowany „Niosąc ewangelię całemu niechrześcijańskiemu światu". Poczynił wiele podkreśleń i komentarzy na swojej kopii raportu. Rozmiar potrzeb wyliczonych na tych stronach domagał się czynnego odzewu. Miliony ludzi czekały na dobrą nowinę. Natychmiastowa, dziecięca odpowiedź Studda brzmiała: „Ja pójdę, ja pójdę". Jak zawsze, najpierw decydował się być posłuszny, później zabierał się za pokonywanie trudności. Nie powiodła się próba wyjazdu z doktorem Kummem w poprzednim roku, ale ogień w sercu wciąż płonął. Gdy Kumm zabrał głos podczas konferencji, jego słowa pełne mocy jeszcze silniej rozdmuchały płomień poświęcenia w sercu Charlesa.

Doktor Kumm wyliczył dwadzieścia sześć plemion nie zewangelizowanych przez misje protestanckie, o populacjach od pięciu tysięcy do dwóch milionów. Wszystkie zamieszkiwały obrzeża Afryki Centralnej, na granicy zasięgu infiltracji islamskiej. Rzucił wyzwanie uczestnikom konferencji: „Te plemiona stoją na drodze ekspansji islamu". Szeroko objaśnił ich szczególną rolę, a Studd, jak mądry generał, wziął sobie do serca powagę sytuacji. Doktor Kumm zakończył przemówienie słowami: „Plemiona zamieszkujące góry środkowego Sudanu są najbardziej wojownicze w Afryce. Warto je zdobyć. Będzie to wieczna hańba dla naszej generacji, jeśli pozwolimy, by zawładnął nimi islam". Te właśnie zdania podkreślił Studd we własnym egzemplarzu przemówienia. Gotów był zrobić wszystko, by do takiego wstydu nie dopuścić.

Od pierwszego wezwania C.T. do Afryki, do dnia, w którym wyruszył na wyprawę rozpoznawczą, upłynęły dwa lata – lata umacniania się w powołaniu. Dla rodziny był to czas potrzebny do pogodzenia się z jego decyzją. Formowała się wtedy też baza modlitewna i finansowa projektu. W Bożym planie czas oczekiwania nie jest czasem straconym.

Charles nie stawał się młodszy ani silniejszy. Jego stan fizyczny stanowił poważną przeszkodę, którą musiał pokonać lub zignorować, jeśli chciał podążyć za pragnieniem serca. Cierpiał na astmę, nękały go powracające ataki gorączki. Mimo to niestrudzenie przemierzał wyspy brytyjskie, głosząc wszędzie, gdzie chciano go słuchać. Codziennie opowiadał o sytuacji ludzi bez Chrystusa. Wzywał wierzących, by podjęli odpowiedzialność niesienia ewangelii całemu światu. Jego usta wypowiadały słowa płynące z rozpalonego serca, a osobista gotowość poniesienia ofiary czyniła przekonującym. Gorliwość i determinacja C.T. musiały mieć szczególną wymowę dla ludzi młodych i sprawnych. Co widzieli? Mężczyznę w średnim wieku, o kiepskim zdrowiu, gotowego zostawić wszystko. To mówiło samo za siebie.

Córka Charlesa – Edith napisała wiele lat później:

Bez wątpienia był człowiekiem dalekosiężnych wizji, o nieodpartej sile oddziaływania. Jego kazania niosły ładunek wyzwania, humoru i emocji. Tym, co przyciągało ludzi szukających szczerości w świecie modnych póz, była jego autentyczność, życie w zgodzie z własnym przesłaniem.

Z pełnym zaangażowaniem Studd przekonywał jednostki i całe zgromadzenia o wadze apeli doktora Kumma o powstrzymanie ekspansji islamu. Potrzebował teraz jakiegoś znaku Bożej aprobaty w stosunku do jego planów. Był wielce zachęcony, gdy zgłosiła się grupa biznesmenów gotowych zawiązać komitet wspierający projekt finansowo. Plan skrystalizował się. C.T. miał popłynąć sam do Chartumu, by zbadać sytuację misyjną w południowym Sudanie. Zgodnie z jedynym warunkiem komitetu, przed wyjazdem musiał przejść pomyślnie badania lekarskie.

Czy celowo ustalił datę badań na zaledwie trzy tygodnie przed wypłynięciem? Może żywił nadzieję, że w razie niepomyślnych wyników komitet uzna, iż za późno już na rezygnację z przedsięwzięcia? Pozostają nam tylko domysły.

Zgodnie z przewidywaniami lekarz zadecydował: „Ten człowiek nie jest na tyle zdrowy, by gdziekolwiek wyruszać – powinien zostać w domu". Mimo że C.T. spodziewał się czegoś podobnego, tym niemniej przeżył szok. Tak czy owak nie zmienił planów. Gdy raz coś postanowił, nie dało się go zawrócić. Był impulsywny i uparty, nigdy nie widział potrzeby posiadania planów awaryjnych. Jego naturalną reakcją na niepowodzenie było zawsze zwalczyć je i to właśnie zrobił.

Członkowie komitetu zajęli jednoznaczne stanowisko. Niepomyślny wynik badań oznaczał wycofanie wsparcia. Charlesowi niełatwo było przyjąć to do wiadomości, lecz w żadnym razie nie skłoniło go to do rezygnacji. Komitet, głównie przyjaciele i koledzy, nigdy nie odsunął się całkowicie. Willie Bradshaw pozostał w kontakcie ze Studdem w Sudanie, potwierdził jego wiarygodność wobec Kościelnego Towarzystwa Misyjnego (*Church Missionary Society – CMS*).

Przy tej okazji Studd pisał:

Komitet zgadzał się na mój wyjazd tylko pod warunkiem, że obiecam, iż nie pojadę dalej na południe jak do Chartumu. Na podstawie informacji otrzymanych od lekarza usiłowali mnie przekonać, że jeślibym tak uczynił, nigdy nie wrócę. Odmówiłem złożenia obietnicy, a wtedy wycofali się z zamiaru wspierania mnie i wstrzymali potrzebne na ten cel fundusze.

Wystarczyła próba zasiania w nim obawy, by wprawić C.T. w bojowy nastrój. Zmiana planów? Pozostanie w domu? To nie do pomyślenia.

Charles Studd był człowiekiem wielkich zasobów wewnętrznych. W niepowodzeniu potrafił wziąć się w garść, zebrać się na odwagę, zatkać uszy na głosy oskarżeń, wątpliwości i strachu. Znał swojego Pana i umiał czerpać z tylko sobie znanego źródła. Jak wyćwiczony sługa zwrócił się do Boga. Skupiwszy całą uwagę na mistrzu rzekł: „Ty nakazałeś mi wyjazd – okoliczności nie zmieniły Twego rozkazu. Jadę". Bez wahania oświadczył komitetowi: „Panowie, Bóg powołał mnie, bym jechał i pojadę. Przemierzę nowy szlak, choćby mój grób miał stać się tylko kamieniem milowym na drodze młodszych".

Na trzy tygodnie przed planowanym wypłynięciem, nie mając pieniędzy ani nikogo, kto by go wspierał, kontynuował pracę kaznodziei, jak gdyby nic się nie stało. Bezgraniczna, dziecięca wiara i ufność Słowu Bożemu przepełniały jego serce. Był ponad okoliczności, gdyż wiedział, że Bóg sam dba o wypełnienie swej woli. Kilka dni później, gdy opuszczał niedzielne nabożeństwo, ktoś wcisnął mu do ręki dziesięć funtów. Pewien, że Pan pośle resztę potrzebnej sumy, zaraz poszedł do biura żeglugowego i potwierdził rezerwację. Nie mógł oprzeć się pokusie zadzwonienia do komitetu i powiadomienia o tym, co właśnie zrobił.

Dziesięć funtów wystarczyło tylko na rozpoczęcie podróży. Studd wiedział, że czekały go wielkie wydatki. Pierwszego daru użył jak ziarna wiary, zasiewając go w przekonaniu, iż otrzyma wszystko, czego będzie potrzebował. I tak się stało.

Dwa lata planował i przygotowywał całe przedsięwzięcie. Teraz, blisko jego rozpoczęcia, znowu został sam. Rodzina w zasadzie pogodziła się z perspektywą wyjazdu Charlesa, lecz jego żona nadal w głębi duszy była mu przeciwna. Dlaczego musi to robić? Czy musi jechać? W tym wieku wyruszać w daleką podróż? Cała ta historia była dla niej wielką próbą.

Czy miał rację, z uporem działając wbrew wszelkim sprzeciwom – ze strony komitetu, przyjaciół, rodziny, nawet własnej żony? Czy słusznie decydował się samodzielnie na coś, co niektórzy uznali za szalone przedsięwzięcie? Być może i my, będąc bliżej tamtych wydarzeń, ocenilibyśmy go błędnie. Dziś, patrząc z perspektywy czasu, widzimy pełny obraz: potężne zwycięstwa, zdobyte dusze, rozgromione moce ciemności. Dokonało się tak wiele – kosztem zapłaconej ceny. Studd zapłacił ją w twardej walucie wytrwałości i posłuszeństwa, nie zważając na niezrozumienie i niechęć niektórych.

Według jakich standardów mamy mierzyć pionierów? Sam fakt, iż kroczą w przedniej straży, wyznaczają drogę następnym, wymaga od nich, by byli o krok przed innymi w myśleniu i wizjonerstwie. Rzadko zaspokajają oczekiwania i odpowiadają zapatrywaniom tych, których Studd określał mianem „chrześcijan – siedź w domu". Jakże często pionier wnosi w relacje i sytuacje czynnik drażniący. Jest niewygodną postacią, o szczególnych cechach pozwalających mu spełnić jego zadanie. Te same cechy, nieokiełznane, mogą stanowić poważne wady. Ale bez pionierskiej krewkości, determinacji i niezależności nie dałoby się niczego dokonać. Tylko tego rodzaju ludzie mają dość zuchwałości, by wtargnąć na terytorium szatana i pokonać go w jego twierdzy.

Odpływając z Liverpoolu Charles Studd doświadczał mieszanych uczuć. „Panie, moją rozkoszą jest pełnić Twą wolę. Będę walczył w obliczu każdej przeszkody. Priscillo, ukochana, nie chcę cię zranić. Kocham cię, ale muszę jechać".

Rozdział szesnasty

Priscilla zostaje sama

15 grudnia 1910 roku statek „Warwickshire" odbił od nabrzeża portu w Liverpoolu i zniknął w szarej, zimowej mgle. Pani Studd poczuła się straszliwie samotna. Życie Charlesa jak wir obracało się wokół podróży, nowych miejsc, otwierających się możliwości posługi. Nic nie mogło zgasić jego zapału do ratowania dusz. Priscilla spędziła wiele samotnych wieczorów w oczekiwaniu na męża, obserwując wygasający na kominku żar. Tym razem było nieco inaczej. C.T. wyruszył niezdrów, wbrew zaleceniom lekarza. Nikt z jego najbliższych ani żaden z przyjaciół z komitetu nie pochwalał tego wyjazdu.

Priscilla i trzy z jej córek mieszkały z matką Charliego w domu przy Hyde Park Gardens 2. Dziewczęta były bardzo piękne. Osiągnęły już wiek „bywania" na przyjęciach i spotkaniach towarzyskich. Częste odwiedziny przyjaciół, przygotowania do wypraw z wizytą, gwar i krzątanina sprawiały, że najczęściej ktoś był w pobliżu, ale niczyja obecność nie mogła zapełnić dokuczliwej pustki odczuwanej przez Priscillę. Charlie wyjechał.

Jej błagania nie dały rezultatu. Nie dał się przekonać, choć w piśmie sprzed dwóch miesięcy członkowie komitetu jednomyślnie stwierdzili, że powinna mu towarzyszyć. „Powinniście jechać oboje, na około dwa miesiące, nie dalej jak do Chartumu" – pisali, lecz Charles nie chciał o tym słyszeć. Nie zamierzał poddać się podobnym ograniczeniom co do czasu i miejsca ani być zmuszony dostosowywać się do życzeń żony. Alfred Ruscoe, misjonarz, tak wyraził się kiedyś o C.T.: „Miał irytujący zwyczaj mieć rację". Jak się okazało, tak było i w tym przypadku, ale Priscilla nie mogła się z tym pogodzić.

Charlie pisał do niej 25 listopada w słowach pełnych miłości:

Odmówiłem zabrania ciebie z sobą, kochana Priscillo. Nie odważyłbym się /.../ Nie mogę ryzykować twoim zdrowiem, jesteś zbyt ważna i potrzebna mnie i dziewczętom /.../ Znaczysz dla mnie więcej niż wszyscy i chętnie, choć ze smutkiem, decyduję się raczej ponieść ofiarę niż utracić ciebie. Niech Bóg cię błogosławi /.../ W moim sercu zawsze pełno było miłości do ciebie i na zawsze tak zostanie, więc niech te słowa i moja miłość będą ci pociechą. Już nigdy w nią nie wątp.

Mimo tych zapewnień, trudno przychodziło Priscilli utożsamiać miłość z takim postępowaniem.

Musimy pamiętać, że w wieku czterdziestu sześciu lat wiele kobiet wkracza w trudny okres życia. Mogą stać się znacznie bardziej wymagające, jeśli chodzi o potrzeby zarówno sfery fizycznej, jak i emocjonalnej, co mężom pokroju Studda z trudem przychodzi zaaprobować. Rada Charlesa dla żony zawsze brzmiała: „Szukaj Boga, pokutuj i zdobywaj dusze". Jakiej duchowej wspólnoty mogła doświadczać przebywając tam, gdzie przypadło jej teraz żyć? Najwięcej radości i satysfakcji przyniosły jej lata spędzone w Chinach. Często wspominała ten czas w rozmowach z córkami. Zostawiła swe powołanie misjonarskie, sferę duchowego spełnienia, wraz z powrotem do wygodnego życia wyższych sfer, na zewnątrz tak wspaniałego, ale w rzeczywistości będącego duchową pustynią. Życiu w Londynie brakowało zaangażowania i pasji służby w Chinach. Charles zwykle sam wyjeżdżał do miejsc, gdzie przemawiał, zostawiając Priscillę z córkami lub wysyłając w odwiedziny do przyjaciół czy rodziny. Na domiar złego od pewnego czasu nie cieszyła się najlepszym zdrowiem.

Życie w Hyde Park Gardens, przebywanie wśród ludzi, których poziom życia, plany, oczekiwania siłą rzeczy tak bardzo różniły się od ich własnych ze względu na możliwości finansowe, nie pozostawał bez wpływu. Dziewczęta obracały się wśród ludzi zamożnych, a same dotkliwie odczuwały fakt niedostatku pieniędzy. Edith opowiadała: „Miałyśmy jeden kapelusz na nas trzy. Pewnego dnia Dorothy wybierając się gdzieś przyozdobiła go tak, by pasował do jej stroju, a potem któraś z nas nosiła go jeszcze gdzie indziej. Zawsze miałyśmy nadzieję, że nikt nic nie zauważy". Najstarsza Grace buntowała się nie mogąc wyjść z domu tak wcześnie, jak chciałaby. Ciężko znosiła nonkonformizm i odmienność własnej rodziny. Poślubiła bardzo bogatego starszego mężczyznę, ale nie była szczęśliwa, szybko też została wdową.

Serce matki przeszywa ból, gdy patrzy na nieszczęście dzieci. Priscilla czuła się przybita. Pragnęła dla córek tego, co najlepsze, lecz życie okazało się zbyt skomplikowane, by mogła trafnie rozpoznać najlepszy wybór i przekonać do niego swe piękne panny, lubujące się w rozrywkach.

Pośród dziesiątków wydarzeń i ich nieuniknionych konsekwencji Priscilla pogubiła się duchowo. Docierające zewsząd głosy umacniały ją w przekonaniu, że Charlie nie powinien był wyjeżdżać. Wierząc, że nie znaczy dla niego nic albo bardzo mało, w rzadkich listach wyrzucała mężowi: „Zostałbyś, gdybyś mnie kochał. Powinieneś posłuchać rad. Czy nie liczysz się z własnym zdrowiem?" – spór nie ustawał.

Nawet jego stałe listowne zapewnienia o oddaniu i opowieści o przeżyciach z Bogiem nie wpłynęły na poprawę jej stanu. Charles, zasmucony jej krótkimi, rzadko nadchodzącymi listami zarzucił żonie, że przestała go kochać. Bał się nawet, że stała się jego wrogiem. 23 lutego 1911 roku pisał: „Co się z tobą dzieje? Czy nie jesteś już tą, która powiedziałaby »Chwała Panu« i »Raduj się zawsze«, »Niech będzie Twoja wola«? Straciłaś pierwszą miłość, wpadłaś w sidła". Wyraźnie obciążały ją liczne brzemiona.

Odpowiedzialność za córki, trudności finansowe, słabe zdrowie, samotność i zniechęcenie uczyniły Priscillę nieszczęśliwą kobietą. Potrzebne jej było nowe spotkanie z Panem. Napisała do Charlesa prosząc, by mogła zamieszkać w innym domu. Życie z jego rodziną okazało się źródłem problemów. Ich córki spotykały się i nawiązywały przyjaźnie z zamożnymi, utytułowanymi ludźmi, zaczęły stykać się z pokusami świata. Sytuacja komplikowała się – nie miały pieniędzy na podobnie wyszukany styl życia. Charles niepokoił się kierunkiem obranym przez dzieci. Gdy padła wzmianka o bywaniu na przyjęciach, napisał: „Co powiedziałby mój ojciec?". Z bólem patrzył na wielkopańskie przyzwyczajenia córek, których nabrały w luksusowym towarzystwie. Pisał do Priscilli:

Lepiej dla nas na razie trzymać się od tego z daleka. Oczywiście wiem, że popełniłem niewybaczalny grzech bycia biednym z własnego wyboru. Bez wątpienia sprawiałem im kłopot, ale dłużej tak nie będzie. Nie mamy pojęcia, jak to się stanie, ale znajdziemy gdzieś na ziemi dom z Jezusem. Musimy wybrać nasze dziedzictwo, pragniemy przecież pokazać światu i wierzącym, że zachowaliśmy nasze serca do walki, a nie dla luksusów spokojnego życia.

Wśród wszystkich tych prób i doświadczeń Charles pisał do żony: „Zabierzesz dziewczęta do Armii Zbawienia? Chcę, by wyszły stamtąd jako zapalone do boju żołnierki!".

Rozdział siedemnasty

Nowe poświęcenia

Konsekwencje rozdania majątku wciąż dawały o sobie znać w bolesny i poniżający sposób. W ciągu sześciu miesięcy spędzonych przez Studda w Sudanie, przyjaciele i rodzina starali się wspierać jego żonę i córki w kłopotach finansowych. On sam czuł się upokorzony tym położeniem, określanym przez jego braci jako nędza z wyboru. W jednej z cięższych chwil powiedział: „Lepiej byłoby zamieszkać w Afryce i więcej nie wracać".

Mimo tego rodzaju trudności Charles przekonywał się, że Pan nie pozostaje dłużnikiem człowieka. Bóg niezawodnie zapewniał środki na liczne podróże C.T. i utrzymanie rodziny. Problemy pojawiały się, kiedy otrzymane pieniądze nie pozwalały na zachowanie tak wysokiego standardu życia, jak ten, który kiedyś porzucili. Rodzina C.T., a zwłaszcza matka, stale go wspierała. Co za upokorzenie! Mieszkał u matki i karmił się przy jej obfitym stole, będąc zmuszony znosić pogardę wielu członków rodziny traktujących go jak ubogiego krewnego. Ich niezrozumienie i lekceważenie C.T. odczuwał jak cierń w ciele. Wobec obcych starał się zachować dystans. Mawiał: „Nie chcę pasożytować".

Jego córki odczuwały brak pieniędzy szczególnie dotkliwie. Z założenia każdy w ich warstwie społecznej posiadał prywatne zasoby. Studd, świadomy presji spoczywającej na dzieciach, radził ich matce: „Staraj się nakłonić je, by zbliżyły się do Buxtonów. To dobra rodzina, uznają prawdziwe wartości chrześcijańskie". C.T. cenił ich, ponieważ podzielali jego pasję misjonarską, a choć mieli pieniądze, nie angażowali się w światowe życie. Barclay Buxton, fundator Japońskiej Orkiestry Ewangelizacyjnej (*Japan Evangelistic Band*), pochodził z rodziny podobnej do Studdów. Inaczej niż Charles, nie był prowadzony, by rozstać się z należną mu częścią spadku. Wierzył, że majątek tak samo jak jemu samemu należał się jego dzieciom.

C.T. Studd pożegnał się ze swą fortuną, ale Bóg w swoim Słowie obiecał: „Dawajcie, a będzie wam dane". Przez lata rodzina Studda i założona przez niego misja otrzymały znacznie więcej. Praca misyjna rozszerzyła się na cały świat. W odpowiedzi na modlitwę wiary, do dziś finansowana jest z darów Bożych ludzi.

Czyn Studda stał się wyzwaniem i przykładem dla jego pokolenia, wyraźnym symbolem całkowitego poświęcenia się Bogu. Tą beztroską hojność niektórzy nazwali fanatyzmem, lecz dla C.T. była jedynie wyrazem rozumnej służby.

Przez całe życie zachował tą samą postawę serca. Wszystko, czym był i co posiadał należało do Pana. Gdy nadeszło powołanie do Afryki i stanął przed nowym wyzwaniem, napisał do żony: „Rzadko dwoje ludzi ma w życiu okazję poświęcić wszystko dwukrotnie – nam ofiarowano ten przywilej. Uchwyćmy się go obiema rękami". Widzimy wielkość serca Charlesa wyjeżdżającego do Afryki bez żony. To działanie przysporzyło amunicji jego krytykom. Języki mełły jak zawsze – to część prześladowań spotykających każdego, kto idzie za Panem.

Dziś słyszymy tak wiele nauczania o życiu rodzinnym, że trudno nam wyobrazić sobie, by ktoś w ten sposób opuścił żonę, ale czy mamy prawo osądzać? To nie nas powołano. Nie jesteśmy też zdolni wniknąć w niuanse ich osobistych przeżyć z Bogiem. Duszę C.T. ogarniała pasja ratowania serc. Przemówił do niego Bóg – miał zanieść pogańskiej Afryce nowinę o zbawieniu. Wiedziony potężną determinacją, nie zamierzał ugiąć się pod ciężarem kosztów. Umocniony w wewnętrznym człowieku, zaparł się siebie, nie poddał się bólowi i wytrwał w posłuszeństwie. Być może nie we wszystkich momentach drogi postąpił właściwie, przedłużając rozłąkę z małżonką, lecz nie da się zaprzeczyć jego pełnej uczciwości. Mieli możliwość po raz drugi wspólnie zamanifestować całkowite poświęcenie. Bóg wyróżnił ich jako ponadczasowy przykład ludzi idących za Panem bez względu na cenę.

Krytyka ze strony wierzących to najboleśniejsza część krzyża, jaki przyszło nieść Studdowi. Pogarda członków rodziny, oskarżenia o niezapewnienie utrzymania najbliższym, połączone z nieprzyjaznym stosunkiem osób niedoinformowanych, zarzucających mu krańcowe zaniedbanie żony – wszystko to złożyło się na pełen sprzeczności wizerunek Charlesa i zagadkowość jego postaci. Z pewnością tylko patrzący okiem wiary dostrzegali powody, by mu przyklasnąć, pozostali zaś oczerniali go.

Sławę, bogactwo, pozycję, świeckie perspektywy – wszystko uznał za śmieci, by zyskać Chrystusa. Tak samo rodzinę, żonę, przyjaźnie, wygodne życie, wnuki i jeszcze o wiele więcej złożył dobrowolnie na ołtarzu ofiarnym. Nie poprzestał na mówieniu o ofierze, zapłacił cenę, wyrąbał ścieżkę, którą za nim przez lata przeszły tysiące.

W uszach letnich chrześcijan historia życia C.T. Studda brzmi jak ostra przygana. Kto usiedzi spokojnie, słysząc jak nękany wieloma dolegliwościami astmatyk, w wieku, gdy większość ludzi wycofuje się z aktywnego życia, z ochotnym sercem udaje się samotnie do serca Afryki, by nieść Chrystusa ginącym?

Nie musiał otwierać ust – przesłaniem, które zwiastował, było jego życie. Pełna szczerość i przejrzystość postaw charakteryzowały tego szorstkiego gentlemana. Starał się maksymalnie wypełniać polecenia Boga. Mówienie albo śpiewanie o jednym, a czynienie czegoś innego było dlań niedopuszczalne. Trwał w posłuszeństwie bez względu na konsekwencje.

Pisząc „Czekoladowego żołnierza" sportretował własne serce:

Każdy prawdziwy chrześcijanin jest żołnierzem Chrystusa – bohaterem par excellence! Najodważniejszy z odważnych, w pogardzie ma zwodnicze nawoływania do pokoju i ciągłe ostrzeżenia o trudzie, chorobach, niebezpieczeństwach i śmierci – te traktuje jak serdecznych przyjaciół.

Często powtarzał, że nie dałby złamanego grosza za ludzkie opinie. Był prawdziwym bohaterem, nie skażonym strachem przed człowiekiem. Napisał:

Ucz się gardzić chwałą ludzi,
Ucz się tracić z Bogiem;
Jezus zdobył świat przez hańbę!
Wejdź na Jego drogę.

Rozdział osiemnasty

Czas umrzeć dla siebie

Zanim podążymy za C.T. do Chartumu, jeszcze raz rzućmy okiem na moment opuszczenia Liverpoolu, tym razem z jego perspektywy.

Stojąc samotnie na górnym pokładzie, nie spuszczał wzroku z Priscilli, kiedy statek powoli wypływał z doku. Chwilę rozstania oboje przeżywali boleśnie. Jemu pomagała wielka determinacja płynąca z pewności tego, że wypełnia Boże powołanie. Usłyszał wezwanie i nie brał pod uwagę innej alternatywy niż posłuszeństwo. Z niego czerpał siłę. Priscilla nie otrzymała podobnego słowa, jej dusza nie była wolna od uczuć zranienia, gniewu i goryczy. Co teraz pocznie?

Jej samotna sylwetka wkrótce zniknęła Charliemu z oczu. Pragnąc wesprzeć ją jakoś, zszedł do kabiny i napisał do żony list: „Kochanie, przed nami ogromna praca. Musimy lepiej poznać naszego Kapitana". Dalej zapewniał ją o swej miłości.

15 grudnia 1910 roku napisał:

Czuję, że właśnie teraz Jezus kieruje do każdego z nas słowa: „Wyjdź do mnie na miejsce pustynne i odpocznij we mnie...". Potrzebujesz odpocząć w ramionach Jezusa, tam jesteś bezpieczna. Tam cię zostawiam. Przytul się do Jego serca, On miłuje cię gorąco. Szeptem wyznaj Mu, że odwzajemniasz Jego miłość.

To, co zaczęło się jak ekscytująca wyprawa, zmieniło się w doświadczenie pełne przytłaczających, przykrych emocji. Jedynym lekarstwem niosącym nadzieję na poprawę była zgoda na wejście w ten nowy wymiar cierpienia i śmierci dla samego siebie. Znalazł się zupełnie sam, pozbawiony nawet wsparcia żony. Napisał: „Nic nie kosztowało więcej". Z charakterystycznym samozaparciem nie pozwolił sobie na rozdrapywanie ran, skoncentrował się na wypełnianiu woli Boga.

Może wreszcie zrozumiesz, jak bardzo cię kocham, jeśli powiem, że wyjazd do Chartumu kosztował nie mniej niż mnie samego. Całe to ignorowanie opinii ludzi o wyjeździe bez ciebie /.../ To przedsięwzięcie musi być dziełem wiary i odwagi, dobrze, że zaczyna się właśnie tak /.../ On przeprowadzi nas przez to wszystko i jeszcze dalej. W nadchodzących latach uzdolni nas oboje do wykonania dla Chrystusa największej pracy naszego życia.

Prowadząc swoje dzieci przez doświadczenia Pan dobrze wie, jak podtrzymać je na duchu. Dlatego psalmista mógł napisać:

Choćbym nawet szedł ciemną doliną, zła się nie ulęknę, boś Ty ze mną, laska Twoja i kij Twój mnie pocieszają. Zastawiasz przede mną stół wobec nieprzyjaciół moich, namaszczasz oliwą głowę moją, kielich mój przelewa się (Ps. 23,4-5).

Pan wsparł swego sługę, tamtej nocy przemówił do niego w kabinie: „Celem tej wyprawy nie jest jedynie Sudan, ale cały świat bez ewangelii". To doniosłe objawienie Studd zachował w swoim sercu, mimo że brzmiało wielce nieprawdopodobnie. Wołanie o pomoc dla nie zewangelizowanego świata rozlegało się na Światowej Konferencji Misyjnej w 1910 roku, teraz Bóg przemówił ponownie.

Podobna wizja przerastała swym rozmachem ówczesne możliwości, lecz C.T. nigdy nie pozwolił jej umrzeć. Uważnie podążał za Panem, wybierając Jego ścieżki, niezależnie od bezustannych sprzeciwów, a wizja dojrzewała i rosła, wypełniając w końcu cały jego umysł, wszystko, co pisał i każdą modlitwę.

Komitet wspierający zgadzał się na wyjazd jedynie do Chartumu, uznając, że podróż dalej na południe niesie zbyt wielkie ryzyko dla zdrowia. Wolny od tych ograniczeń C.T. zdawał sobie sprawę, że aby poznać nie zewangelizowane rejony na południe od Chartumu, musi tam dotrzeć.

Wątpię czy pomyślał o tym, że uprzejmie byłoby skonsultować się z komitetem przed podjęciem nowych kroków. Charakteryzowała go wewnętrzna niezależność, starał się współpracować z organizacjami, ale nie pozwalał im sobą kierować. Był zdania, iż człowiek na pierwszej linii powinien podejmować decyzje samodzielnie.

William Bradshaw, sekretarz komitetu i wieloletni przyjaciel rodziny nalegał, by Studd wrócił do domu i wziął udział w spotkaniu pożegnalnym doktora Kumma w Londynie. Trwając przy zamiarze zbadania południowej części Sudanu, Charles odmówił. Poleganie na Panu w dziedzinie finansów, osobista natura powołania spoczywającego na jego życiu i silne wewnętrzne pragnienie wypełnienia go, umacniały jego poczucie niezależności od ludzi.

Przebywając w Chartumie C.T. nie próżnował. Znalazł wiele okazji do głoszenia wśród żołnierzy brytyjskich, przemawiał do członków Regimentu Yorkshire i ku satysfakcji kaznodziei, wielu było zbawionych. Pewien kapitan pisał: „Gdzie mogę znaleźć tekst kazania Studda z ostatniego wieczoru? Chcę go wywiesić. To przemówienie było wspaniałe, bardzo silnie poruszyło każdego, z kim rozmawiałem".

Poza wojskowymi w Chartumie mieszkała spora grupa Brytyjczyków przybyłych tam w różnych celach. Studd wygłosił do nich wykład o Chinach, przemawiał też w zborze Kościelnego Towarzystwa Misyjnego, ale nie wywarło na nim dobrego wrażenia ich mniej niż kwitnące życie duchowe. Pisał do domu: „Nie spodobały mi się ich twarze o »odpowiednim«, bezdusznym wyrazie". Wydawało mu się, że słuchając go ludzie ci myślą: „Co ci strzeliło do głowy, żeby przyjeżdżać tu i nas budzić!".

Europejczycy wiedli tu wygodny żywot, mając w bród służby dbającej o usunięcie każdej najmniejszej troski. Tak oswobodzeni próżniaczo spędzali czas na pogawędkach, w pogoni za przyjemnościami i rozrywką. C.T. nie uczestniczył w ich piknikach i przyjęciach, tak frywolny tryb życia wzbudzał w nim odrazę. Zniesmaczony martwotą formalnego chrześcijaństwa i światowym stylem życia emigrantów, Studd pisał: „Spędziłem dobry czas nad 6 rozdziałem Mateusza, a zwłaszcza nad 19 wersetem: »Nie gromadźcie sobie skarbów na ziemi, gdzie je mól i rdza niszczą i gdzie złodzieje podkopują i kradną«". Radził też żonie: „Nie martw się o pieniądze".

Spoglądając na jakikolwiek moment życia tego człowieka, niezależnie od okoliczności, problemów, emocjonalnych wzlotów czy zmagań, zawsze widzimy go przy pracy. W rezultacie ogromnej dyscypliny wewnętrznej osiągał niezwykłą wydajność. Tak pisał do domu: „Wstałem kwadrans po piątej, czytałem do śniadania o ósmej czterdzieści pięć, by po nim zasiąść do pisania listów i raportów". Jeden z jego obserwatorów napisał: „Czas spędza pochłonięty studiowaniem map, planów, przewodników i wypytywaniem urzędników rządowych".

W Chartumie zwrócił się ku Panu i Jego Słowu. Zajęty całodzienną pracą odseparował się od pseudoreligijnego życia, którym skrycie się brzydził. Nie znajdował usprawiedliwienia dla ludzi zajmujących formalnie stanowiska misjonarzy, spędzających dni na wszystkim prócz zwiastowania ewangelii, ani dla skłonnych wierzyć w cokolwiek poza „czystą, czarno-białą prawdą biblijną".

Pobyt w mieście irytował Charlesa, przy jakiejś okazji otwarcie nazwał go stratą czasu. Zebranie dokładnych danych o potrzebach misyjnych regionu przychodziło mu z wielkim trudem. Oczekiwania misjonarzy i osiągane przez nich wyniki rozmijały się z jego wyobrażeniami – zaczął wątpić w użyteczność zgromadzonych informacji. Nie było mu z tym lekko, tym bardziej, że wieści z domu rzadko niosły pociechę. Małżeństwo Charliego i Priscilli przechodziło naprawdę ciężką próbę.

* * *

Po tygodniach opóźnień przygotowania dobiegły końca. Ignorując listy z domu C.T. wyruszył w dziewięćsetmilową podróż przez południowy Sudan, w region Bahr-el-Ghazal, wzdłuż górnego biegu Nilu i przy granicy Konga Belgijskiego. Towarzyszyli mu biskup Chartumu Gwynne i archidiakon Shaw z Kościelnego Towarzystwa Misyjnego. Po drodze mieli odwiedzać stacje misyjne, gromadząc dane dające pełny obraz efektywności ich pracy.

Nie bez powodu komitet sprzeciwiał się wyjazdowi Studda na ten obszar. Był on znany z częstych przypadków malarii i śpiączki. Ktoś napisał do kraju: „Pan Studd nie wygląda zbyt dobrze, a w okolicy notuje się wiele zachorowań /.../ lecz nie sądzę, by obawy innych miały wpływ na twego męża". Z pewnością nie! C.T. Studd nie poświęcił im najmniejszej myśli. Przekonany, że Bóg wysłał go w tę podróż, ufał, że On zachowa go w dobrym zdrowiu i zapewni bezpieczny powrót.

Zanim stopa Charlesa stanęła na afrykańskim lądzie, jak gąbka chłonął wiedzę o potrzebach kontynentu. Nazwy dwudziestu sześciu kluczowych plemion, do których dotąd nie dotarła ewangelia, nie brzmiały już dla niego jak obce, egzotyczne wyrazy. Wyruszał w drogę uzbrojony w zestaw faktów. Zapoznał się z problemami ewangelizacji oddalonych obszarów, zamieszkanych przez rozsiane populacje. Wiedział, że ludność regionu porozumiewa się w pięciuset językach i około trzystu różnych dialektach. Utrudnianie pracy misyjnej przez władze kolonialne było wręcz przysłowiowe, postanowił więc nawiązywać z nimi kontakty i budować dobre stosunki. Rozwój nowoczesnego transportu ułatwiał dostęp do rozrzuconych wiosek zarówno muzułmanom, jak chrześcijanom, ale to muzułmanie docierali tam pierwsi.

Czy w tej sytuacji człowiek o charakterze Charlesa mógł siedzieć spokojnie, podczas gdy inni misjonarze jego zdaniem zajmowali się „kiwaniem palcem w bucie"?

Podróżnicy jechali na mułach, zapasy i sprzęt oraz licznych pomocników wiozły osły. Charles Studd nabrał przekonania, że nie mógłby współpracować z CMS. Zapoznawszy się z bliska z sytuacją doszedł do wniosku, że niewielkie rozszerzenie zasięgu ich pracy pozwoliłoby objąć cały ten obszar. Rozczarowany małą liczbą i dużym rozsianiem mieszkańców, skierował wzrok dalej na zachód.

Biskup Gwynne pisał do Williego Bradshawa 31 czerwca 1911 roku:

W całej enklawie Lado znaleźliśmy tylko dwadzieścia tysięcy dusz. Strefą otwartą dla pracy misyjnej jest Bahr-el-Ghazal i enklawa Lado. Żyje tu plemię zwane Azandis – wśród tego ludu otwierają się najlepsze możliwości dla świadectwa. Są też inne małe plemiona. Ich ewangelizacja przedstawia znaczny problem ze względu na niewielką liczebność i różnorodność języków, co więcej... są tam już muzułmanie.

W dalszej części listu biskup wyrażał nadzieję, iż Sudańska Misja Ewangeliczna (*Sudan Evangelical Mission* – pierwsza nazwa nadana przez Studda jego misji) wykorzysta możliwość pracy wśród mniejszych plemion, pozostawiając Azandis Kościelnemu Towarzystwu Misyjnemu, jako że mieli już z nimi pewne doświadczenie. Podsumowując stwierdzał: „Lud Azandis zamieszkuje obszar sięgający przez granicę Sudanu na terytoria francuskie i belgijskie, jest bardzo liczny i zupełnie nie zewangelizowany. Należy zająć się właśnie nimi”. Oczywiście od tego momentu w sercu C.T. kiełkowało pragnienie, by, jeśli to w ogóle możliwe, sięgnąć poza granicę. Chciał dotrzeć do większych skupisk ludzkich. Plemię Azandis znane było również jako Niam Niamowie – tak Charles nazwał dom, gdzie mieściła się później siedziba misji. W tamtym okresie pozostawał pod wrażeniem, że jako Brytyjczyk może mieć trudności z działalnością na terenie Konga Belgijskiego, dlatego koncentrował się w swych planach na Sudanie.

Wizjoner Studd działał „na wyczucie”. Nie musiał spełniać niczyich oczekiwań czy trzymać się ustalonych z góry wytycznych. Kiedy stawało się jasne, że potrzebna jest zmiana kierunku, z łatwością porzucał stare pomysły dla nowych. Choć celem podróży było zbadanie potencjału misyjnego południowego Sudanu, starał się dostrzec każde drzwi otworzone przez Boga. Nie musiał przepraszać za zmianę planów – ten sposób myślenia był mu obcy – szedł przecież za Panem.

Kiedy mała karawana zawróciła do Chartumu, C.T. był rad, że zbliża się koniec wyprawy. Jej wynik nie zadowolił go. To, co zobaczył wzmocniło tylko jego pragnienie sprowadzenia misjonarzy, którzy potraktowaliby swą pracę jak zadanie bojowe.

Świadomy, że wróg dusz ludzkich dobrze się obwarował, obawiał się, iż dotychczasowe formy działalności misyjnej mogły doprowadzić jedynie do powierzchownej chrystianizacji. Pragnął nawróconych tak zapalonych dla Jezusa, by mógł z nimi podjąć zdecydowany atak na moce ciemności. Pisał do Williego Bradshawa: „Bóg współpracuje z niewielkimi grupami, jak trzystu ludzi Gedeona, zamiast trzech tysięcy. Bądźmy szczególnymi ludźmi Pana – jakże doskonałe to wypełnienie Słowa Bożego".

Decydując się na współpracę z CMS, Charles znalazłby się w nieodpowiednim otoczeniu – jak rewolucjonista na spotkaniu szkółki niedzielnej, pełnym głosem śpiewający: „Naprzód, żołnierze Chrystusa", podczas gdy reszta intonuje pieśń: „Łagodny Jezus, cichy i pokorny".

Zdrowie Studda w ciągu wyprawy nie sprawiało kłopotów, nie zgadzał się więc, by go niesiono i większość drogi pokonywał pieszo. Każdy postój wykorzystywał na pisanie listów do żony, obfitujących w słowa pocieszenia i zachęty oraz notatek informacyjnych dla komitetu. Szczegółowo opisywał okolicę, pogodę, dostępność wody i pożywienia, miejscowe ludy i ich ruchy.

Był osobą współczującą. Podczas podróży przejmował się cierpieniem osłów. Pewnego dnia napisał do domu: „Od czwartej po południu do siódmej prócz zbadania kilku ludzi, opatrzyłem rany wielu osłów". Przez całe życie C.T. unikał lekarzy, kurował się samodzielnie i chętnie pomagał w tym innym. Zanim zdołali powrócić, podczas dwuipółmiesięcznej wyprawy ukąszenia muchy tse–tse uśmierciły dwadzieścia dziewięć z ich trzydziestu osłów.

Charles cieszył się z powrotu do Chartumu, tu jednak czekało go kolejne opóźnienie, tym razem z powodu silnego ataku malarii. Złożony chorobą zastanawiał się pewnie, co powie zainteresowanym stronom w Anglii. Wyjazd, w intencji komitetu mający trwać dwa miesiące, w rzeczywistości wydłużył się do sześciu. Wróciwszy do kraju C.T. Studd poświęcił lato 1911 roku na regenerację sił, podsumowanie wyników wizyty w Afryce i oszacowanie środków potrzebnych na realizację zadania.

Rozdział dziewiętnasty

Niepokonany w obliczu przeszkód

Kierowany żarliwym pragnieniem zaniesienia zbawienia ludom nie znającym dobrej nowiny, C.T. znowu był w drodze. Nauczał, informował, namawiał, rzucał wyzwania, wszystko to na swój niepowtarzalny sposób. Płynące z serca kazania wygłaszał z werwą i humorem, kończąc zawsze nutą przynaglenia: „Nie zewangelizowany świat czeka. Zróbcie coś w tej sprawie, bez ociągania się!". Niestety, często wezwanie to padało na glebę chłodnych, zamkniętych serc.

Chętnych słuchaczy Studd wciąż znajdował na uniwersytetach, nie zapomniano tam o jego karierze krykietowej, a śmiałe eskapady w imię Chrystusa zaciekawiały młodych. Tłum zebranych szczelnie wypełnił Guildhall, imponującą salę w Cambridge. Z pewnością zasiadający w pierwszych rzędach wykładowcy już w połowie spotkania żałowali, że nie znajdują się gdzieś indziej. „Parzące" kazanie wzbudziło liczne antagonizmy. Na znak dezaprobaty, gdy tylko mogli, dyskretnie opuszczali salę.

Twarda mowa C.T. Studda nie przeszkodziła studentom poprosić go o ponowne wystąpienie. Taka śmiałość zaintrygowała ich. Pokonałby lwa w jego jamie! Kto pojedzie z nim do kanibali? Element przygody przyciągał młodych, zadawali pytania z ogromnym zainteresowaniem. Charles oczekiwał odzewu – kto pojedzie do Afryki, powierzy Bogu zaspokojenie wszystkich swych potrzeb? Edith opowiadała: „Gdy nie spieszyli się z odpowiedzią, ripostował ostro: »Nie musicie mi mówić, co teraz myślicie: Oto jestem Panie, ale poślij moją siostrę!«".

Jednym z młodych ludzi poruszonych przesłaniem C.T. był Alfred Buxton, drugi syn Barclaya Buxtona, przyjaciela rodziny Studdów. Student ów zamierzał zostać lekarzem. Przed ekspedycją C.T. Studda do Sudanu, w 1910 roku przemawiał w Cambridge dr Kumm. Alfred słuchał go z wielkim zainteresowaniem.

Bardzo chętnie przerwałby studia i podjął się ochoczo służby misyjnej. W jednym z listów dziewiętnastolatek pisał: „Kumm próbuje zebrać grupę ludzi. Pan Studd jedzie /.../ Chciałbym mieć już za sobą egzaminy i jechać z nimi". Tak wyrażał swój chłopięcy entuzjazm.

Kiedy o potrzebach licznych afrykańskich plemion opowiadał sam Studd, Alfred każdym nerwem odczuł to samo pragnienie. Ten pobożny młody człowiek bardzo chciał służyć Bogu.

Podzielił się z rodzicami wieścią o swym pragnieniu towarzyszenia C.T. Studdowi w następnej podróży do Afryki. Ich reakcja była, delikatnie mówiąc, chłodna. Nikt nie poparł pomysłu. Każdy, kogo pytał o radę mówił: „Skończ studia, zdobądź kwalifikacje i wtedy zobacz, co powie Pan". Ponownie przemyślawszy decyzję, Alfred doszedł do wniosku, że Bożą wolą jest, by pojechał ze Studdem. Istniał jeszcze jeden powód jego sympatii do Charlesa – od dwóch lat korespondował z Edith, córką C.T. Wiemy, że zajmowała w jego sercu miejsce szczególne. Mogło to mieć wpływ na wynik przemyśleń Alfreda.

Studd posiadał niezwykłą zdolność docierania do młodych ludzi. Cieszył się mirem wśród studentów, zawsze mógł być pewien doskonałego przyjęcia na uniwersytetach. Mówił o sukcesie w pojęciu bliskim i zrozumiałym właśnie dla młodych. Na zaproszenie do służby odpowiedziały początkowo dwadzieścia cztery osoby, ostatecznie wyjechała mniej niż połowa.

Zebranie grupy zapaleńców gotowych płynąć do Afryki było zadaniem łatwym w porównaniu z zapewnieniem solidnej bazy dla ich wyjazdu, w postaci wsparcia modlitewnego i materialnego. C.T. nigdy nie zbierał ofiar na finansowanie pracy i niewiele mówił publicznie o potrzebach, deklarował jedynie ufność w tej dziedzinie Bogu, który wszystko zapewni.

W czasie między wystąpieniami publicznymi Charles poszukiwał dróg do nawiązania takich relacji, w oparciu o które mogłaby uformować się podstawa funkcjonowania wymarzonej nowej organizacji misyjnej. Zaczął formułować oczekiwania co do tego, jaka powinna to być misja i jakich misjonarzy mógłby zaangażować. Rozczarowanie działalnością Kościelnego Towarzystwa Misyjnego w Sudanie, o czym publicznie nie wspominał, skłoniło go do wyraźnego określenia zasad doktrynalnych przyszłej pracy.

Pisał do nowego komitetu wspierającego, o nazwie Komitet Misji Ewangelicznej Południowego Sudanu: „Niezbędne z naszej strony jest jasne postawienie sprawy i zdefiniowanie fundamentalnych zasad działania misji". Dalej rozwijał pięć punktów, które później nazwał pięcioma gładkimi kamykami:

1. Absolutna wiara w Boskość każdej osoby Trójcy.
2. Absolutna wiara w natchnienie pism Starego i Nowego Testamentu.
3. Zobowiązanie do uznawania i zwiastowania jedynego Zbawiciela, Jezusa Chrystusa ukrzyżowanego.
4. Posłuszeństwo przykazaniu miłości wobec każdego, kto szczerze miłuje Pana Jezusa, bez względu na osobę i wobec wszystkich ludzi.
5. Absolutna wiara w opatrzność Bożą, Jego wolę i moc zaspokojenia każdej potrzeby Jego sług.

Niedługo potem komitet rozwiązał się, a Studd szukał nowych sojuszników. Jego pojmowanie misyjnych potrzeb regionu zainteresowało Afrykańską Misję Wewnętrzną (*African Inland Mission* – AIM). Został nawiązany dialog z jej komitetem wspierającym, ale według zwyczaju Studda, do ostatniej chwili nie zapadły konkretne decyzje. Prawdopodobnie C.T. zwlekał z wejściem w bliższy związek z AIM, licząc na pojawienie się bardziej obiecujących możliwości.

Istnienie tak wielu niewiadomych nie sprzyjało zaakceptowaniu planów Alfreda przez rodzinę. Narady i wahania trwały osiem miesięcy. Wysłuchał wszystkich kontrargumentów, lecz nie opuściło go wewnętrzne przekonanie, że powinien jechać. W końcu, w dniu swoich dwudziestych pierwszych urodzin poprosił Boga o jeszcze jedno potwierdzenie Jego woli. Przemówiły do niego dwa teksty z porannego kazania.

Pierwszy z nich brzmiał: „Staraj się przyjść do mnie rychło" (II Tym. 4,9), drugim było słowo z Ewangelii Łukasza 22,32: „Ja zaś prosiłem za tobą, aby nie ustała wiara twoja...".

Wieczorem słuchał kazania swego ojca, który głosił na temat słów skierowanych do wahającego się Gedeona: „Idź w tej mocy twojej..." (Sędz. 6,14). Przeszyły one serce Alfreda jak miecz. Sam Bóg przemówił ustami ojca. Tego samego wieczoru powiedział mu o tym. Ojciec słuchał pochyliwszy głowę. On też rozpoznał Słowo od Boga.

Wydarzenia te zapowiadały zmiany także w życiu Priscilli i jej dwóch niezamężnych córek. Było dla niej oczywiste, że nie zdoła wyperswadować nic swemu Charliemu. Zbyt dobrze wiedziała, jak wyraźne powołanie spoczywa na jego życiu. Ani ona, ani komitety, ani opinie ludzkie, ani bezpośredni atak wroga nie mogły zepchnąć go z obranej drogi. Pojawienie się opozycji tylko pobudzało go do bardziej zawziętej walki.

Z pewnością dla rodziny był to czas rozterek, a dla samej Priscilli badania głębin własnej duszy. Edith opowiadała:

Zamierzenia ojca były dla mnie niepojęte. Nasza rodzina zniosła już tak wiele przeciwności losu. Wyjeżdżać teraz w poszukiwaniu następnych było czystym szaleństwem, lecz jego życie i przesłanie musiały jakoś przemówić do mej podświadomości. Mimo słabej motywacji, gdy nadszedł moment, znalazłam w sobie siłę do wyjazdu do Afryki.

Priscilla ponowiła prośby o zakup własnego lokum. Charlie zauważył dom, który wydawał się odpowiedni, za bardzo rozsądną cenę. Wspominał:

„Czułem, że muszę mieć ten dom, stało się to obsesją, aż w końcu żona powiedziała: »Daj sobie spokój z domem, przecież ty nie śpisz po nocach, myśląc i modląc się o ten stary budynek. Jedź (mówiła o podróży do Afryki), my sobie jakoś poradzimy«".

Bóg widział ich potrzebę – zaciągnęli pożyczkę u matki Charlesa (potraktowała ją jak dar) i nabyli dom przy Highland Road 17, w londyńskiej dzielnicy Upper Norwood.

Umeblowali dom serią małych cudów. Kolejne sprzęty zdobywali na wyprzedażach, prawie za bezcen. Któregoś dnia Studd przechodził obok jakiegoś sklepu, wiedziony impulsem wszedł przez otwarte tylne wejście i znalazł się na wielkiej aukcji mebli. Opowiadał: „Widziałem wiele rzeczy sprzedawanych za śmieszne pieniądze. Zanim wyszedłem, zainwestowałem w krzesło biblioteczne z orzecha, z marokańskim obiciem, które kupiłem za zabawnie niską cenę piętnastu szylingów". W podobny sposób wyposażyli cały dom we wszystkie potrzebne sprzęty i dywany. Jak dobry był Bóg!

Bez wątpienia ta późna odpowiedź na modlitwę pomogła Priscilli odzyskać spokój umysłu, choć wciąż nie do końca akceptowała postępowanie Charlesa. Tylko nadprzyrodzone objawienie woli Bożej dla życia obojga z nich, mogło dać jej siły na nadchodzące dni, miesiące i – o czym nawet nie śniła – lata.

Czas upływał, Charles coraz bardziej niecierpliwił się, by wyruszyć. Grupie z Cambridge potrzebne były konkrety. Pod czyimi auspicjami popłyną? Plany wciąż krążyły wokół Sudanu, ale pomysły Studda nie wiązały się ściśle z tym krajem. Dostrzegał palące potrzeby i wielkie pole do pracy w Kongu.

Rozmowy z AIM przeszły w fazę działań. Grupa kandydatów na misjonarzy skurczyła się do czwórki: Buxtona, Rampleya, Morrisa i Batstone'a. 12 listopada 1912 roku razem ze Studdem złożyli aplikacje do AIM. Formularz aplikacyjny Studd wypełnił w żartobliwym tonie, w części dotyczącej zdrowia nie opisał swego rzeczywistego stanu – żadnego z pytań nie potraktował poważnie. W odpowiedzi na pytanie o nazwisko pastora i przynależność kościelną napisał: „Pan Jezus Chrystus i Jego Kościół".

Studd był blisko zaangażowany w proces formowania komitetu AIM, w jego skład weszli niektórzy ze wspierających go przyjaciół – także Barclay Buxton. C.T. dokładnie wiedział, jakiej misji pragnie. Już sprecyzował ramy doktrynalne i zasady praktyczne, których zamierzał twardo się trzymać. Szybko poczuł się niewygodnie w strukturze AIM, z wzajemnością. Amerykański oddział AIM miał własną politykę finansową i konstytucję. Tę ostatnią Studd początkowo zaakceptował, ale przemyślawszy głębiej – odrzucił. Chciał niezależności brytyjskiego oddziału od Ameryki. Toczyły się rozmowy na temat uzupełnienia konstytucji, C.T. proponował daleko idące zmiany – po ich wprowadzeniu byłaby to właściwie nowa organizacja misyjna. Porozumienia w tej sprawie nie osiągnięto jednak do dnia wyjazdu Studda z zespołem.

Bojąc się, że w razie ponownej debaty nad zagadnieniem, jego opinie mogą przegrać, Charles napisał list rezygnacyjny i zostawił swemu pełnomocnikowi. Ów miał dostarczyć list, w razie gdyby komitet zatwierdził program i konstytucję sprzeczną z przekonaniami C.T.

Charles Studd, członek pierwszej angielskiej rady AIM, przyjęty jako misjonarz i wybrany na dyrektora okręgowego, 13 stycznia 1913 roku wypłynął do wschodniej Afryki jako kierownik zespołu misyjnego, by podjąć pracę w Kongu Belgijskim.

Krótką karierę w AIM zakończył 13 marca tego samego roku – ale zanim opowiemy o tym więcej, raz jeszcze popatrzmy, co działo się w tych burzliwych dniach z Priscillą.

Rozdział dwudziesty

Nowa Priscilla

Na dzień przed wypłynięciem C.T. Studd siedział w domu, przy swym biurku, pisząc list do ukochanej żony:

Mam nadzieję, że wypoczywasz i czujesz się lepiej. [Stan jej zdrowia znów się pogorszył.] Bóg obdarza nas wielkim przywilejem. Nieczęsto daje komuś szansę poświęcić wszystko drugi raz. Pójdą za tym cuda Jego miłości i mocy. Bóg ci pobłogosławi, kochanie! Niech dzisiaj mówi przez nas do swego ludu! Ofiarność Jego prawdziwych dzieci jest jak aparat słuchowy pozwalający usłyszeć ludziom ogłuchłym i uśpionym. Niech przemawia przez nas jak najgłośniej do ludzi w kościołach i poza nimi.

Następnego dnia pisał znowu, tym razem z hotelu w Devon, tuż przed wypłynięciem: „Droga, kochana Cillo, zawsze byłaś i będziesz moją miłością – tym bardziej teraz, gdy tak wiele poświęciłaś dla Jezusa. Chce mi się śmiać z radości na myśl o wielkiej nagrodzie, jaka cię czeka".

Mimo miesięcy niepewności, podczas których Priscilla z lękiem spoglądała w przyszłość, pomyślnie przeszła swoją drogę do zwycięstwa duchowego – miejsca spotkania z Bogiem. Była w wieku, w którym większość kobiet podejmuje rolę ciepłej babuni, lecz przez jej duszę przebiegała linia frontu duchowej batalii. Czy Bóg będzie ją zaopatrywał? Jak sama poprowadzi dom? Czy poradzi sobie z samotnością, oddzielona od męża? List od niego szedł nie krócej niż sześć tygodni. Co się stanie, jeśli nie znajdzie siły na to wszystko? Charlie też nie był zdrów – co będzie, gdy zachoruje? Każdą bolesną wątpliwość, każdą słabość przynosiła Bogu. Wszystkie swe troski dobrowolnie złożyła na Jezusa i przekonała się, że godzien jest zaufania.

W głębi duszy pogodziła się z Bożą wolą. Mogła zmienić jedynie własną postawę, a kiedy to zrobiła, wypełnił ją pokój.

Nie ukrywała wątpliwości co do poprzedniej podróży C.T. Co krok pojawiały się między nimi różnice zdań, chwiało się jej poczucie bezpieczeństwa. Czy mogła ufać mężowi, jeśli nie zwracał uwagi na żadne rady i wskazówki, forsując własne, niezależne pomysły? Odsuwając na bok podobne pytania, pozwoliła Duchowi Bożemu usłużyć jej sercu.

Charlie pisał z Suezu 17 lutego:

Całe moje serce to miłość do ciebie, najdroższa. Wielce to chwalebne, że mogę ci całkowicie zaufać. Nie wiem, co bym zrobił, gdyby ciebie nie było w domu. Jest to nieopisana pociecha i radość. Zawsze będę wylewał me serce przed tobą.

Tak radykalna zmiana nastawienia żony przyniosła Charlesowi radość i ulgę. Nigdy nie wątpił w słuszność decyzji o wyjeździe, niezależnie od jej opinii, a nawet stanu zdrowia. Było mu jednak lżej wyjeżdżać ze świadomością poparcia i woli współpracy ze strony Priscilli.

* * *

Życie z C.T. nie polegało na łatwym żeglowaniu z wiatrem. Miał zwyczaj obierać kurs kolizyjny – już za kilka tygodni miało nastąpić kolejne zderzenie. W drodze do Afryki wysłał z Suezu list zawierający zdanie: „Im więcej się modlę, im więcej myślę, tym bardziej pragnę, by Kapitanem tej wyprawy był Jezus, nikt inny". Naszły go poważne wątpliwości odnośnie kontynuacji współpracy z AIM. Pisał: „Odtąd mam pewność, że praca nasza obejmie teren od granicy Konga, wzdłuż rzeki Kongo aż po Stanleyville. Dzięki temu zachowamy niezależność od Ameryki". Chodziło mu o amerykańską AIM. Dalej pisał:

Nie bój się o mnie. Jestem oddany Jezusowi, nie dbam o mą reputację. Będę szedł do przodu, gotów zapłacić każdą cenę, nawet życia /.../ Wiem, że każdy krzyż przyniesie tylko więcej mocy i rozgłosu dla chwalebnego imienia Jezus. Widzę tylko Jezusa, tylko Jemu ufam. Bóg zaprowadzi nas w miejsce obfitości, jeśli będziemy wierni do śmierci. Tego właśnie pragnę, nie bój się.

Z pewnością jednak podobne listy wzbudzały w Priscilli lęk. Zbyt dobrze znała skłonność C.T. do podejmowania impulsywnych decyzji.

Jak można było oczekiwać, rada AIM w Londynie zatwierdziła konstytucję i politykę finansową w pierwotnej wersji. Ze stenogramu posiedzenia rady: „Z wypowiedzi przyjaciół Studda stało się jasne, iż byłby on w stanie pracować samodzielnie, według własnego programu, bez potrzeby nadzoru". Odczytano list rezygnacyjny Studda. Do Mombasy, do wszystkich członków wyprawy powędrowały telegramy. Takie rozstania nie obywają się niestety bez goryczy, należy jednak powiedzieć, że ani przedstawiciele AIM, ani nowo powstałej Misji Serce Afryki (*Heart of Africa Mission* – HAM), jak C.T. nazwał nowy twór, nie podkreślali publicznie dzielących te organizacje różnic i starali się łagodzić konsekwencje burzliwego epizodu.

Każdy z misjonarzy sam musiał zadecydować o swej przyszłości. Morris, Batstone oraz Rampley pozostali w AIM. Alfred Buxton, niechętny podobnym rozgrywkom, napisał list wyrażający lojalność wobec Studda. Ten ostatni tak opisał to żonie: „Mówi on, że zostanie ze mną, póki sercem pragnąć będę wypełnienia Bożej woli tak, jak teraz". Do pozostałych Alfred napisał, że przyłączył się do Boga – nie do misji, nie do ludzi ani do Studda. C.T. był ogromnie wzruszony wiernością młodego Buxtona.

Podział grupy niósł za sobą liczne problemy. Po pierwsze – ich bagaże zapakowano do jednego kontenera, po drugie – wszyscy mieli podróżować w tym samym kierunku, po trzecie – wiele spośród placówek, które miały im służyć gościną i pomocą, należało do AIM. Z tym ostatnim C.T. czuł się szczególnie niezręcznie.

W listach z Nairobi obszernie opisywał wydarzenia, narzekał na powstałą sytuację i bronił swego stanowiska. W typowo męski sposób potrafił w jednym akapicie wyrażać najbardziej palące odczucia, by w następnym mówić o czymś zupełnie innym.

Niezależnie od tematu, w każdym liście padało wiele czułych i serdecznych słów. Przy jakiejś okazji Priscilla narzekała, że C.T. zawsze zachowywał się w stosunku do niej chłodno i powściągliwie, lecz jego listy promieniują ciepłem i miłością. Wielce prawdopodobne jest, że mając umysł zawsze zajęty nowymi strategiami i planami ewangelizacji, rzadko pozwalał sobie na zwyczajny relaks i cieszenie się towarzystwem żony. Cytat z listu pokazuje, jak silnie łączyły się jego miłość do żony i do Pana:

Żegnaj moje słodkie kochanie. Kocham cię bardziej niż kiedykolwiek za to, że oddałaś mnie Bogu. Na pewno spotkamy się jeszcze i spędzimy nasz najsłodszy czas na ziemi. Wierzę, iż nasze ponowne oddanie się Jezusowi mocno przemówiło do wierzących w kraju. Ludzie mają dosyć słów, chcą widzieć czyny. Czyny tworzą rzeczywistość. Słowa są tak ulotne i miałkie. Precz z całą tą religijną konfekcją dzisiejszych czasów.

Podpisał się: „Z miłością, twój drogi mąż".

Każdy rys charakteru C.T. odznaczał się wyrazistością, bez subtelnych półcieni. Całym sercem kochał Boga, służył Mu każdą cząstką swej istoty. Póki dech w piersi, czynił wszystko, by nakłonić chrześcijan do pełnienia woli Bożej, walczył z diabłem na każdym froncie, bezlitosny w zmaganiu z ciałem – długo moglibyśmy kontynuować – gorliwie kochający Boga... ale nie najłatwiejszy we współżyciu!

Pamiętać należy, że i Priscilla nie pasowała do ówczesnego stereotypu kobiety. Jej życie przebiegało w całkowitej niezgodzie z biegiem rzeczy uznawanym za normalny. Ona też kochała Boga całym sercem i zdecydowała się poświęcić każdą odrobinę energii w Jego służbie. Tak samo jak mąż, podjęła ryzyko pójścia za Chrystusem, z jednakową determinacją oddała swe życie, by być posłuszną Panu. Jej ofiary były inne, nie tak widoczne, lecz równie kosztowne, bo pozbawione wymiaru egzotyki i przygody.

Tylko kobieta posiadająca osobistą, intymną społeczność z Bogiem mogła stawić czoła tego rodzaju doświadczeniom, jakie co rusz spadały na Priscillę. Charles Studd nie był osamotniony w swej drugiej możliwości poświęcenia Bogu wszystkiego. Na tym samym ołtarzu ofiarę złożyła i Priscilla. Czym innym była zgoda na rozłąkę z Charlesem na czas służby Pańskiej, czym innym natomiast dobrowolna rezygnacja z własnych uczuć, nadziei i oczekiwań, uzasadnionych pragnień wsparcia i ochrony naturalnych dla każdej żony. Podobnie jak wdowy, utraciła swą „drugą połowę" i musiała radzić sobie sama, pozbawiona intymności relacji małżeńskiej, która przez lata stała się przecież częścią niej samej.

Priscilla potrafiła nie użalać się nad sobą. Niezłomnym duchem przybliżała się do Boga. Woda życia wytryskująca ze źródła ukrytego w jej dojrzałym życiu modlitewnym, nawadniała spragnioną duszę.

W Liście do Rzymian 4,19 czytamy, iż Abraham patrząc na swe ciało widział, że obumarło. Priscilla poszła w ślady tego bohatera wiary. Cierpiąc z powodu wady serca, nie pozwoliła, by fakt ten decydował o jej sposobie życia. W imieniu Jezusa wzięła autorytet nad chorym ciałem, by wkroczyć – sercem, duszą i ciałem – w służbę Bożą, wspierając męża w jego wielkiej misji.

C.T. Studd mógłby być autorem słów sir Herberta Edwardsa, skierowanych do przyjaciela Johna Nicholsona prawie dwa stulecia temu: „Nie mogę wypowiedzieć tego, jak dobrze jest w najlepszych dążeniach mieć pomoc szlachetnej żony, która kocha cię ponad wszystkich ludzi, a Boga bardziej niż ciebie".

Rozdział dwudziesty pierwszy

Płacąc cenę za wstęp do kraju

Na pierwszy rzut oka Studd i Buxton tworzyli dziwną parę: pięćdziesięciodwulatek, doświadczony życiem, o ziemskiej powłoce mocno sfatygowanej w bojach i jego dwudziestojednoletni kompan, pełen zapału, rozbrajająco szczery, nie pozbawiony młodzieńczej naiwności. „Jeden za stary, drugi za młody".

Zanim wyruszyli w długą drogę, Studd raz jeszcze głosił w Nairobi, nieodmiennie z namaszczeniem i mocą. Znajdował się wśród uczestników nabożeństwa, gdy niespodziewanie poproszono go o zabranie głosu. Gazeta kościelna odnotowała: „Niektórzy żywili uprzedzenie w stosunku do pana Studda, lecz Słowo Boże szybko wytrąciło im broń z ręki. Jego usługa podczas wieczerzy odznaczała się niezwykłą jasnością i głębią wymowy – była jedną z najpiękniejszych, jakie miałem okazję słyszeć".

Gdziekolwiek C.T. się pojawił, był poszukiwanym mówcą. Umiał z niezwykłą świeżością prezentować stare prawdy, a nakazy Pisma interpretować bez kompromisów. Nie starał się ubierać gorzkich prawd w piękne słówka. Słowo Boże uderzało w samo sedno, przekonując i pobudzając słuchaczy do działania. Kazania Charlesa nie dostarczały nowej wiedzy, którą można by dołączyć do już posiadanej. Raczej stawiały w obliczu Bożych przykazań, możliwych do spełnienia tylko w mocy Ducha. Nie zaproszono by takiego mówcy, chcąc słuchać słów łechcących uszy! Nic dziwnego, że nie wszyscy odnosili się doń przyjaźnie.

Następnego dnia dwaj mężczyźni wsiedli do pociągu jadącego na zachód, w kierunku Jeziora Wiktorii. Potem przesiedli się na parowiec, jeszcze raz do pociągu i znów na parowiec – w sumie było pięć przesiadek. Dalej podróżowali samochodem – tym sposobem 11 kwietnia dotarli do Masindi, małej stacji Kościelnego Towarzystwa Misyjnego w Ugandzie. Tu droga urywała się – dalej cywilizacja nie sięgała. Kolejny punkt docelowy, Jezioro

Alberta, leżał w odległości trzech dni pieszej wędrówki. Miała ona okazać się najmniejszym z leżących przed nimi sprawdzianów.

Nadszedł telegram od ojca Alfreda. Spragniony wieści młody człowiek otworzył go pospiesznie. Zawartość okazała się potężnym atakiem przeciwko służbie ze Studdem w Afryce: „Brak zgody na waszą samotną wyprawę w głąb kraju". Jego decyzja ponownie poddana była próbie. Rodzina Buxtona, zaalarmowana opowieściami o czyhających niebezpieczeństwach, zaczerpnęła nowe argumenty z listów od afrykańskich misjonarzy, którzy odradzali stanowczo kontynuację „szalonego planu". Alfred był przecież bez doświadczenia, a Studd zbyt stary i o kiepskim zdrowiu.

Od opuszczenia przez nich domu minęły cztery miesiące – dość czasu, by w obliczu twardych realiów: podziałów, wątpliwości, trudów i niebezpieczeństw – wyparował wszelki entuzjazm.

Alfred miał powody, by zastanawiać się nad powrotem. W końcu zaręczył się przecież z Edith Studd w przeddzień wyjazdu. Gdyby wrócił, cieszyłoby się wiele osób.

Młody Buxton udowodnił, iż nie był jedynie naśladowcą ludzi, ale prawdziwym dzieckiem Bożym. Wielka pokusa została przezwyciężona, pierwotna decyzja utrzymana w mocy. Boży człowiek i śmiały pionier jeszcze silniej zespolili się w grot Bożej włóczni rzuconej w środek Afryki. Odpowiedź brzmiała: „Idę dalej. Nie bójcie się. Ps 105,12-15". We fragmencie tym czytamy:

Gdy było ich jeszcze niewielu, nieliczni i obcy w niej, wędrowali wtedy od narodu do narodu, z jednego królestwa do innego ludu. Nikomu nie dozwolił ich krzywdzić i z powodu nich karał nawet królów: nie tykajcie pomazańców moich i nie czyńcie nic złego prorokom moim!

Wraz z nadaniem telegramu zakończyła się też próba Studda. Ten walkę swą toczył w modlitwie, nie chcąc wywierać nacisków w tak poważnej kwestii. Teraz mógł czuć się pewnie – miał u swego boku właściwego człowieka. Ojciec Alfreda odpisał tak:

„Rad jestem, że idziesz dalej. Mam pewność, iż czynisz słusznie. Cieszę się z syna, który gotów jest zaryzykować dla imienia Pana".

W biografii Alfreda Buxtona, Norman Grubb komentuje:

Dokładnie w godzinie zero młody wędrowiec wiary stanął przed próbą Gedeona: „Kto bojaźliwy i lękliwy, niech zawróci". Słusznie nadeszła ze strony tych, których obowiązkiem było doradzać roztropność i przypominać: „Badajcie duchy, czy są z Boga". Takimi sposobami Bóg sprawdza i utwierdza prawdziwych swych żołnierzy. Alfred dojrzewał, z dziecka przemieniał się w męża Bożego.

Nazajutrz wyruszyli dalej, wcześniej jednak niefortunnie utracili namiot, zaprószywszy w nim ogień podczas nieudanej próby powstrzymania inwazji mrówek.

Ciekawe, jakie uczucia wypełniały serce C.T. Studda, gdy poprzez Jezioro Alberta spoglądał na oddalony brzeg? Tam daleko leżał pierwszy skrawek Konga. Pokonując wiele trudności, dotarli aż tutaj. Bóg dał im zdrowie i siły, zaspokajał potrzeby, choć nie zawsze w sposób zgodny z ich oczekiwaniami.

Mężczyźni skłonili głowy w modlitwie. Buxton rzekł: „Ten widok przez jezioro na dalekie wzgórza spowite mgłą jest jak spojrzenie na mury otaczające Jerycho". Przedstawili Panu liczne prośby: „Ojcze, spraw, by urzędnicy odnieśli się do nas przychylnie. Pomóż nam uzyskać pozwolenie na wjazd do kraju. Pokaż, dokąd mamy iść. Prostuj nasze ścieżki".

Sześć miesięcy wcześniej w rejon dotarli misjonarze AIM. Założyli stację misyjną na brzegu jeziora, w jego części należącej do Konga. Czy zechcą pomagać dwóm samotnym wędrowcom planującym prowadzić odrębną misję?

Jeszcze w Nairobi, w drodze intensywnej wymiany telegramów, Studd ustalił z Londynem, że on i misjonarze AIM podzielą się pracą na terytorium plemienia Azandis. Teraz zastanawiał się, jak zrealizować to w praktyce. Wzajemne stosunki pogorszyły się, narastały nieporozumienia i oskarżenia.

Następnego ranka wstali wcześnie i pełni ufności Panu wsiedli na pokład parowca. Spokojnie przepłynęli na drugą stronę jeziora, wielkiego jak śródlądowe morze. Pan szedł przed nimi i otworzył drogę. Wpuszczono ich do kraju, a misjonarze z Mahagi, mimo ich niezależnego statusu, udzielili im kilkudniowej gościny.

W oczach Afrykańczyków Studd musiał uchodzić za starca, choć zachował pełną sprawność w sferze umysłowej. Niewielu Europejczyków w jego wieku zdołałoby przetrwać w uciążliwych warunkach tropikalnych, z dala od cywilizacji. Co więcej, posiadał znaczną wiedzę o regionie, panujących tu realiach i możliwych posunięciach.

Okazało się, że kufry i książki dotrą z pewnym opóźnieniem, podróżnicy postanowili więc złożyć namioty stojące nad brzegiem jeziora i udać się na południe. Spakowawszy ekwipunek, wynajęli tragarzy i wyruszyli do Kilo. Ośmiodniową wędrówkę odbyli w towarzystwie pana Gribble z AIM. Oddalając się od Mahagi wkraczali na tereny, gdzie nie działała żadna misja protestancka. Mroków pogaństwa nie rozświetlał najmniejszy promyk. Panujące tu duchy trzymały swych czcicieli w żelaznym uścisku.

Krążące opowieści mogły na dobre zniechęcić do zapuszczania się w te strony. Niedawno biały kupiec zginął od zatrutej strzały. Biały człowiek nie był tu mile widzianym gościem. Niestety, okrutne wyczyny wcześniej przybyłych tu śmiałków bolesnym piętnem odcisnęły się w pamięci miejscowych, czyniąc Europejczyka dobrym celem brutalnego zabójstwa.

Kilka lat wcześniej podróżował po tych ziemiach Ewart S. Grogan, dzielny student Cambridge, badacz życia tubylców. W swoim dzienniku zanotował:

Spytałem, dlaczego wszyscy byli tak przerażeni i gdzie się podzieli. W odpowiedzi usłyszałem jeszcze raz znane mi z dnia poprzedniego opowieści o nieszczęściach i prześladowaniach, z których pojąłem, że rok temu urzędnik o nazwisku Billy Gee napadł nagle na ów kraj. Po zastrzeleniu sporej liczby ludzi, wrócił na zachód wiodąc z sobą czternaście młodych kobiet, wiele dzieci, bydło i kozy. Dzieło swe uwieńczył pokazem pirotechnicznym – związane stare kobiety wrzucono do chat, które na-

stępnie podpalono. Kilku zupełnie niezależnych świadków poinformowało mnie, że wszystkie te czyny popełniono w obecności Billy'ego Gee i towarzyszącego mu mężczyzny.

Podobne okropności nie należały do odosobnionych przypadków. Niektórzy kolonizatorzy mogli z powodzeniem konkurować z tubylcami w barbarzyństwie.

W swych książkach misjonarze poświęcili wiele uwagi kanibalizmowi. To temat najbardziej spektakularny i najlepiej uwydatniający stopień zepsucia, jakie dotknęło Afrykańczyków. Do chwili przybycia Studda do północno-wschodniego dystryktu Konga, belgijskiej administracji kolonizacyjnej udało się powstrzymać te praktyki tam, gdzie sięgała jej władza. Ale jak wiadomo, przepisy prawa nie zmieniają serc – to, co zabronione czyniono nadal w ukryciu. Szczególnie znane ze swej dzikości było plemię Baleka.

Współcześni komentatorzy często odrzucają sprawozdania pierwszych misjonarzy o kanibalizmie jako przesadzone, twierdząc, że podobne historie nie miały w ogóle miejsca, były wytworem wyobraźni autorów liczących na efekt w postaci pomocy finansowej. Oto raport podróżnika opisujący rozmiary spustoszeń powstałych w wyniku okrutnego napadu ludożerczego plemienia na spokojnych, zajmujących się uprawą roli sąsiadów. Wydarzenia te miały miejsce pod koniec stulecia w północno-zachodnim Kongu, na zachód od Jeziora Alberta. Relację przytaczam bez pomijania drastycznych szczegółów, by odpowiedzieć tym, którzy zaprzeczają istnieniu tych przerażających praktyk:

Po drodze przyłączyło się do nas wielu Afrykańczyków obładowanych żywnością. Okazało się, że byli to uchodźcy wypędzeni z domów przez najazd dzikiego plemienia kanibali – Baleka czy Bareka. Na potwierdzenie słów naszych towarzyszy wciąż natykaliśmy się na leżące wzdłuż szlaków zwłoki. Wzdłuż wszystkich ścieżek na wzgórzach znajdowaliśmy fragmenty skóry i wnętrzności – resztki schwytanych nieszczęśników. Kałuże zaschniętej krwi, posępne szkielety, porozrzucane czaszki i wydeptana trawa głosiły prawdziwą afrykańską opowieść. Dotarliśmy na szczyt grzbietu górskiego i otworzył się przed nami cudowny widok na pofałdowany teren, upstrzony skupiskami chat z trawy i kępami drzew. Rdzawe plamy dojrzewającej mtamy odbijały się od tła szmaragdowej zieleni dzikich bananów, purpurowe wzgórza, pasmo za pasmem stapiały się w mglistą linię tropikalnego horyzontu. Nie było nam dane nacieszyć się widokiem. Piekielny hałas wydawany przez zbliżających się tubylców ostrzegł mnie, że dzieje się coś niedobrego. Przewodnik potwierdził moje obawy, stwierdzając prostodusznie: „Idą nas zjeść". Wypaliłem z lekkiej broni i pobiegliśmy w stronę chat, z których wyszli ci ludzie. Oni sami rzucili się do ucieczki. Stado sępów krążące nad tym miejscem nasuwało nieodparte przypuszczenie, co miało się tu wydarzyć. Świadomość ta wymyka się opisowi – powraca do mnie w snach jako przerażający, obrzydliwy koszmar.

Każda wieś była doszczętnie spalona, opuszczając kraj widziałem szkielety, wszędzie szkielety i te mroczne postacie. Jak straszne opowieści snuły! Tyle niech wystarczy – a widziałem i gorsze rzeczy. Bóg mi świadkiem, że nie przesadziłem ani na jotę /.../ Sądzę, iż ci, którzy nie mają szansy zobaczyć tego sami, powinni wiedzieć, co dzieje się w tym kraju każdego dnia.

Nic dziwnego, że pod wpływem takich historii bliscy próbowali zawrócić Studda i Buxtona.

Poznając z bliska moc piekielnych ciemności trzymających Afrykańczyków w niewoli, C.T. tylko jeszcze bardziej rwał się do boju. Bez względu na koszty gotów był kontynuować misję nawet samotnie. Jedno było pewne: należało wypędzić diabła z umocnionych pozycji, zwycięstwo Jezusa powinno mieć miejsce w sercach ludzi.

Nasi wędrowcy opuścili Mahagi nie czekając na przybycie bagaży, które miały dotrzeć razem z rzeczami reszty grupy – świeżo upieczonych misjonarzy AIM. Nie będąc członkami tej organizacji, C.T. i Alfred czuliby się niezręcznie nadużywając jej gościny. Studd próbował chyba dojść do ugody w kwestii lokalizacji swej działalności misyjnej. Afrykańska Misja Wewnętrzna wolała pozostać przy dystrykcie północnym, więc Buxton i Studd poszli na południe.

Po przybyciu do Kilo uzyskali zgodę na rozstawienie namiotów w obrębie zabudowań należących do miejscowego kupca. Nie mieli pojęcia, że przyjdzie im koczować w niewygodzie trzy miesiące, w oczekiwaniu na resztę ładunku oraz na tragarzy chętnych wędrować z nimi dalej.

Opóźnienia są w życiu chrześcijańskim źródłem istotnych doświadczeń. W okresach męczącego oczekiwania testowane bywają motywy, oczyszczane pragnienia, a wizje nabierają wyrazistości. Prawdą jest, że czas zastoju może stać się faktycznie rozpalonym piecem, w którym każdy szczegół projektu poddany jest próbie ognia. Pozornie wydaje się to czas stracony, lecz w duchu ma miejsce ważny proces. Ludzie, plany, projekty i cele sprawdzone tym testem okazują się mieć potencjał powodzenia. Przechodzi go prawie każde nowe przedsięwzięcie, a każdy efektywny sługa Boży zaświadczy, iż był w tym tyglu złotnika.

Zasada życia wyrastającego ze śmierci działa nieodmiennie. Narzędzie śmierci projektowane jest „na miarę" w niebie, my nie mamy tu nic do powiedzenia. Jej okoliczności zawsze są niemile widziane, towarzyszą jej problemy i rozdarcie duszy. Bóg ma własne sposoby. Kiedy cel jest osiągnięty, wszystko kończy się tak nagle, jak się zaczęło. Pan cudem wyprowadza życie ze śmierci. Życie to jest o tyle trwałe, o ile śmierć nastąpiła definitywnie.

Stary weteran Studd szedł już tym szlakiem – ale Alfred Buxton? Dopiero miał się czegoś nauczyć o „uczestnictwie w Jego cierpieniach", jako wstępie do nowego wymiaru intymnej bliskości z Bogiem. Nie chcę sugerować jakoby Studd występował w tej sytuacji tylko w roli obserwatora – było inaczej. Gdzie działa Duch Pański, tam każdy może się czegoś nauczyć. Bóg nie angażuje się w ludzkie życie przypadkiem, ale zawsze intencjonalnie. Walka duchowa o przyszłość ostatniej pionierskiej misji C.T. Studda przypieczętowana została zwycięstwem tam, w namiocie na tyłach obskurnego magazynu, na skraju wielkiej dżungli Centralnej Afryki.

Rozdział dwudziesty drugi

Czarne dni w Kilo

Mijał dzień za dniem, nic się nie działo. Główna ulica Kilo wydawała się już zbyt znajoma. Studd, który nigdy nie lubił siedzieć spokojnie, niecierpliwił się coraz bardziej.

„Wielkie centrum wydobycia złota" w Kilo składało się z jednej drogi i rzędu afrykańskich chat z gałęzi, o dachach uszczelnianych trawą. Pewną ważność miasteczka sygnalizowała obecność belgijskiego urzędnika. Rozstawiając swe namioty na podwórzu u greckiego kupca, Studd i Buxton nie myśleli, że przyjdzie im spędzić tu całe tygodnie i miesiące, zanim uczynią następny krok. Bez wątpienia siły ciemności nie przeoczyły intruzów na swoim terytorium. Nie zamierzały pozostawić ich w spokoju.

Alfred Buxton, zdając relację z tych „czarnych" dni w Kilo, odnotowuje ich szczególne znaczenie. Doskwierały im tak liczne próby i beznadziejne sytuacje, że przyrównał ich do „więźniów Pana, uciskanych z każdej strony, zakłopotanych, powalonych, ale nie zniszczonych".

Nie minęło wiele dni, a Charles legł złożony gorączką. Buxtonowi przypadła rola pielęgniarki i lekarza. Dbał o Studda z iście matczyną troskliwością, gdy tamten wydawał się bardziej martwy niż żywy. Któż to wie, jakie trwożne myśli przychodziły do głowy młodego mężczyzny? Jedyny brat w Chrystusie leżał nieprzytomny. Został właściwie sam na terytorium wroga, bez doświadczenia i znajomości języka. Wyglądało na to, że czarne przewidywania sceptyków mają zamiar się spełnić.

Niezłomny duch Studda nie pozwolił mu jednak tak po prostu położyć się i umrzeć. Odżył, na jakiś czas opuściła go gorączka. Wciąż osłabiony, pracowicie pisał listy i snuł plany na przyszłość. Gdyby wreszcie mogli wyruszyć dalej, do Dungu... Raz po raz, wraz z obietnicami nadejścia tragarzy ożywała nadzieja, lecz ci znikali równie szybko jak się pojawiali.

Zanim C.T. zdążył zastanowić się nad sytuacją lub popaść w zniecierpliwienie, nastąpił kolejny atak gorączki. Wycieńczony poprzednim, walczył o życie. Wszystko wydawało się stracone, kiedy cudem odzyskał przytomność, ale na krótko. Pisał później:

To była ciężka przeprawa. Gorączka rosła, słabłem coraz bardziej, lekarstwa nie pomagały – wydawało się, że nadszedł czas odejścia. W najczarniejszej godzinie, jak błyskawica w mej głowie zajaśniało: „Choruje kto między wami? Niech przywoła starszych zboru i niech się modlą nad nim, namaściwszy go oliwą w imieniu Pańskim. A modlitwa płynąca z wiary uzdrowi chorego". Dzięki Bogu za zbawienne poczucie humoru. Był tylko jeden starszy, w wieku lat dwudziestu dwóch – nieważne, bo „tysiąc lat jest jak jeden dzień". Ale co z olejem? Nie mieliśmy ani spożywczego, z oliwek, ani lnianego. Czy można użyć oleju do lamp? „Starszy" odnalazł go, przyniósł, zanurzył palec, namaścił moje czoło i pomodlił się. Nie wiem, jakim sposobem Bóg to zrobił, ani się o to nie troszczę, wiem tylko, że – choć poprzednio bliski śmierci – następnego ranka byłem uzdrowiony.

Do Priscilli napisał: „Przy ostatnim napadzie gorączki mało już brakowało, ale Bóg dał tak wyraźną obietnicę, że nawet w najgorszych chwilach nie poddałem się. Jestem pewien, że przeprowadzi mnie przez to i pozwoli nam służyć Mu razem wiele lat". Zajrzał śmierci w oczy, by rozradować się zwycięstwem w Chrystusie. Niepokonany, gotów był napierać dalej.

Alfred Buxton miał prawo opisywać ich sytuację jako „uciskanych z każdej strony". Podczas gdy Studd walczył o życie, nadeszła wieść o ciężkiej chorobie Priscilli. Stan jej serca pogorszył się tak bardzo, że zmuszona była prowadzić życie półinwalidki.

W dniu swych czterdziestych dziewiątych urodzin, prawdopodobnie nieświadoma powtarzających się nagłych ataków gorączki dręczących męża, pisała:

Mogę z zadowoleniem stwierdzić, że co dzień czuję się odrobinę lepiej, choć nie mogę się chwalić mym sercem. Kochanie, jak często pragnęłam i pragnąć będę twego powrotu. Jak często pragnęłam być z tobą, ale nie jestem w stanie, nie śmiem wyobrażać sobie wszystkiego, przez co musisz przechodzić. Nie mam dość siły, by nad sobą panować, silne emocje szkodzą mi. Na Psalmie 34 i 3 rozdziale Księgi Daniela opieram nadzieję, że Bóg połączy nas znów jeszcze na tej ziemi.

Listy dochodziły w odstępach kilkutygodniowych. Zanim Priscilla otrzymała list męża z 9 sierpnia, zaczęła odzyskiwać siły. On pisał: „Czuję się coraz lepiej. Na tyle, by już wkrótce móc ruszyć w całodzienny marsz. Spodziewam się, że wtedy Bóg sprowadzi tragarzy".

Studd ani Buxton nie znali specyfiki klimatu tropikalnego. Fotografie w książkach mogą wprowadzić w błędne mniemanie, że na obszarach tych dzień za dniem świeci słońce, zawsze jest upalnie i beztrosko. Rzeczywistość okazała się całkiem inna. Spadły na nich gwałtowne tropikalne burze i wiatry tak silne, że mogły unieść cały ich dobytek wysoko nad drzewa. Jeden namiot został podarty na strzępy, często przemakali.

Poczucie osamotnienia pogłębiały niepokojące listy z kraju. Nowy komitet wspierający nie krył niezadowolenia. Zerwanie z AIM wywołało gwałtowne reperkusje, które dosięgły i Anglii. Studd bez ogródek wyrażał swoje zdanie na ten temat, co jeszcze pogorszyło sytuację. Członkowie komitetu mówili o rezygnacji. Zdaje się, że bardzo nieliczne głosy odzywały się w obronie C.T.

W sytuacjach konfrontacji Studd stawał się ostrzejszy niż zazwyczaj, nigdy nie ustępował. Im było ciężej, tym bardziej zacięcie walczył. Chwytał za pióro i szarżował. „Powiedz komitetowi, że nie pojechałem, żeby się rozejrzeć i wybrać miejsce na stację, ale by naprawdę pracować i walczyć przeciwko diabłu w Bożym imieniu". Na ich „zdradę" odpowiedział w swój własny, ognisty sposób, jak salwą z karabinu. Nie potrafił używać miękkich słów. Wciąż porównywał się do generała Gordona w Chartumie. Czasem jakaś gorzka nuta dawała znać, że czuł się samotny, lecz szybko zastępował ją wojowniczy ton:

Ludzie z komitetu mogą rozbiec się jak zające lub szczury, jeśli chcą. Ja pozostanę na swoim miejscu i będę walczyć za Chry-

stusa i ewangelizację tych pozostawionych części świata. Nie boję się niczego, człowieka ani diabła, śmierci ani piekła. Trwam w Jezusie, a On we mnie i to wystarczy.

Charles napisał list do zięcia – Martina Suttona (męża Grace), członka komitetu. Jak zwykle poniosło go, wysłał więc list swojej córce, a jego żonie, prosząc, by go przeczytała, od razu wyjaśniając: „Delikatnie, bardzo delikatnie, bo uważa on, że jestem zbyt bezpośredni, zraniłbym jego uczucia".

Wszystko, co Studd napisał w tych dniach tchnęło nastrojem bitwy. Nie był człowiekiem, który w zetknięciu z opozycją przyjmuje postawę pojednawczą. Jego reakcją, prawie odruchową, była obrona przez atak. Niespodziewanie, zewnętrzna twardość kryła wrażliwe, podatne na zranienia wnętrze. Czyny, odbierane jako nielojalność, uderzały go boleśnie. Nie użalał się wtedy nad sobą, raczej zapierał się i do skutku powtarzał: „Jeśli mają zajęcze serca, pójdę sam!".

Chwiejność ludzi z komitetu budziła w nim poczucie frustracji. Nie był w stanie zrozumieć ich obaw i związanych z nimi zachowań. Powiedział:

Dobrze jest patrzeć rzeczywistości prosto w oczy, kiedy Bóg wypróbowuje nas jak Gedeona. Z najcięższych prób wyjdziemy jako oczyszczone złoto. Naprawdę wierzę, że to Bóg pociąga nas za sobą i zamierza dokonać dzieła ewangelizacji świata. Dzięki łasce Bożej chcę wytrwać w tej pracy, życie czy śmierć, z komitetem czy bez, z pomocnikami lub bez nich.

Jakby w kontraście do tej szorstkiej strony charakteru Studda, wśród wszystkich kłopotów i chorób znalazł on czas, by sprowadzić z Anglii specjalne wydanie Nowego Testamentu z komentarzami i przypisami – prezent dla Alfreda. Innym razem zamówił dla niego zestaw fotograficzny do wywoływania zdjęć. Za fasadą szorstkości i nieprzejednania krył się wrażliwy, kochający człowiek. Nieustannie interesował się wszystkimi członkami rodziny – pytał o nich w listach do matki, z którą regularnie korespondował. Za jej pośrednictwem przekazywał im zawsze wiele serdeczności. Trudny czas w Kilo zbiegł się z oczekiwaniem na narodziny pierwszego wnuka Charlesa – Dorothy urodziła dziecko.

Priscilla od dnia wyjazdu męża nie siedziała bezczynnie. Mimo niedomagań fizycznych, zachowała radość ducha. Nie przejmując się wątpliwościami nawet własnej rodziny i bliskich przyjaciół z komitetu, wspierała przedsięwzięcie męża. Wydawała pismo promujące nową Misję Serce Afryki (HAM). C.T. chwalił jej działalność, z jednym zastrzeżeniem. Pisał: „Umieszczasz tam tak dużo moich zdjęć, że wstydzę się posłać to komuś. Tak się boję, że zaczną nazywać to »misją Studda«".

Przy innej okazji wyraził się niechętnie o nazywaniu go przywódcą misji. Była to reakcja na strukturę innych towarzystw misyjnych, C.T. nie chciał, by HAM szła w ich ślady. Mówił: „Jezus jest naszym przywódcą, każdy ma podążać za Nim". Mimo takiej postawy, kierownicza rola Charlesa była bardzo wyraźna, każdy nowy misjonarz uznawał ją lub odchodził. Zgodnie z przyjętym ideałem, szukał misjonarzy o cechach pionierów – jak on sam, mających własne powołanie, wiarę i wizję.

Zdrowie C.T. wciąż się poprawiało, stopniowo ich dni zaczęły biec według pewnego rozkładu. 9 sierpnia Charles opisał go:

Nasze dni wyglądają tak:
Pobudka o świtaniu, zaraz po 5.00.
Kubek herbaty.
Indywidualna lektura Biblii do śniadania o 8.00.
Praca od 9.00 do 1.00 po południu
Po obiedzie wspólne czytanie i modlitwa.
Potem Alf czyta mi trochę (gorączka odbiła się na mej formie).
Potem znowu praca, a po 5.00 po południu idziemy na przechadzkę.
Powrót i kolacja, spać kładziemy się około 9.00 wieczorem.

Studd znany był z wielkiej pracowitości. Nigdy nie marnował dnia na spanie. Niezależnie od niepomyślnych wieści z kraju, roszczeń terytorialnych różnych misji i obecnego, pozornie bezpłodnego czekania w Kilo, pracowicie zajmował się pisaniem i przygotowaniem pewnej liczby niedużych broszur. W jednej, zatytułowanej „Chrystusowe itd." rozwijał pięć zasad, zwanych też przez niego „pięcioma gładkimi kamykami", które naszkicował osiemnaście miesięcy wcześniej. Ów niezwykły mały dokument stał się bazą dla określenia celów i zasad misji. Na szesnastu stronicach aż trzydzieści osiem razy powraca temat ewangelizacji całego świata – bez przerwy zajmował on myśli C.T. Odosobniony w namiocie w Kilo, „w samym środku niczego", Studd pisał: „Zadaniem nowej misji jest możliwie jak najszybsze wypełnienie Chrystusowego przykazania ogłoszenia ewangelii całemu światu, poprzez zdecydowane próby zewangelizowania tych obszarów ziemi, gdzie dobra nowina jeszcze nie dotarła". Napisał nawet do starego przyjaciela z czasów chińskich, Stanleya P. Smitha, sugerując, by ten podjął się werbowania i szkolenia ochotników do pracy w Azji.

Karmił się obficie ze Słowa Bożego, w tamtych dniach był cudownie błogosławiony czytaniem Ewangelii Jana. Słowo zdawało się krzyczeć do niego z kart Biblii: „Czy teraz wierzysz?". Powiedział:

Zasady uczniostwa Chrystusowego są proste i przekonujące – nie można zignorować faktu, że Jezus oczekuje od swych uczniów nie mniej niż przynoszenia ofiar podobnych do Jego. Ale czy ktoś tak czyni? Więcej niż połowa chrześcijan wykrzyknęłaby na to: „fanatyzm!" albo „szaleństwo!".

Alfred Buxton poświęcał dni w Kilo na naukę podstaw miejscowego języka handlowego – bangala. Jednocześnie ów pokojowej natury młodzieniec pobierał nauki w szkole duchowej walki C.T. Studda. Ich sytuacja wyglądała żałośnie, ale Studd wiedział, że w okręgach niebieskich rozgorzała bitwa. Oni sami pozostawali unieruchomieni, jak więźniowie Pana, podczas gdy w ich sprawie toczyła się wojna. Czekało ich zwycięstwo – otwarte drzwi do nie zewangelizowanych dystryktów Centralnej Afryki.

Bóg wybrał właściwego człowieka, gotowego być nazwanym szaleńcem i głupcem. Lord Wolsley powiedział: „Żołnierz, jak misjonarz, żeby się do czegoś nadawać, musi być fanatykiem".

„Absolutna prawda!" – komentował Studd. „Nie cierpię tej dzisiejszej ckliwej, przesłodzonej religii. Oby Bóg ją wykorzenił i dał nam prawdziwą wiarę!".

Biblia mówi: „...a cały świat tkwi w złem" (I Jana 5,19). Kiedy Studd przyjechał do Konga, szatan bez przeszkód władał swoim królestwem. Nic go nie niepokoiło – mocarz był w posiadaniu swych dóbr. Błędem byłoby myśleć, że jakikolwiek sługa Boży może wkroczyć na takie terytorium i od razu zbierać żniwo nawróceń. Biblia wyjaśnia, jak działać efektywnie: „...jak może kto wejść do domu mocarza i jego sprzęty zagrabić, jeśli pierwej nie zwiąże mocarza; wtedy dopiero dom jego ograbi?" (Mat. 12,29). W Księdze Objawienia 12,11 wyjawiony jest sekret przezwyciężenia diabła: „...i nie umiłowali życia swego tak, by raczej je obrać niż śmierć".

Już wcześniej Charles powiedział, że wyjazd do Afryki kosztował go życie, innymi słowy – wszystko. Był w pewnym sensie męczennikiem kładącym swe życie za mieszkańców Konga.

Zdeterminowana decyzja służby Bogu do śmierci omal nie stała się rzeczywistością podczas czarnych dni w Kilo. Szatanowi pozwolono wypróbować go niemal do granicy życia, a w tym wszystkim Studd ani na pół kroku nie odstąpił od posłuszeństwa. Nie zechciał odwrócić się od powołania z nieba. „Jeżeli znaczy to śmierć – raczej umrę niż zawrócę". Szatan nie ma broni przeciwko tak niezłomnej postawie wiary i posłuszeństwa. Gdy człowiek jest martwy, nie może on zrobić nic innego, jak tylko ustąpić – zwolnić zakładników.

Uciążliwe warunki, choroba, złe nowiny z domu, opuszczenie przez przyjaciół i towarzyszy, popsute stosunki z innymi misjami, samotność, kłopotliwość nieoficjalnego statusu, poczucie bezpłodności i porażki, szalejące burze i brak podstawowych wygód – to wszystko razem podsycało ogień pod tyglem doświadczeń dotykających Studda i Buxtona.

Granicę między Królestwem Bożym a królestwem ciemności wyznacza krzyż. Charles podniósł go wysoko, ogłaszając jego zwycięstwo przez swoje poddanie i zaparcie się siebie. Wiara zabrzmiała jak okrzyk zwycięstwa, demony musiały uciekać. Złamana została siła mocarza – dwaj słabi ludzie, jeden ledwie żywy, nadchodzili, by zagrabić jego własność. Ziarno pszeniczne wpadło w ziemię, obumarło i miało wydać wiele owocu.

Minął czerwiec i lipiec, kończył się sierpień. Dwaj żołnierze pierwszej linii trzy miesiące dzielnie stali w walce. Przyszedł wreszcie czas odwrotu diabła. Musiał dać im drogę. 28 sierpnia 1913 roku zebrali siedemdziesięciu trzech tragarzy, złożyli namioty i wyruszyli w ostatnią część podróży. C.T. wielokrotnie mówił o swym zamiarze założenia bazy w Dungu. Miał się jednak przekonać, że nie wszystkie rozczarowania były już za nimi.

Rozdział dwudziesty trzeci

Serce Afryki

Sprzeczki, harmider i rozgardiasz trwały do chwili, gdy ostatni ładunek wylądował na plecach tragarza i długa ich linia zaczęła wychodzić z wioski, kierując się w stronę Dungu. Każdy tragarz chciał nieść jak najmniejszy ładunek. Z tego powodu codziennie przed wyruszeniem spokój poranka zakłócały prawdziwie dantejskie sceny walki o co lżejsze pakunki.

Studd i Buxton opuścili w końcu Kilo tuż po południu, o godzinie 12.30, 28 sierpnia 1913 roku. Trasa wędrówki wiodła przez las porastający zbocza wzgórz układających się w długie na setki mil pasma. Żadnych dróg, pojazdów silnikowych, nawet zwierzęta nie towarzyszyły im w podróży. Szli na piechotę, a tam, gdzie było to możliwe jechali rowerami.

Cały ten łagodnie pofalowany teren leżał powyżej trzech tysięcy stóp. Codziennie odkrywał przed wędrowcami nowe uroki. C.T. fascynowała różnorodność drzew i innych roślin oraz owadów – przepych dzikiej przyrody. Szczęśliwie jego siły wróciły, zdołał iść i pokonywać po drodze niespodziewane przeszkody. Kilka dni padały ulewne deszcze, ścieżki zmieniły się w błotniste bajorka, a rzeki wezbrały. Jedenaście dni maszerowali przez gęsty las drzew ituri, przez korony których nie przebijał się prawie żaden promyk. Trzęsawiska, przewrócone drzewa z wielkimi, obnażonymi systemami korzeniowymi i gęste poszycie nie pozwalały korzystać z rowerów. Z pomocą solidnych kijów na przemian wspinali się i schodzili ze wzgórz z czerwonej ziemi, o zboczach tak śliskich, jakby je namydlono. Osiągnięciem było już zachowanie pionowej postawy. Prowadzili rowery po skalistych ścieżkach, jechali podskakując po wyboistych skalnych płytach, nieodpowiednich dla rowerów, ale – jak powiadał Studd – dobrych dla wątroby. Wreszcie pokonani, oddali pojazdy tragarzom i wędrowali dalej pieszo.

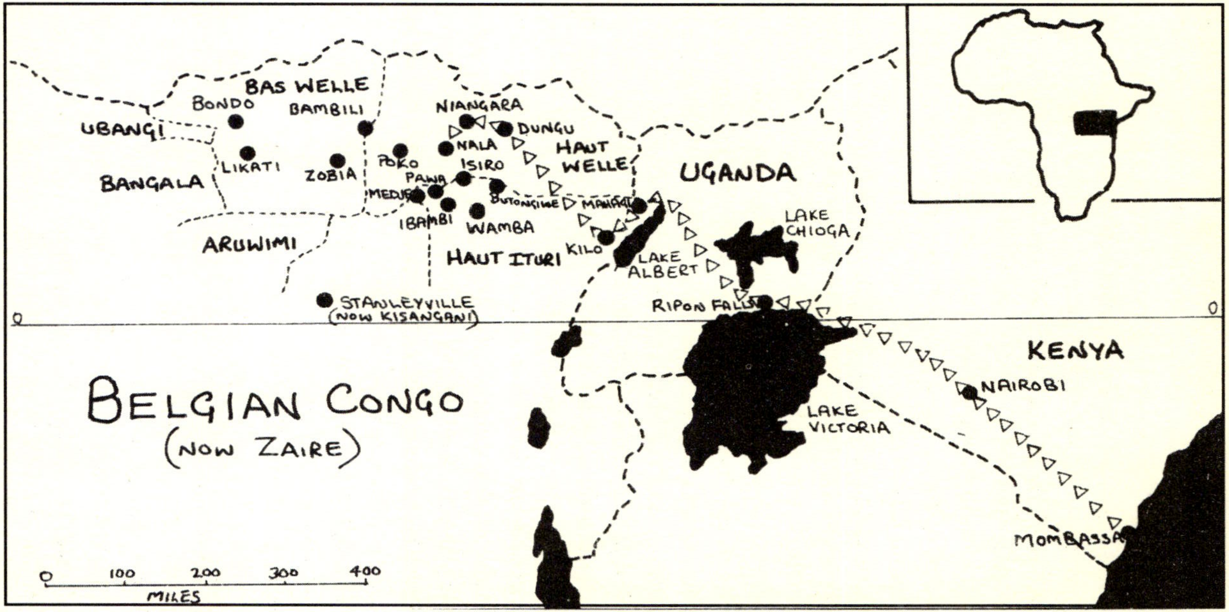

Rejon Afryki, gdzie działała *Heart of Africa Mission*,
z naniesioną trasą podróży Charlesa Studda i Alfreda Buxtona

Cała trasa przypominała wyścig z najróżniejszymi przeszkodami. Charles Studd nie przejmował się tym zbytnio, rad był wielce, że wreszcie są w ruchu. Luksus i wygoda miały dla niego tak niewielkie znaczenie, że można byłoby nazwać go ascetą. Kiedy nocą szczury harcowały wokół łóżka, żartował sobie z tego. Przemoczony do cna, z przyjemnością zmieniał ubranie, ale nigdy nie narzekał. Jedząc owsiankę trzy razy dziennie mówił, że jedzenie jest wyśmienite i był wdzięczny. Nie robił sobie nic z trudów, dostrzegał zabawne aspekty każdej sytuacji. Jego ascetyzm był ascetyzmem człowieka wyzutego z potrzeby komfortu ze względu na Chrystusa.

Po wyjeździe z Kilo w polu widzenia pojawił się wyraźnie ostateczny cel podróży. Wkrótce mieli dotrzeć do Dungu. Spodziewany koniec drogi podniósł ich na duchu, lecz nie na długo – po zaledwie czterech dniach znów zatrzymali się. Tragarze nie chcieli iść dalej. C.T. czekał niecierpliwie piętnaście dni nim udało się namówić innych do współpracy. Powiedział: „Opóźnienia są dla mnie największą próbą". Miejscowi niechętnie brali się do takiej pracy. Podstawowym źródłem ich zaopatrzenia były poletka uprawne oraz las – nie trapiła ich konieczność dodatkowych zarobków.

17 września wyszli z Semme Poste z nową grupą najemnych pracowników i udali się do Arebi, posterunku wojskowego. Nocowali we wsiach napotkanych po drodze. Rząd belgijski sprawował władzę nad kolonią za pośrednictwem urzędników rozlokowanych po całym kraju – nazwy miejscowości, w których stacjonowali uzupełniano słowem *Poste* (franc. posterunek). C.T., zawsze towarzyski, gdziekolwiek przybywał spotykał się z miejscowymi urzędnikami. Dowiadywał się od nich wiele o miejscowych plemionach, z ich pomocą znajdował tragarzy i uzupełniał zapasy pożywienia.

Oglądanie nowych miejsc Charles traktował jak wielką przygodę. Nieraz musiał wyglądać jak dziwny zagraniczny turysta obwieszony aparatami. Był zapalonym fotografem, zarejestrował wiele niepowtarzalnych, przepięknych scen.

Wysyłając do domu kolejne zdjęcia komentował:

C.T. Studd gra na swoim banjo

Almasie to przepiękne miejsce, istny raj. Góry otaczają nas pierścieniem skał, scenerię uzupełniają ogromne drzewa i rosnące wszędzie palmy. U ich podnóża przycupnęły małe chaty o dachach ze słomy. Spałem na werandzie, z rewolwerem przy łóżku – sporo tu leopardów.

Dzika przyroda była obiektem zachwytów – z zachowaniem rozsądnego dystansu. Między ich namioty dostała się śliczna fluorescencyjna zielona mamba, wyjątkowo groźny wąż. Na szczęście Bóg ich uchronił.

Po raz trzeci tego dnia łatając przebitą dętkę, C.T. nie mógł się oprzeć pokusie sfotografowania lokalnych piękności. Twarze i ciała kobiet pomalowane były czarną farbą w intrygujące desenie z pasków i punktów, w stylu charakterystycznym dla obszaru Konga. Ich zbite, kędzierzawe włosy zapleciono w dziesiątki warkoczyków ułożonych na tysiąc fantazyjnych sposobów. U niektórych sterczały po prostu jak kolce dookoła głowy.

Podróż do Dungu szła gładko, jeśli naszym wędrowcom udawało się robić właściwy użytek z rowerów. Częściej jednak wyglądało to jak jazda przez tory kolejowe, bo napotykali plątaninę korzeni i skały. Pedałowali dziarsko i śpiewali na cały głos, rozglądając się jednocześnie za jakimś odpowiednim uzupełnieniem codziennego menu. Zarówno kaczka gwinejska, jak i bażant afrykański, ptak o fantastycznie barwnym upierzeniu, smakowały wybornie. Nigdy nie musieli chodzić głodni. Studd pisał: „Jest to kraina obfitości, w każdym przyzwoicie prowadzonym gospodarstwie nie brakuje ryżu, prosa, orzechów, bananów, słodkich patatów i ananasów". W tym tropikalnym regionie wszystko rosło prawie w oczach, bez wielkich nakładów pracy.

Po przybyciu do Konga, Studd i Buxton uzgodnili z AIM, że otworzą stację w Dungu, pozostawiając tamtej misji leżące na północy Faradje. Studd traktował to jak obowiązującą umowę i dostosował doń wszystkie plany. Miała to być pierwsza stacja. C.T. wplótł nawet nazwę miejscowości do krótkiej przyśpiewki będącej jego wyznaniem wiary. Uważał Dungu za doskonałe miejsce do ulokowania placówki, zwłaszcza że żadna inna misja nie działała w pobliżu.

Z ulgą zostawili za sobą mokry las ituri, dość mieli panujących w nim posępnych mroków. Teraz z radosnymi sercami jechali w blasku słońca przez trawiaste połacie prowincji Welle. Trawa słoniowa wyrastała tak wysoko, że ścieżka przypominała czasem wąski korytarz o ścianach sięgających dwunastu stóp, otwierający się na spokojne, urodzajne ziemie. Do Dungu dojechali 8 października 1913 roku, sześć tygodni po opuszczeniu Kilo.

Natychmiast udali się na pocztę – by usłyszeć niepomyślne nowiny. Miejscowy urzędnik przywitał ich, wręczył przesyłki i dodał: „Nie będziecie tu sami, przyjechało jeszcze czterech misjonarzy. Morris, Batstone, Miller i Clarke" – wymienił nazwiska. Oniemiały ze zdumienia i rozgniewany Studd zabrał pocztę i wyszedł. Morris i Batstone z AIM wyprzedzili ich więc i ulokowali się w Dungu – już po uzgodnieniu, że miejsce to zostawią Studdowi! Grecki kupiec powiedział im, że misjonarze ci przybyli zaledwie trzy dni temu, a już ubiegali się o ziemię pod budowę stacji.

Niejaki pan Moffatt zaoferował urażonemu Studdowi i oszołomionemu Buxtonowi kąpiel i ugościł dobrym obiadem, lecz C.T. nie był w stanie odpoczywać. Gdy tylko mógł poszedł do Morrisa i Batstone'a – Millera i Clarke'a nie znał. Chciał usłyszeć wszystko „z pierwszej ręki" i powiedzieć, co myśli o takim postępowaniu.

Dowiedział się od nich, że choć uprzednio zgodzili się iść do Faradje, zmienili zdanie, bo tam z powodzeniem działała inna misja. Charles uznał to za słaby argument. Ową misję prowadził Kościół rzymskokatolicki i fakt jej istnienia był dobrze znany. C.T. bez ogródek wyrzucił z siebie wszystko, co myślał na ten temat. Rozgniewał się tak bardzo, że nie mógł spać w nocy. Po miesiącach planów i walki z przeciwnościami sprzątnięto im sprzed nosa miejsce, które miało być bazą ich przedsięwzięcia – co za rozczarowanie! Wydawało się, że moce ciemności robią wszystko, by nie wpuścić ich na tę ziemię.

Pojednawczy, łagodnego charakteru Alfred Buxton usiłował jakoś uzdrowić sytuację, także Batstone czynił starania ku naprawie nadwątlonych relacji. Jednak Studd postrzegał sprawę zupełnie inaczej. W jego oczach podobnie niehonorowe zachowanie było nikczemnością dla Anglika, absolwenta uniwersytetu, gentlemana i chrześcijanina. Silne poczucie honoru nie pozwalało mu przyjąć żadnych argumentów. Łagodne strofowanie Alfreda sprowokowało tylko jeszcze ostrzejszą reakcję. C.T. uważał:

W takich sprawach Alf jest bardzo słaby, obawia się ludzkich reakcji. Jest taką mieszanką – kochający, szczodry, z samozaparciem w trudnych momentach, ale bardzo słaby w bitwie. Zawsze stara się być ze wszystkimi w zgodzie. Chciałbym widzieć w nim ogień, lecz on lęka się człowieka. Mówię mu: „Nie ma sensu rozglądać się wokół, nasłuchiwać, co mówią ludzie, zastanawiać się, jak zareagują na działania czy słowa. Jedyna droga to przyjrzeć się sprawie, zobaczyć, co jest słuszne i tego się trzymać bez względu na koszt".

Z tym większym trudem przyszło Alfredowi przejść przez powstały problem. Jak widać wojowniczy charakter C.T. wprowadzał dodatkowe zamieszanie.

Kiedykolwiek Charles toczył podobne batalie, zawsze czynił to z pozycji obrońcy prawdy i honoru. Każdy postępek niezgodny z wcześniejszą umową, słowa uznane przez niego za podstępne i zwodnicze musiały zostać otwarcie skonfrontowane. Uważał to za swój chrześcijański obowiązek – obnażyć grzech i napomnieć brata.

W samym środku ostrego starcia Studd usłyszał o wysokiej gorączce, jaka dotknęła Clarke'a, poszedł więc do niego w odwiedziny. Tak ostry w słowach, gdy czuł, że narażony jest honor Chrystusa, potrafił szybko przebaczać i hojnie obdarowywać nawet tych, którzy go skrzywdzili.

Kiedy stało się pewne, że AIM otworzy stację w Dungu, z pokorą oznajmił: „Udam się dalej na zachód, do Niangary, skoro taka wola Boża. Przecież właśnie to miejsce wielki badacz i naukowiec doktor Schweinfurth w latach siedemdziesiątych nazwał »samym sercem Afryki«". Dla Studda miało to szczególną wymowę.

Znalazłszy się w wirze wydarzeń, C.T. nie miał czasu zastanowić się nad nowinami z domu. Stan Priscilli wciąż nie był dobry. Mógł tylko modlić się i czekać na lepsze wieści. Napisał list pełen troski, nie był jednak do końca świadomy, jak poważne trapiły ją dolegliwości. O sobie dodał: „Jestem w formie. Mam tylko lekką dyzenterię, z płucami wszystko w porządku". Jednak groźba kolejnych ataków astmy nie minęła.

Pod koniec wyczerpującego emocjonalnie dnia wrócili do domu, by się modlić. Niebo zakrywały ciężkie, czarne chmury, w jednej chwili spadł ulewny deszcz. Gromkie grzmoty raz po raz zagłuszały ich modlitwę. Nagle ogłuszający trzask rozległ się tuż nad ich głowami. Zgasło światło, posypał się tynk. Siedząc w nieprzeniknionych ciemnościach uświadomili sobie, że piorun uderzył w ich dom. Natychmiast wybiegli na zewnątrz, gdzie podniecone głosy gapiów konkurowały z łoskotem ulewy. Nad słomianym poszyciem dachu unosiła się smużka dymu. W niewiedzy sądzili, że strugi deszczu szybko ugaszą ogień.

Przemoczeni schowali się do środka, lecz zgromadzony tłum krzyczał i ostrzegał, by zbierali dobytek i ratowali się z pożaru. Nie mieli chwili do stracenia, w panice zaczęli wynosić rzeczy

C.T. Studd podczas pracy w Kongo

na zewnątrz, na deszcz, aż wszystko było bezpieczne. Ogień na dobre zajął dach i błyskawicznie rozprzestrzeniał się na cały budynek. Płomienie okazały się silniejsze od potoków wody. Końcowym akordem była widowiskowa seria wystrzałów. Rolę fajerwerków odegrało pozostawione w środku pudełko nabojów.

Ważny urzędnik belgijski, hrabia de Grunne, już wcześniej okazał Studdowi i Buxtonowi wielką gościnność. Teraz, słysząc o pożarze wybiegł owinięty jedynie w ręcznik, by zobaczyć, jaka pomoc jest potrzebna. Szybko przejął kontrolę nad sytuacją. Spokojnie, jakby zamawiał danie w restauracji, posłał człowieka, by przygotował inny dom na mieszkanie dla gości. „Jego dobroć była tak wielka, stał się dla nas jak anioł".

Kilka dni później zaangażowano nowych tragarzy i przyjaciele wyruszyli dalej. W Dungu spędzili wartościowy czas, choćby ze względu na przyjaźń zadzierzgniętą między C.T. a hrabią de Grunne. Ten udzielił im wielu cennych informacji. Również w okresie starań o koncesję na ziemię jego pomoc okazała się nieoceniona. Dowiedzieli się, że posterunek rządowy miał zostać przeniesiony z Dungu do Niangary. Oznaczało to spadek znaczenia pierwszej miejscowości na korzyść drugiej.

Pokrzepiającą wiadomością było, że język bangala, coraz lepiej opanowywany przez Alfreda, był w powszechnym użyciu wśród mieszkańców wiosek leżących wzdłuż głównych szlaków. Używano go także obok francuskiego w ośrodkach stacjonowania władz kolonialnych.

Czekało ich kilka przyjemnych dni podróży łodziami w dół rzeki Welle. Wystarczyło pokonać jeden zakręt na rzece, by tempo zmieniło się diametralnie – mknęli jak wystrzeleni z procy. Nikt nie miał ochoty znaleźć się w wodzie – terytorium łowieckim krokodyli i hipopotamów.

Potężne drzewa obwieszone lianami i gęste poszycie zasłaniały widok z brzegów. Cały czas powietrze wypełniał śpiew ptaków, choć te małe stworzenia trudno było dojrzeć nawet z pomocą lornetki. Od czasu do czasu rzednący las odsłaniał widok na małą wioskę i stada bajecznie kolorowych motyli wirujących nad plażą. Idylliczny widok, ale wrażenie pryskało, gdy tylko dawały o sobie znać latające nad rzeką muchy. Niestety, ich ukąszenia były nie tylko nieprzyjemne. W ich wyniku kilka lat później młody misjonarz nabawił się gorączki oraz zakażenia skóry i zmarł.

W dniach poprzedzających przybycie na miejsce C.T. zastanawiał się czy Niangara nie została już zajęta. Co czeka ich po dotarciu? Wiedział, że katolicy obecni byli we wszystkich ważniejszych miejscowościach. Rząd belgijski udzielił im koncesji na duże połacie ziemi. Otrzymywali różnorodną pomoc, podczas gdy protestanci nie cieszyli się podobną przyjaźnią – polityka rządu im nie sprzyjała.

Mieszkańcy nadrzecznych wiosek niechętnie pomagali białym, raczej ignorowali żądania pożywienia, schronienia i obsługi. Wyprowadzony z równowagi brakiem szacunku i chęci współpracy ze strony pewnego wodza, Studd wziął sprawę w swoje ręce. Jak zwykły kolonista, zagroził mu rewolwerem i szybko dostał to, czego chciał! Zaraz przybiegli ludzie gotowi spełnić każdą prośbę. Metodą wymuszenia posłuszeństwa na mieszkańcach wiosek, stosowaną zwykle przez kolonistów, było zamknięcie wodza w chacie pod strażą i trzymanie go tam, dopóki nie okazał uległości.

16 października 1913 roku łodzie wyciągnięto na brzeg w Niangarze. Z wielką ulgą wyrzucili ładunek na plażę, rozprostowali nogi i rozejrzeli się dookoła po raz pierwszy.

Rozdział dwudziesty czwarty

Przyczółek ustanowiony

Zaledwie ich stopy zdążyły dotknąć lądu w Niangarze, Studd już rozmyślał nad wyprawą rozpoznawczą. „Jesteśmy najdalej wysuniętą forpocztą pracy Bożej, nic nie ma na zachód, północ i południe od nas, aż do rzeki Kongo" – powiedział. Tak było w istocie. Z południowej strony rzeki Baptystyczne Towarzystwo Misyjne (*Baptist Missionary Society*) rozwijało udaną działalność, ale setki mil na północ od niej nie było ani jednego protestanckiego misjonarza.

Dzięki uprzejmości miejscowego urzędnika podróżnicy otrzymali na dwa miesiące do swej dyspozycji dom. Gruba strzecha gwarantowała przyjemny chłód – inaczej niż w namiotach. Ze wszystkiego mogli być zadowoleni, wyglądało na to, że sam Pan prostował ich ścieżki. W Nim zatriumfowali nad każdym szatańskim fortelem uknutym, by nie wpuścić ich do kraju.

Kilka dni poświęcili na wnikliwą ocenę sytuacji i warunków, potem przyszła poczta – pakiet listów, których lektura przypominała próbę ułożenia w całość fragmentów skomplikowanej mozaiki wydarzeń dziejących się w Anglii. Charles ze smutkiem czytał o chorobie Priscilli. Tym razem ledwie nie umarła – szczęśliwie nastąpiła poprawa. Przyczyną problemów znów była wada serca, z jej powodu nie opuszczała łóżka. Charlie czytał dalej, dowiadując się o wizycie lorda Radstocka u żony i jego modlitwie o nią, w wyniku której stan Priscilli poprawił się widocznie. Ponieważ pocztę dostarczano nieregularnie, C.T. poznał dobre wieści zanim mógł przeczytać o tym, jak poważne groziło jej niebezpieczeństwo. Lekarz nadesłał szczegółowe sprawozdanie z zamiarem przekonania Charlesa o konieczności powrotu. Studd gorliwie dziękował Bogu za kolejność otrzymania przesyłek. „Pan jest nie tylko cudownym doradcą, ale i wspaniałym poczmistrzem!".

Podziękował serdecznie wszystkim, którzy z miłością opiekowali się Priscillą w potrzebie. Pisząc, toczył wewnętrzną walkę – myśl o pozostawieniu żony samej była mu przykra. Zebrał się jednak w sobie i oznajmił: „Lepiej będzie, jeśli zostanę. Muszę przede wszystkim słuchać Chrystusa, ciebie powierzam w Jego ręce".

C.T. dopiero co otrząsnął się z ciężkich przeżyć związanych z chorobą Priscilli, gdy w grudniu 1913 roku nadeszły wieści o śmierci lorda Radstocka oraz Martina Suttona, zięcia Charlesa, a męża Grace, najstarszej córki Studdów. Obaj zmarli w tym samym tygodniu. Utrata dwóch tak ważnych sprzymierzeńców – lord Radstock był wieloletnim przyjacielem i ważnym członkiem komitetu, a Martin jego prezesem – była prawie śmiertelnym ciosem dla krajowego zaplecza pracy Charlesa. Priscilla, w jej kiepskim stanie, działała teraz praktycznie w pojedynkę.

Pierwsze wrażenia Studda w Niangarze były jak najbardziej korzystne. Przyjaźnie nastawieni mieszkańcy, dobre usytuowanie, a po niedługim czasie przydział sporych gruntów wynegocjowany z pomocą hrabiego de Grunne. Odkryli też, że znajdują się w centrum kontaktów wielu plemion: Bazande, Mangbetu, Medge, Nepoko, Pigmejów i innych. Co za możliwości! Przekraczało to ich najśmielsze marzenia.

Obaj mężczyźni nie posiadali się z radości – wysiłki minionych dziewięciu miesięcy zostały nagrodzone znalezieniem doskonałej siedziby dla misji. Bóg postawił na ich wierze swą pieczęć. W kwietniu mieszkali już we własnym domu.

Wybrali się w męczącą podróż do Nala i po pięciodniowym marszu ujrzeli miejsce jeszcze lepsze. W Nala, opuszczonym posterunku kolonialnym, znajdowało się kilka domów z cegły, duży plac i piękna aleja obsadzona palmami. Zastane warunki pozwalały na zamieszkanie. Wszędzie znaleźli mnóstwo pożywienia i wody, mało zaś moskitów. Misjonarze byli podnieceni. Ich marzenia o zewangelizowaniu całego okręgu zaczęły przybierać realny kształt. Studd napisał do komitetu: „W Nala potrzebni będą lekarz i nauczyciel. Wyślijcie do nas wolontariuszy, potrzebni są *mężczyźni*. Skąd fundusze? Od Boga. Nala to wspaniałe miejsce, kopalnia możliwości". Po prostu nie można nie kochać

Społeczność - każdy człowiek przyniósł swój własny leżak

Studda. Przepełniał go entuzjazm. Wrzał z oczekiwania. Już widział Nala jako tętniącą życiem stację misyjną, ze szkołą i szpitalem.

Następne wycieczki w różnych kierunkach przyniosły plon nadziei na przyszłość. Spotkali bardzo wielu ludzi, a wszyscy witali ich serdecznie. Obietnice udzielenia kolejnych koncesji na ziemię potwierdzały, że znajdują się w woli Bożej.

Do końca 1914 roku Studd zdobył koncesje w czterech miejscowościach: Niangara, Nala, Poko i Bambili. Możliwość uzyskania następnych zawsze miał przed oczami jak przysłowiową marchewkę. Gdy tak odwiedzał coraz to nowe miejsca, przynaglony wizją potrzeby dziesiątków nowych pracowników pisał do kraju desperackie, a czasem ostre listy. Jeśliby tylko miał wolontariuszy gotowych do wypełniania tych wszystkich zadań! Kiedy zwracał się do belgijskich urzędników z prośbą o koncesje, ku swemu zdziwieniu napotykał otwartość. „Ależ tak, oczywiście, czego pan sobie życzy?". Następnie padało powtarzające się pytanie: „Ale ilu ma pan ludzi, by obsadzić te stacje?".

Drzwi w Kongu otwarły się na oścież, z każdej strony płynęły zachęty. Sterany w bojach Studd nie zdawał sobie sprawy z tego, jak potężny atak ma miejsce na tyłach. Wieść o jego wyjściu z AIM odbiła się szerokim echem. Wielu ludzi w Anglii zniechęciło to do ewentualnej z nim współpracy. Zgłaszali się nieliczni wolontariusze. Priscilla pisała, że jego nazwisko otaczała atmosfera skandalu.

Wróg podstępnie mobilizował siły, a Charles nie dostrzegał jego taktyki. Wydaje się, że Charles Studd nie znał innego sposobu postępowania w przypadku nieporozumień niż zdecydowana obrona własnej pozycji przed wszystkimi. W rezultacie problem narastał. Jego „mówienie wprost" i wojownicze oskarżenia doprowadziły do izolacji jego i HAM. Priscilla strofowała go za pisanie tak ostrych, krytycznych listów i zasmucanie najbliższych mu ludzi. Jednak nie był on w stanie przyjąć nawet łagodnego napomnienia. Bronił się odpowiadając twardo: „Muszę mówić wprost, Bóg oczekuje tego ode mnie. Jeśli go nie ostrzegę, Jego krew spadnie na moją głowę".

Nawet pokojowo nastawiony Alfred nie miał wpływu na C.T., gdy ten raz przyjął bojową postawę. Charles mówił: „Z Alfa jeszcze będzie wojownik!". Co za szkoła! Co miał powiedzieć Buxton, gdy Studd bronił się: „Nie dawaj mu łyżki miodu, gdy potrzebuje solidnego lania, by przywieść go do pokuty i porządku wobec Boga!".

Priscilla pozostawała niezwykle lojalna wobec męża przez cały ten drażliwy okres, choć zdawała sobie sprawę, że niektóre jego reakcje były niemądre. Przykuta do łóżka przez większą część dnia, nie zaprzestała aktywnej promocji misji C.T. Organizowała spotkania modlitewne, wydawała magazyn i na wielu frontach starała się przyciągać uwagę wierzących do potrzeb nie zewangelizowanego świata.

W Kongu kwitły możliwości, ale w Anglii nie było końca problemom. Od strony finansów sprawy wyglądały beznadziejnie. Poparcie skurczyło się, polityka finansowa misji wzbudzała silne kontrowersje. W zasadzie trzon komitetu wspierającego stanowili ludzie gotowi bezgranicznie ufać Bogu, bez rozgłaszania na prawo i lewo apeli o datki. Pozostali w obliczu ciężkiej sytuacji skłaniali się ku zmianie tej polityki. Studd, człowiek prostej, dziecięcej wiary nie tolerował podobnej chwiejności. Postanowił ufać Bogu bez względu na okoliczności. „Ufność nasza jest w Bogu, nie w człowieku lub zdrowym rozsądku. Müller poddany był próbie, czy my możemy spodziewać się czegoś innego?". To Charles niósł członków komitetu na plecach własnej wiary, a nie oni wspierali jego. Napisał do nich pełen miłości, zachęcający list.

Tkwiąc w środku Afryki, na krańcu niepewnej linii komunikacyjnej, odczuwał silną frustrację. Potrzebował mężczyzn i kobiet ufających Bogu w prostocie serca, członków komitetu podzielających jego przekonania.

Zadanie ewangelizacji owych obszarów, gdzie na razie nie dotarła dobra nowina, tak bardzo leżało Studdowi na sercu, że każdą godzinę poświęcał obmyślaniu i wprowadzaniu w życie strategii umożliwiających osiągnięcie tego celu. Brak chętnych do pracy gorzko go rozczarowywał. Istniały plany, obfitość możliwości, ale skąd miał wziąć ludzi? Szukał osób rzadkiego gatunku, podobnie jak on gotowych iść naprzód bez względu na okoliczności i w Bogu, a nie w społeczeństwie widzących źródło zaopatrzenia. Zgłaszały się kobiety, lecz nie mógł ich przyjąć dopóki nie przybyło pierwsze małżeństwo.

Zaczął myśleć o wyjeździe do kraju w celu zebrania nowej grupy misjonarzy. Przez pewien czas rozważał też wyjazd Alfreda i jego ślub z Edith, ale młody misjonarz w końcu przekonał go, że powinien zostać.

Ta decyzja dużo kosztowała Buxtona. W swoich listach Edith często prosiła ojca, by pomógł im pobrać się jak najszybciej. Z wielką mądrością, taktem i miłością Charles radził córce, by powierzyła sprawę Bogu i poświęciła czas na odpowiednie przygotowanie się do roli żony misjonarza. Uprzedzał ją łagodnie, że powinni odłożyć ślub do czasu aż Bóg sam otworzy drogę, traktując to jak konieczną ofiarę. Zapewniał: „Może nie całuję i nie tulę tyle co inni /.../ ale kocham cię". Z wielką delikatnością pomógł jej zaakceptować decyzję Alfreda.

Nad Europą zbierały się czarne chmury, aż nadeszły złowrogie wieści — wybuchła wojna między Anglią a Niemcami. Wielka niepewność zawisła nad Kościołem. Czy znajdą się mężczyźni gotowi wyjeżdżać na misje, gdy patriotyzm wymagał, by przyłączyli się do walki za króla i ojczyznę? Charles Studd nie miał wątpliwości, wobec której strony powinni zachować lojalność chrześcijanie. Czy walczył aż dotąd, by teraz pozostać na placu boju samotnie?

Z kraju wciąż docierały smutne nowiny, podczas gdy nasi dwaj bohaterowie z upodobaniem badali teren, na rowerach lub piechotą, jeśli zmuszały do tego warunki. Niekiedy owe wyprawy wyciskały ze Studda resztki energii. Chory, zmęczony upałem, brudny, głodny i wyczerpany docierał do jakiejś wioski, gdzie odżywał pod wpływem hałaśliwego powitania. Rozbawione dzieci biegły obok ich rowerów krzycząc i śmiejąc się, zaraz dołączały kobiety – nigdy wcześniej nie oglądały podobnego widoku! Dzień kończyła lekcja jazdy na rowerze udzielana przez Alfreda wodzowi wioski.

C.T. nie podziwiał biernie krajobrazów, oceniał każde odwiedzone miejsce pod względem przydatności na stację misyjną, dostępności wody i pożywienia i, co najważniejsze, gęstości zaludnienia. Zebrane informacje dokumentował.

Konieczność powrotu Studda do kraju stawała się coraz wyraźniejsza. Powstał nowy komitet wspierający. Priscilla wykonała wielką pracę, odnajdując ludzi wiary pragnących służyć. Obecność Charlesa była jednak niezbędna. On pozostawał kierownikiem misji i jej architektem w najmniejszych szczegółach w tym wczesnym okresie działalności.

Nadszedł dzień pięćdziesiątych urodzin Priscilli. C.T. napisał czuły list, pełen wyrazów najwyższego uznania za wszystko, czego dokonała od dnia jego wyjazdu. Doceniał zdumiewające osiągnięcia żony w obliczu potężnych przeciwności. Nie miał najmniejszej wątpliwości, że podzielała tę samą wizję i determinację, by ujrzeć postępy w pracy oraz wywyższenie Jezusa.

Powiedział: „Pan połączył nas w jedno do zaciętej walki z diabłem. Wielce uhonorował naszą rodzinę". Porównał Priscillę i siebie do dwóch krykiecistów. Ją widział w roli tego, który na końcu pola przygotowuje kolejne podania.

Przybył telegram z pokrzepiającą informacją o wyruszeniu w drogę nowych wolontariuszy. Charles uznał, że jest to odpowiedni moment, by jechać do domu. Alfred nie zostanie sam, praca będzie kontynuowana. Buxton zakończył przygotowanie słownika języka bangala i był dobrze wyposażony, by pomagać „nowym" w adaptacji.

Niestety, nim nowi przybysze stanęli na kongijskiej ziemi, jeden z nich, Bowers, zmarł na tyfus. Jego śmierć uprzytomniła członkom ekspedycji, że uczestniczą w bezpardonowej wojnie duchowej. C.T. jeszcze nie otrząsnął się z szoku, gdy dowiedział się o kolejnej stracie. Gorączka zabrała hrabiego de Grunne, najlepszego przyjaciela i sojusznika.

Charles Studd udał się do Anglii, by ogłosić: „Nasze możliwości rozszerzają się każdego dnia. Kraj stoi przed nami otworem. Im lepiej go poznajemy, tym więcej mamy pracy. Gdzie są wolontariusze? Potrzebujemy pełnych Ducha mężczyzn, potem także kobiet, by przybyli i zajęli swe miejsca". Nie zależało mu na przyciągnięciu duchownych i ludzi z wyższym wykształceniem. Mówił: „Po co wymagać wyższego wykształcenia, kiedy potrzeba nam zwykłych murarzy, którzy opowiedzą o Chrystusie – nie muszą znać się na teologii".

Dzięki pełnej otwartości, Misja Serce Afryki stała się narzędziem w Bożych rękach.

Rozdział dwudziesty piąty

Garść błogosławieństw, dwie garści prób

Rozstanie z Alfredem Buxtonem było trudne. W liście pożegnalnym Studd napisał: „On dał mi ciebie, drogi Alfie. Nie mogę czynić nic innego, jak tylko Go za to wychwalać". Tę niezwykłą parę połączył chrzest wspólnych doświadczeń i cierpień. Wzajemna miłość miała głęboki korzeń współczucia dla ginących, jakie obaj żywili. „Zdumiewaliśmy się, czego był w stanie dokonać Bóg pomimo nas – jednego zbyt starego, drugiego zbyt młodego. On używa kogo chce, często głupców, słabeuszy i ludzi bez znaczenia".

Podróżując ku zachodniemu wybrzeżu Studd systematycznie gromadził przydatne informacje. Na potrzeby przyszłych ekip zapisał nawet rozkład kursowania parowca po rzece Kongo. W myślach był zawsze dwa kroki naprzód, przewidując wszelkie możliwe ewentualności.

C.T. popłynął do domu, do trapionej wojną Anglii, na początku 1915 roku. Ożywiał go nierealistyczny optymizm – to na pewno szybko się skończy. Powiedział: „Ta wojna to tylko następne doświadczenie w wierze, śmieszna jest myśl, że mogłaby nas powstrzymać". Niestety, wojna lat 1914-1918 stała się dla towarzystw misyjnych główną przeszkodą w rozprzestrzenianiu ewangelii.

Dom przy Highland Road 17 wydawał się cały czas pełen ludzi, głównie kobiet, między innymi przyszłych misjonarzy. Nieco irytujący okazał się dla Charlesa fakt, że musiał konkurować z nimi wszystkimi o uwagę żony. Gdy tylko mógł wyruszył w wędrówkę po kraju, głosząc i budząc pogrążony w letargu Kościół. Komitet wspierający otrzymał niezłe potrząśnięcie. Artykuły w magazynie nabrały nowego, gorącego tonu.

Ludziom z komitetu Studd jawił się chyba jako niepoprawny marzyciel. Nalegał, aby wizją przyszłej pracy objąć wszystkie nie zewangelizowane części świata. Misja Serce Afryki była zaledwie początkiem. C.T. kierował wzrok ku kolejnym obszarom, spodziewając się, że i inni poczują odpowiedzialność za ich los. Członkowie komitetu cierpliwie przedstawiali mu swoje racje. Znali fakty – ledwie wystarczyło pieniędzy na rozpoczętą działalność, nie mówiąc o jej rozszerzeniu. Jednak Charles nie ustąpił. On słyszał Boga. Tak pisał do Alfreda: „To dotyczy całego świata! Dzięki Bogu, że nie potrafię się wycofywać!". Wizyta Studda ostatecznie przypieczętowała kierunek polityki HAM jako misji wiary. Zgromadził on zespół ludzi gotowych razem z nim wierzyć w niemożliwe.

Charles obiecał Edith, że zabierze ją do Konga jak najszybciej. Następowały jednak kolejne opóźnienia. Wolontariusze gotowi byli wypłynąć, lecz zabrakło pieniędzy na ten cel. Problemy finansowe prawie uniemożliwiły kontynuację pracy, wpływając jednocześnie na ukształtowanie spartańskiego stylu jej prowadzenia.

Mimo bardzo skromnych warunków życia misjonarzy, podyktowanych przez Studda, praca w wioskach Konga wciąż przynosiła owoce. Trzy pierwsze chrzty miały miejsce w Nala w 1915 roku. Alfred informował o wielu przychodzących do Chrystusa. Brak pieniędzy wywołał spore napięcie, a C.T. beształ: „Żadnych wymysłów i ekstrawaganckich planów! Nie będziemy brać przykładu z innych misji, jedynie z Boga i Jego Słowa!". Każdy funt nie wydany na rzeczy niezbędne traktował jak stracony. Przejmował się tym ogromnie, narzekał nawet, że niektórzy misjonarze zbyt dużo jedzą!

W międzyczasie Alfred, wciąż zaledwie dwudziestotrzyletni, niósł odpowiedzialność za funkcjonowanie misji. Studd stale przypominał mu o głównym celu – ewangelizacji. Młody człowiek właściwie nie potrzebował owych napomnień. Jeździł od stacji do stacji pokrzepiając początkujących misjonarzy, pomagając im w nauce języka i zdobyciu orientacji. Dbał także o młode zbory. Kontynuował pracę nad przekładem Ewangelii Marka na język bangala, przygotował do druku słownik i podręcznik gramatyki. Wszystkim, którzy go znali, przypadł do serca przez swą łagodną, miłosierną naturę.

Atmosfera wojny panująca w Anglii wprawiła Studda w ponury nastrój. Sądził, że ów konflikt zwiastuje rychły koniec świata. Bez przerwy nawiązywał do tematu wojny w artykułach i kazaniach. „Gdzie są żołnierze Chrystusa? Gdzie gotowi do walki przeciwko diabłu?”. Wielu zastanawiało się czy sposób, w jaki głosi i pisze C.T. można nazwać chrześcijańskim. Oskarżano go o nonszalancję, o to, że jest raczej zabawny niż duchowy, a nieraz zbyt ostry, bo bezlitośnie ciął słowami letnich chrześcijan. Swoje przesłanie prezentował w niepowtarzalnym stylu: „Blask ofiary czyni każde miejsce gabinetem grozy dla szatana i sprawia, że w te pędy wraca on do piekła w ciemnych okularach!”. Niepokoił ludzi gorzkimi historiami:

Pewien utalentowany człowiek powiedział: „Bóg tak wyraźnie rozkazał mi jechać natychmiast do Afryki Centralnej, że nie mógłbym już nigdy wierzyć Biblii, gdybym nie posłuchał”. Jednak w końcu nie usłuchał. Zawrócił go stary prorok. Wymówka? Żylaki! (Głośny śmiech w piekle).

Artykuły o podobnej wymowie pojawiały się w magazynie „Serce Afryki”. Niektórzy nie znosili ich i mówili o tym otwarcie, inni wychwalali bezpośredniość Studda.

W umyśle Charlesa nigdy nie powstało pytanie czy powinien wracać do Konga. Nie wyobrażał sobie innej możliwości. Decyzja zapadła jeszcze przed przyjazdem do Anglii i nic nie mogło jej zmienić. W tym okresie nie cieszył się najlepszym zdrowiem, wielokrotnie nawracała gorączka. Poradził sobie z nią z łatwością. Oczywiście nie zamierzał prosić o poradę lekarza, jak zawsze wolał kurować się samodzielnie.

W końcu zebrała się ośmioosobowa grupa, łącznie z Edith. Pauline przypatrywała się z boku, kiedyś i ona miała pójść w ich ślady. W dniu pożegnania wyłonił się prawie tragiczny obraz obolałej rodziny. Edith – niepewna i lękliwa, miała poślubić człowieka nie widzianego od czterech lat i stać się „misjonarką mimo woli”. Obok jej ojciec, pięćdziesięciosześciolatek, z żelaznym postanowieniem wracający do kraju swego powołania, by już nigdy nie postawić stopy na angielskiej ziemi. I Priscilla – na zewnątrz twarda, wewnątrz płacząca, na zewnątrz gotowa do rozstania, choć wewnątrz czuła, że najchętniej uchwyciłaby się ich kurczowo. Na szczęście nieświadoma była nadchodzących prób.

Podczas podróży C.T. zbierał codziennie swą gromadkę, każdą chwilę poświęcał przygotowaniu jej na czekające u celu rygory. Spędzali godziny na nauce języka i studiowaniu losów wielkich bohaterów wiary. W tej fazie historii misji ochotnicy zgłaszający się do pracy wyjeżdżali niewyszkoleni, słabo przygotowani do zetknięcia się z duchowym oporem i do prymitywnych warunków życia.

Ich statek wpłynął na wody rzeki Kongo 27 września 1916 roku. Na szczęście Studd zdołał wyjść na pokład po piętnastu dniach choroby. Alfred wyjechał im na spotkanie. Edith już po krótkiej rozmowie ze swym narzeczonym na dolnym pokładzie, wśród kóz i kurczaków, wiedziała, że wszystko będzie dobrze. Po opuszczeniu rzeki czekała ich miesięczna wędrówka, nim dotarli do Nala.

Cóż za przywitanie! Z wioski wyszedł im naprzeciw tłum witających. Z nieskrępowaną wylewnością wyrażali swą radość – Studd wrócił! Przy akompaniamencie bębnów, okrzyków i śpiewów kawalkada wkroczyła do wioski. Tu nastąpiła seria niekończących się uścisków dłoni i poklepywań po plecach. Świeżo nawróceni nie mogli doczekać się, by ich przedstawiono. Obserwując ich, Charles cieszył się w głębi duszy z jakości nowych wierzących. Stacja w Nala szczyciła się sześćdziesięcioma ochrzczonymi. Prócz nich tego dnia w tłumie znalazło się też wielu ciekawskich gapiów.

Dokładnie przemyślane plany Alfreda sprawdzały się doskonale. C.T. nie krył ogromnego wrażenia, jakie wywarły na nim niezaprzeczalne postępy. Wykarczowano dżunglę, zbudowano domy dla nowo przybyłych, wyszkolono chłopców do posług, by ułatwić im przystosowanie się do afrykańskiego stylu życia. Życie w wiosce mogło początkowo szokować brakiem prywatności, mebli, sanitariatów, bieżącej wody i podstawowych europejskich produktów żywnościowych.

Trzy tygodnie później odbył się pierwszy w Afryce Centralnej ślub białych ludzi. C.T. Studd miał przywilej udzielić go

C.T. Studd w 1916 r. gotowy znów wyruszyć

Edith i Alfredowi w Niangarze. Ślub cywilny odbył się po francusku, w asyście belgijskiego urzędnika. We „wskrzeszonych" garniturach mężczyźni wyglądali tak uroczyście, że prawie nie poznawali się wzajemnie!

Kiedy Studd ponownie objął kierownictwo, obraz pracy misyjnej ukazał mu się w całej pełni. Dziewicze terytoria obfitowały w nawrócenia, chrztów udzielano często. Wodzowie prosili o przyjazd misjonarzy. Oferowali im ziemię i budynki, byle tylko chcieli otworzyć szkołę i uczyć o Bogu. Drzwi były szeroko otwarte. Bóg potwierdzał swoje dzieło znakami i cudami.

Zmarły mężczyzna, którego właśnie kładziono do grobu, ożył i opowiedział o wizji białych ludzi przybywających ze Słowem życia. Usłyszał: „Czekaj na człowieka, który powie jak uniknąć ognia".

Młodych wierzących uczono, że powinni rozgłaszać dobrą nowinę. Stawali się najefektywniejszymi ewangelistami. Zbory zaczęły wysyłać ich parami, niektórych przygotowywano do służby kaznodziejskiej. Zbierano obfite żniwo. Widząc szczęśliwe twarze narodzonych na nowo ludzi misjonarze wychwalali Boga! Wiedzieli, jakie zwycięstwo odniosła w ich życiu krew Jezusa.

W większych miejscowościach, gdzie otwarto stacje misyjne, sytuacja przedstawiała się inaczej – ewangelia natrafiała na opór. Pierwszy entuzjazm ostygł i chrześcijanom ciężko było chodzić w duchu. Nic dziwnego, jeśli uświadomimy sobie, jakie ciemności panowały wokół. Sposób życia Afrykańczyków przechodził wszelkie wyobrażenia. Wodzowie rządzili plemionami systemem feudalnym, opartym na strachu i okrucieństwie. Poligamia stanowiła normę, pewien potężny wódz miał aż dwa tysiące żon! Te biedaczki traktowano jak niewolnice, często brutalnie. Kobiety wykonywały całą pracę, uprawiały pola, gromadziły pożywienie, gotowały, dostarczały wodę, a przy tym wszystkim rodziły i wychowywały dzieci.

Jedyną ich rozrywką był grzech. Opinia publiczna akceptowała niemoralność, popierając i traktując grzeszne kontakty jako normalne. Osnowę i wątek tkanki społeczeństwa, utwierdzonej na czarach, stanowiły akty bestialstwa, dewiacje, lubieżność i rozwiązłość nie do opisania. Życiem w wioskach władały demony z piekła. Na twarzach niewinnych dzieci bardzo szybko zostawiał swe piętno grymas okrucieństwa i diabelski, morderczy instynkt, charakterystyczny dla starszych.

Jezus pokazywał tym zagubionym ludziom, że może wybawić nawet z najstraszniejszego położenia. Lśniące twarze zbawionych dowodziły niezbicie prawdziwości Jego obietnic.

Na miejsce swej rezydencji Studd wybrał Nala. Trwał stały wzrost Kościoła. Przez lata nawróciły się setki ludzi. Na nieszczęście zdarzały się przypadki odstępstwa i powrotu do grzechu. Wielu już ochrzczonych, nawet spośród starszych zborów, wracało do czarów i niemoralności. Łamało to serce Charlesa. Głosił i wzywał do pokuty, lecz serca stwardniały. Modlił się więc o bojaźń Pana i głęboką pracę Ducha budzącego przekonanie o grzechu. Oceniający wszystko według czarno-białych kryteriów i nie uznający nic pośrodku Studd nie mógł dłużej traktować odstępców jak chrześcijan. Cytował 1 List Jana 3,8: „Kto popełnia grzech, z diabła jest...". By oczyścić Kościół wzywano grzeszników na przesłuchanie, osądzano i wyłączano. Niestety, u wielu osób nowe życie w Chrystusie zdołało jedynie zadrasnąć powierzchnię zatwardziałego pogaństwa.

Starano się dojść czy właściwa była decyzja o dopuszczeniu tych ludzi do chrztu. Czy tutaj popełniono błąd? Czy kogoś szczerze nawróconego, narodzonego na nowo może potem spotkać zguba? Podobne pytania wywołały burzę i ujawniły mnóstwo różnic doktrynalnych między misjonarzami. Zanim zorientowali się, z jaką górą się zderzyli, brak zgody doprowadził do zrażenia się większości wolontariuszy. Niektórzy wrócili do Anglii, pozostali przeszli do innych misji. Szatan próbował zniszczyć pracę posługując się starą, wypróbowaną intrygą.

Dla niektórych świeżo upieczonych misjonarzy HAM okazała się zbyt twardą szkołą. Nie wszyscy byli wojownikami znoszącymi samotność równie dobrze jak C.T. Pary małżeńskie nie miały prawie wcale czasu, który mogłyby spędzić razem. „Żołnierz powinien tylko pracować, a gdy jest tak zmęczony, że pada z nóg – wtedy może spać!" – powiedział Studd. W dodatku przez cały czas za mało było funduszy. W tej sytuacji Charles przyjął postawę biznesmena – od każdego misjonarza oczekiwał wyników, zbawionych dusz. W późniejszym okresie żałował tego, mówiąc: „Nie wolno nam organizować linii produkcyjnych – jesteśmy rodziną".

Rozbieżność poglądów wśród misjonarzy stała się źródłem ciągłych problemów. Odmienności doktrynalne, struktura Kościoła, ordynowanie do służby, chrzest, wolność w uwielbieniu – wszystkie te kwestie wyłożono na stół i poddano niekończącym się, jałowym rozważaniom, bez pożytku dla kogokolwiek. Do ogólnej szarpaniny dołączył komitet wspierający. HAM stanowiła zbiór ludzi o zdecydowanych poglądach, na czele z C.T. Studdem. Nieliczni wolontariusze mogli poszczycić się doświadczeniem, większość wiedziała niewiele o historii Kościoła czy panującej w nim różnorodności doktrynalnej.

Pewien młody człowiek przybył z zamiarem rozpowszechniania na terenie działalności HAM pełnej ewangelii, z darem języków jako znakiem chrztu w Duchu Świętym. Studd przywołał go do porządku słowami: „Nie chcemy tu żadnej »prawdy denominacyjnej«, głoś Jezusa Chrystusa ukrzyżowanego". Inny usłyszał, że ma zabrać swoje duchowe zabawki gdzie indziej! Obaj wyjechali.

Najbardziej drażliwa okazała się kwestia pełnego uświęcenia. C.T., wielki głosiciel świętości, rekrutował misjonarzy spośród metodystów i grup uświęceniowych. Ci po przybyciu do Konga przeżywali wstrząs dowiadując się, że nie zakazał spożycia alkoholu. Picie wina miejscowego wyrobu stanowiło element tamtejszych obyczajów. Zaczęła się ożywiona wymiana listów z komitetem wspierającym – zwolennicy abstynencji interweniowali z szumem.

Na swoją obronę Studd miał to, że nic nie dodał do ewangelii. Biblia potępia jedynie upijanie się i brak umiaru, a on nie zamierzał posuwać się dalej. Później wzrastający Kościół zmienił stanowisko, przyjmując linię całkowitej wstrzemięźliwości.

Kością niezgody stały się też tańce etniczne. Bez chwili wytchnienia diabeł podsuwał coraz to nowe kontrowersyjne zagadnienia. Toczyły się batalie wewnętrzne i zewnętrzne, byle tylko odwrócić uwagę żołnierzy z HAM od pierwotnego celu. Katalog ciosów, jakie znieśli powinien być dla nas wystarczającym ostrzeżeniem. Strategia szatana nie uległa zmianie.

Wojna w Europie również wywarła swój negatywny wpływ na sytuację maleńkiej grupki pracowników. Ich liczba skurczyła się, a przez osiemnaście miesięcy nie przypłynął nikt nowy. Niektórzy opuścili plac boju pokonani przez chorobę – malaria zbierała swe żniwo. Niedobory finansowe wydawały się już stałym elementem sytuacji. Zniechęcenie, napięte relacje – wszystko to odbijało się niekorzystnie na misji. Gdy nadlatywały strzały wroga, Studd mawiał: „Najlepszą obroną jest atak!" i ze świeżą determinacją ruszał przeciwko problemom.

Wielka szkoda, że C.T. stracił z oczu rzeczywistego przeciwnika i coraz częściej kierował ofensywę przeciw ludziom. Tak kurczowo trzymał się swojego punktu widzenia, że nie był w stanie trzeźwo oceniać postępowania innych ani własnych reakcji. Wydawał często małostkowe sądy, a co najgorsze, bezustannie rozpamiętywał minione zranienia i wyciągał dawne urazy. Prostotę serca z młodszych lat, szczególnie widoczną w okresie pobytu w Stanach, przytłumiły jątrzące się stare rany i rozczarowania. Doświadczenie uczyniło go zamkniętym na naukę. Pod jego adresem padały okropne oskarżenia ze strony tych, którzy życzyli mu wyłącznie źle. Najbardziej bolesne było to, że przeciwko Charlesowi zwrócili się również niektórzy bliscy krewni i przyjaciele.

Priscilla trwała wiernie przy nim, lecz nie podobały się jej długie listy pełne narzekań. Nie zgodziła się też na opublikowanie w magazynie HAM artykułu demaskującego działania pewnego przeciwnika ich działalności. Mimo jej stanowczych poglądów, w listopadzie 1917 roku Studd wychwalał ją za wszystko, co zrobiła.

Studd zaczął rozmyślać nad powrotem do domu, choć nigdy nie traktował tej myśli całkiem poważnie. Przyznał w końcu, że nadszedł czas, by wyjechali Alfred, Edith i ich maleńka córeczka Susan. Alfred dzielił z nim zmagania o założenie misji. Udowodnił, że jest zdolnym, poświęconym, pracowitym człowiekiem, przykładem dla wszystkich. Zasłużył na miano współzałożyciela misji. Pięć lat w Afryce przemieniło go z nieco naiwnego, pełnego gorliwości młodziana, w męża dojrzałego. „Alf jest tu teraz niezastąpiony" – pisał Charles do żony.

Przy pożegnaniu Alfred poprosił C.T. o modlitwę i włożenie nań rąk. Ten, szepcząc do ucha Buxtona, zgodził się pod warunkiem, że Alf zrobi, co mu powie. Postawił krzesło i kazał mu na nie wejść, po czym modlił się kładąc ręce na jego stopy, a nie na głowę. Ci dwaj mężczyźni, tak różni co do charakteru i temperamentu, byli nierozłącznie związani miłością i podziwem.

Alfred wrócił do Anglii, gdzie zastał komitet wspierający w przygnębieniu, osłabły w wierze. Wojna przeciągała się, wydawało się, że misja skazana jest na „śmierć głodową". Spadło zainteresowanie magazynem, ale C.T. nie dawał za wygraną. „Jeśli zejdziemy poniżej trzystu sztuk, będziemy i tak walczyć!". Dzięki Bogu za jego walecznego ducha, bo szatan prawie zwyciężył. Nawet Priscilla uległa zniechęceniu i nie widziała nadziei.

Wszystko wydawało się stracone, lecz Studd posiadał zdumiewającą zdolność trwania w wierze w ciężkich czasach. Jeszcze raz, tak samo jak kilka lat wcześniej, zdołał dodać odwagi członkom komitetu. W najczarniejszej godzinie przysłał telegram: „Wielu nawróconych – Deti, Wamba 50, Niangara, Nala 100. Naprzód krzyżowcy, do walki przeciw diabłu – strzelać do zdrajców, nie do braci!". Zdał szczegółowe sprawozdanie z tego, jak w obliczu wielu przeszkód doświadczyli wspaniałego zwycięstwa. Niektórzy z nowo nawróconych wyznali, że jedli ludzi! Cenne dusze wyrwano z sideł grzechu. Działająca cuda moc dobrej nowiny, przynoszącej tak niezwykłe rezultaty, okazała się wystarczającą nagrodą i zachętą do dalszych wysiłków.

Był to początek nowego poruszenia. Charles cieszył się z wolności, jaka zapanowała na nabożeństwach w Nala. Chwała i uwielbienie wznosiły się spontanicznie. Od zwycięskich okrzyków „alleluja!" trawiasty dach kościoła w Nala prawie unosił się w górę! Co teraz powiedzą krytycy C.T. Studda? Chrześcijanie tańczą w kościele! Ogarniała ich taka radość w Panu, że nie mogli ustać na miejscu. Tańczyli przed Panem, jak kiedyś Dawid. Naoliwione, lśniące ciała błyskały w świetle parafinowych lamp, kiedy wznosili ręce i skakali z radości. Jak pięknie śpiewali! Mocne, dźwięczne głosy łączyły się w naturalnej harmonii, którą usłyszeć można było tylko w Afryce.

C.T. pragnął odwiedzić poszczególne stacje, by dokonać oceny odbywającej się tam pracy. Mówił z niewielkim przekonaniem, że gdy zakończy to zadanie, wróci do kraju. Niangara, Poko, Bambili i Nala tworzyły czworokąt o powierzchni równej połowie Anglii, zamieszkany przez dziesięć plemion. Dla starego człowieka oznaczało to straszliwy wysiłek, zwłaszcza że wiele mil trzeba było pokonać piechotą lub rowerem.

Udał się w podróż na południe od prowincji Welle, siedem razy większej od Belgii, na teren prowincji Ituri. Stację misyjną otworzyło tam pewne małżeństwo, które prowadziło pracę z bardzo dobrym rezultatem. Charles pełen był dziękczynienia za to, co tam zobaczył, a był to obszar, gdzie używano odmiennego języka. Po wyjeździe Alfreda zostało tylko sześciu misjonarzy. Mimo ograniczenia pracy, Bóg dodawał Studdowi odwagi. Pan zapewnił mu poparcie urzędników, co działało na korzyść ewangelii, ponieważ miejscowi uważali, że mądrze jest go zapraszać. Nazywali go Bwana Nukubura – Wielki Biały Wódz. Ten zaszczytny tytuł wyrażał ogromne poważanie. Przyznano im także następne koncesje na ziemię. Niestety, nie mogli od razu z nich skorzystać w sytuacji nadmiernego obciążenia, gdy niektórzy pracownicy starali się prowadzić dwie lub trzy placówki jednocześnie.

Niepowstrzymany Charles przygotowywał miejscowych wierzących i wysyłał ich z zadaniem ewangelizowania. Powiedział: „Liczy się nie kształt ani rozmiar ostrza, ale jego ostrość". Zwrócili się ku modlitwie, studiowaniu Biblii i ujrzeli jak Słowo Boże działa, tnąc precyzyjnie. Pan oczekiwał żniwa. Pan oczekiwał robotników. On spełnia swoje obietnice.

Rozdział dwudziesty szósty

Priscilla – ostoja

Strefą działalności C.T. było Kongo, lecz wizją obejmował cały świat bez ewangelii. Podjęła ją Priscilla Livingstone Studd. Ona zapoczątkowała inwazję na cały świat.

Po powrocie C.T. do Afryki w 1917 roku stał się cud. Priscilla wróciła do normalnego życia. Dzień po odjeździe męża wstała z łóżka, odrzuciła opinie lekarzy i nigdy więcej nie wróciła do trybu życia osoby niepełnosprawnej. Czy była to Boża odpowiedź na modlitwy Charliego? Czy też ona sama odnalazła nagle siłę, by wierzyć? Nie wiadomo.

Przewodniczącym Komitetu Wspierającego został wielebny Gilbert Barclay, jeden z zięciów Studdów. Priscilla znalazła w nim pokrewnego ducha. Był jej wielkim pomocnikiem przy wprowadzaniu w życie nadziei i planów. Pod jego kierownictwem misja podjęła realizację światowej wizji. W 1919 roku przyjęła nową nazwę: Światowa Krucjata Ewangelizacyjna (*World Ewangelization Crusade* – WEC).

Od 1921 roku na jej czele stanęła pięćdziesięciosiedmioletnia Priscilla, przyjmując na swe barki całe brzemię działalności w kraju. Od ostatniego spotkania z mężem minęły burzliwe lata. Różnice zdań, kłopoty i załamania oddaliły ich od siebie, ale nie pozwoliła, by zawróciły ją z drogi powołania. Zjednoczona z mężem w wizji i pasji, poświęciła życie celowi zaniesienia ewangelii światu.

W 1922 roku, podczas wyjazdu za granicę, pojawiła się dla niej możliwość odwiedzenia męża. Alfred nie widział powodu, aby, będąc w stabilnym wówczas stanie zdrowia, nie mogła tego zrobić. Pisząc o tym do C.T. ściągnął na siebie gromy. Odpowiedź w tonie nie znoszącym sprzeciwu brzmiała: „Nie wolno jej przyjeżdżać”. Jednak Priscilla nie zmieniła planów. Nastąpiła bardzo ostra reakcja, Charles pisał: „Kto zastąpi ją w kraju i co

Priscilla w latach 20. XX wieku - światowa podróżniczka

będzie tu robić? Nauczy się języka i wyjedzie? Ludzie mówią, że powinna być przy mężu. Nieważne, co ludzie mówią. Priscillo, jesteś potrzebna w domu". Szczerze obawiał się, że w Afryce mogłaby nie przeżyć. Czuł się więc zagrożony wiedząc, że ciężar misji spoczywa na jej barkach.

Wizyta Priscilli w Kongu miałaby ogromną wartość z punktu widzenia potrzeb misji. To ona zajmowała się rekrutacją i przeprowadzaniem rozmów z kandydatami na misjonarzy. Osobista znajomość sytuacji bardzo by jej w tym pomogła. Był jeszcze inny, bardziej palący powód. Potrzebowała zobaczyć się z mężem. Ta sprawna zarządczyni cierpiała w głębi serca na brak ciepłych, uzdrawiających zranione uczucia słów. Przy wielu okazjach błagała Charliego o powrót, on jednak nie miał takiego zamiaru, choć niekiedy składał nawet obietnice. Narzekał na jej krótkie, rzadkie, pełne rezerwy listy, lecz sam nie potrafił dostrzec zawartych w nich sygnałów.

Po wakacjach w Kairze, podczas których do ostatniego dnia żywiła nadzieję na jego przyjazd, Priscilla wróciła posłusznie do domu. „Musimy ponosić ofiary – musimy świecić przykładem" – to słowa C.T. Kiedy Priscilla przebywała w Kairze ze zbolałym sercem, Charles leżał powalony gorączką. Musiał odłożyć zaplanowaną wyprawę do Ituri.

Pani Studd otrząsnęła się jakoś z rozczarowania i uporządkowała emocje. Następne lata tylko powiększyły dystans między małżonkami, ból i zranienia zgasiły miłość.

Ów epizod zasiał ziarno niezgody między Studdem a Alfredem Buxtonem. Ten ostatni dawno przestał być chłopcem bez doświadczenia, wyrażał własne zdanie i z wielką miłością upominał Studda, który rzadko kiedy nie reagował na to ostro. Różnicę opinii odbierał jako nielojalność.

W miarę postępów w realizacji wizji, pojawiła się potrzeba nabycia w Londynie dodatkowych budynków. W różnych okresach wystawiano na sprzedaż zabudowania sąsiadujące z domem pod siedemnastką z obu stron. Czy powinni wykonać ten krok i kupić je? Szala to wznosiła się, to opadała. W końcu, nie bacząc na chroniczny stan niedoboru finansów, dokonali zakupu. Teraz oprócz domu mieli też biura i kwatery dla kandydatów na misje – wszystko dzięki wierze.

W 1923 roku wizja obejmująca inne nie zewangelizowane obszary stała się rzeczywistością. WEC rozpoczęła pracę misyjną wśród plemion Amazonii. Trzej pierwsi wysłannicy wyjechali jak Dawid występujący przeciw Goliatowi: słabo wyposażeni i jakże mali w porównaniu z przeciwnikiem. Tak jak ów mąż Boży, wśród srogich przeciwności doświadczali Bożej pomocy i zaopatrzenia.

Każde dzieło wiary składa się z posunięć nierozsądnych w oczach postronnego obserwatora. Przeglądając wyciągi z rachunku bankowego WEC z 1923 roku, nikt nie uznałby za mądre rozszerzenie pracy na nowe obszary. Ale Bóg widzi to inaczej. W Jego Królestwie każdy etap rozwoju zaczyna się przez wiarę, wbrew opozycji, a wygląda jak naiwność i brak rozwagi. Krok wiary porusza duchowe siły, generuje zapewnienie wszystkiego, co potrzebne do spełnienia Bożej woli. Akt posłuszeństwa, czy to zakup domu, czy podróż do Amazonii, przedstawić można jako podłączenie wielkiego koła wodnego do źródła energii. Czyny wiary są jak prąd, który sprawia, że koło wciąż się obraca, gwarantując ciągłe zaopatrzenie. Wiara poprzedza zaspokojenie potrzeb.

Czyny wiary otwierają drzwi Bożego składu, gdzie znajduje się wszystko, co niezbędne do kontynuacji pracy wiary. Bóg nie wyposaża do zadań prawdopodobnych. Całe niebo angażuje się, gdy do niebiańskich zasobów podłącza się wiara.

Wyjazd trójki misjonarzy do Amazonii i rozpoczęcie działalności w nowym miejscu nie oznaczały ograniczenia nakładów na rozwijającą się misję w Kongu. Gdy Bóg pozwala nam brać ze swego portfela odkrywamy, że ma on elastyczne kieszenie, a wiara jest sposobem do ich rozciągnięcia.

W późniejszym czasie udało się wejść na dwa inne, niezwykle trudne terytoria: fanatycznie muzułmańskie regiony Azji Środkowej i Arabii. Misjonarze próbowali tam, początkowo bez powodzenia, wędrować i żyć wraz z plemionami Beduinów.

Prosta, dziecięca wiara Bogu, zakorzeniona w nieomylności Jego Słowa, ukierunkowała wszystkie decyzje Priscilli. Nie była to wiara „z drugiej ręki". Od początku sama złożyła wszystko u Bożych stóp. Opowiadała, że kiedy jako młoda kobieta wyjeżdżała do Chin, mając przed sobą pełne, ekscytujące życie, otrzymała paszport do ręki i usłyszała: „To nie jest gwarancja bezpieczeństwa. Może będziesz musiała stracić życie". Odpowiedzialnie uświadomiła rodzinie powagę sytuacji. Jeśliby zginęła, mają nie rozpaczać. Odebrawszy taką obietnicę, odpłynęła. Silny, młody pęd wiary zasadzony wiele lat temu miał teraz rozłożyste, mocne konary, sięgające we wszystkich kierunkach.

Priscilla trwała w wierze i posłuszeństwie, nawet jeśli nie wszystko rozumiała. Trudziła się wiernie, ufając Bogu, że On sprawi, iż wszystko współdziałać będzie ku dobremu. Mogła przecież stać się zgorzkniałą, samotną starszą panią, ale wybrała inną postawę i zachowała stuprocentową lojalność w stosunku do męża. Mówiła o nim jak najlepiej i z całej siły pracowała razem z nim przy realizacji jego wizji. Kiedy nieopatrznie wywoływał kłopoty, na co miały wpływ podeszły wiek, odległość i ciężki charakter C.T., potrafiła załagodzić sytuację, wylewając olej na wzburzone wody. Nie istniały dla niej niemożliwości, w obliczu najbardziej niesamowitych przedsięwzięć głosiła łaskę i obietnice Boże z niezachwianą wiarą.

Lily Searle, żarliwa młoda wolontariuszka, pamięta dobroć Priscilli. Mimo że wyrażała się bez ogródek i trzymała się zawsze prosto, czym mogła sprawiać wrażenie osoby nieco groźnej, jej matczyna, współczująca postawa zjednywała wszystkich. Lily opowiadała: „Traktowała kandydatów z miłością i »zbyteczną« dobrocią. Jak mogła, starała się uprzyjemnić nam życie. Pani C.T. radziła, byśmy odwiedzali piękne miejsca, które moglibyśmy wspominać po przyjeździe do Konga".

Kandydaci na misje interesowali Priscillę szczególnie. Osobiście przeprowadzała z każdym wywiad, w listach kierowała słowa zachęty do dobrze zapowiadających się potencjalnych misjonarzy. Miała „dobre oko" i nigdy nie przepuściła pojawiającej się okazji. Evelyn Crow, studentka College'u Biblijnego Redcliff zaręczona była z młodym mężczyzną, który zgłosił się do pracy w Kongu. Priscilla zachęcała Evelyn, by i ona uczyniła podobnie. W następnej poczcie znalazła formularze zgłoszeniowe!

Sposobem życia Priscilli była modlitwa. Późna noc i wczesny ranek zastawały ją modlącą się. Kiedyś czytając słowa: „Proście więc Pana żniwa, aby wyprawił robotników na żniwo swoje" (Mat. 9,38), zwróciła uwagę na polecenie „proście" i cel – „aby posłał". „Czy to wszystko, Panie?" – spytała. „Tak. Czy wierzysz w to?". „Wierzę". Usłyszała Boga i wszystko było jasne. Ona będzie się modlić, a On – posyłać robotników.

W całej działalności misji modlitwa stała się jedyną metodą poszukiwania wolontariuszy i zdobywania funduszy. Spotkania modlitewne iskrzyły życiem, Priscilla prowadziła je z pieśnią zwycięstwa na ustach, grając na fisharmonii. Dla studentów te sesje wstawiennicze były gwoździem tygodniowego programu. Trzymając swoje lorgnon[1] przed oczami, otwierała Biblię i przemawiała z zapałem. Zachęcając ludzi do ufania Panu, ogłaszała Jego obietnice i Jego zwycięstwo. Ci wierni bojownicy modlitwy byli duchowymi współpracownikami misjonarzy w ich walce przeciw mocom ciemności.

Priscilla, kobieta z osobowością, obdarzona wieloma talentami, czas na bycie matką dla swych córek, a później babcią, znajdowała w przerwach między licznymi zajęciami. Macierzyński rys charakteru Priscilli jakoś nie do końca wyraził się w zaspokojeniu potrzeb jej dzieci. Nieco zamknięta w sobie Edith zawsze miała odczucie, że nie zna matki zbyt dobrze. Studdowie mieli mało czasu, by zatrzymać się i zwyczajnie pobyć rodziną.

Susan, wnuczka Priscilli, pamięta wizyty w domu pod siedemnastką. Z jego wysokich okien obserwowała pokaz sztucznych ogni nad Pałacem Kryształowym, zasiadała przy suto zastawionym stole babci. Priscilla przyjmowała wszystkich z irlandzką hojnością, oferując wspaniałą gościnę. Często przy stole gromadziła się cała armia gości. Dom przy Highland Road 17 otwarty był dla sług Bożych z każdego zakątka świata.

Pierwsze dzieci Edith i Pauline przyszły na świat w Kongu. Priscilla mogła zrozumieć, co przeżywały jej córki, pamiętając własne doświadczenia z Chin. Jak każda matka, starała się przekazać im jak najwięcej dobrych rad. Edith opowiadała: „Matka przygotowała mnie na wszelkie ewentualności, doradziła nawet jak postępować w przypadku rozszczepu podniebienia". Roz-

[1] Rodzaj binokli osadzonych na długiej rączce.

dzielenie rodziny między Anglię i Kongo sprawiło, że Priscilla nigdy nie wzięła na ręce pierwszego dziecka Pauline. Jak bardzo musiała ją zasmucić wieść o jego śmierci. Tylko w modlitwie znajdowała pocieszenie, z całego serca pragnąc objąć Pauline i dodać jej otuchy.

Na ślubach radość mąciła nieobecność ojca albo – jak w przypadku Edith – matki. Brak wspólnoty w ich rodzinie mógł stać się dla Priscilli źródłem urazy. Znalazła jednak łaskę do przezwyciężenia jej. Mówiła: „Jesteśmy na wojnie, rozdzielenie to część kosztów. Na Bożej wojnie potrzebni są żołnierze". Znamy cenę, jaką zapłaciła, otrzymując bolesne ciosy tnące głęboko przez serce i duszę. Chodziła w mocy swej odważnej decyzji, nie pozwoliła żadnym ranom ani niesprawiedliwościom zepsuć jej relacji z Bogiem.

Nieustające zwycięstwo było w jej życiu możliwe tylko dlatego, że decydowała się wybierać śmierć swego „ja". Życie dostarczało jej mnóstwa okazji do użalania się nad sobą i goryczy. Jak reagowała? Powierzała się Zbawicielowi, służyła dynamicznie Jemu i sprawie misji.

Działania misyjne na całym świecie potrzebowały światowego poparcia. W wyniku wizyt Alfreda Buxtona, Priscilli i panny C. Brandon, sekretarki delegacji, powstał komitet amerykański. Po początkowych trudnościach amerykańska rada doszła do największej efektywności w wysyłaniu misjonarzy w świat. Priscilla chciała doprowadzić do założenia jak największej liczby komitetów wspierających. Zaczęła od Australii, Nowej Zelandii, Kanady i Afryki Południowej. Do Nowej Zelandii i Australii pojechała panna Brandon, za nią Priscilla. Spędziła długie miesiące poza domem, podróżowała od miasta do miasta, konfrontując Kościół z potrzebami świata. Pokonała dystans trzydziestu jeden tysięcy mil w Australii, kolejne sześć tysięcy w Nowej Zelandii. W sumie wystąpiła na dwustu siedemdziesięciu dwóch spotkaniach. Kończąc, mogła być zadowolona – zgłosiło się trzydziestu kandydatów na misje.

Wszystkie jej wyjazdy były przedsięwzięciami wiary. Priscilla nie pobierała wynagrodzenia z funduszy misji i nie ubiegała się o zwrot kosztów podróży. Każdy kolejny odcinek pokonywała dzięki wierze. Nie zbierała ofiar na nabożeństwach, wszystkie otrzymane kwoty skrupulatnie odnotowywała i wysyłała w całości do centrali. Powiedziała kiedyś: „Niektórzy z was myślą może, że obsypywano mnie złotem – nie, tak nie było”. Wszystkie pieniądze, nawet drobne na znaczek czy bilet kolejowy wpłacała do komitetu w Melbourne, na podróż zgłaszających się kandydatów do Anglii.

Głosiła zwykle dwa razy w ciągu dnia, nocowała w różnych domach, prawie codziennie gdzie indziej. Dni mijały na studiowaniu, pisaniu listów, przygotowaniu kazań i modlitwie. Wobec każdego, kogo spotkała, zachowywała się jak dama – uprzejmie i troskliwie. WEC i jej najcenniejsza przedstawicielka zostawały w pamięci na zawsze.

Po Australii nadeszła kolej na Afrykę Południową. Priscilla podjęła wyzwanie, ale nie było pieniędzy. Wtedy Pan przypomniał jej o niewielkiej sumie, jaką miała w banku. Opowiadała: „Czułam, że nie mogę prosić Boga, by dał pieniądze cudem, gdy miałam tamte”. Sfinansowała więc podróż z własnych środków. Z energią godną młodej kobiety przejechała trzy tysiące mil, odwiedziła osiem centrów i przeprowadziła pięćdziesiąt dziewięć spotkań. Warto było – znalazła dwudziestu dziewięciu chętnych do pracy.

Nie szczędząc energii, Priscilla promowała misję na wszystkich frontach. C.T. skarżył się w listach na niedobór personelu. Niestrudzenie prowadziła więc poszukiwania, wszystkie swe zdolności wkładała w rekrutację, wybór, szkolenie i wysyłanie najlepszych ludzi, do jakich dotarła.

Nie apelując nawet o pieniądze, robiła dla zdobycia funduszy więcej niż ktokolwiek. Z łaski Bożej miała do tego talent. Całe życie doświadczała trudności finansowych, lecz kierowało ją to tylko głębiej ku wierze. Mówiła wiarą, chodziła w wierze i spożywała owoc wiary.

We wczesnych latach ich małżeństwa Charlie żartował z jej prób organizowania mu życia, ale teraz Priscilla stała się organizatorką pierwszej klasy. Zajmowała się całą „biznesową” stroną misji. Pozostanie tajemnicą, jak udawało jej się przebrnąć przez całą korespondencję docierającą do biura, zwłaszcza gdy we-

Priscilla i pracownicy misyjni podczas Keswick Convention

źmiemy pod uwagę liczbę listów przychodzących pod adresem domowym. Znała najdrobniejsze szczegóły – zarówno korespondencji, jak i finansów. Imponować mogła jej osobista znajomość wszystkich osób związanych z misją – czy to prenumeratorów magazynu, pomocników, kandydatów na misjonarzy, czy wstawienników.

Dziesiąta rocznica misji, świętowana w 1923 roku, zastała Priscillę w najlepszej formie. Była pierwszej klasy namaszczonym kaznodzieją. Potrafiła trzymać w napięciu wszystkich zebranych w londyńskiej Central Hall. Podniosła głos, by przemówić na temat pieśni wyzwolenia. Zaczęła od pieśni Debory: „Opiewają tam zbawcze czyny Pana..." (Sędz. 5,11). Potem opowiedziała „niezwykłą historię niezwykłej misji". Przeszła do pieśni Mojżesza o tym, jak Pan „nader wspaniałym się okazał..." (II Mojż. 15,1). Wtedy przyszła kolej na pieśń Dawida: „Gdyż dzięki Tobie przebiję się przez zgraję, dzięki Bogu mojemu" (II Sam. 22,30). Priscilla mogłaby tak opowiadać całe popołudnie o cudach, jakich dokonał Pan w odpowiedzi na ich wiarę. Ilustrowała swe kazanie prawdziwymi historiami o tym, jak otrzymywali pieniądze, budynki, ludzi i docierali na nowe pola misyjne. Oni przebili się przez zgraję, przeskoczyli mur, nic nie mogło zagrodzić im drogi. „Wszystko jest możliwe dla wierzącego" (Mar. 9,23).

Priscilla z całej mocy wzywała słuchaczy:

Wytężcie każdy mięsień, każdy nerw! Włóżmy w pracę dziesięć razy więcej wysiłku, a przyniesie nam dziesięć razy więcej umysłowego, duchowego i fizycznego ożywienia. Bo dzięki mojemu Bogu otrzymamy dziesięć razy więcej wiary. Bóg chce, byście wykonali potężny skok! Jesteście gotowi? W górę, dziś jest ten dzień!

Zakończyła: „Wysyłam was, byście szli i wydawali wiele owocu. Świat potrzebuje ludzi ze światową wizją. Modlę się, byście otrzymali ją dzisiaj".

Charles otwarcie wyrażał swe zdanie na temat służby żony. Powiedział: „Wolałbym, by obok mnie stała za kazalnicą żona niż jakikolwiek znany mi mężczyzna. Mogę być zawsze pewien, że przekaże dynamiczne poselstwo od Boga. Nie słyszałem żadnej kobiety przemawiającej jak ona, a mężczyzn bardzo niewielu".

Wśród natłoku zdarzeń Priscilla nie miała czasu myśleć o sobie. Tak samo jak mąż, własne pragnienia umieściła na samym końcu listy priorytetów. Żyła dla chwały Bożej, radośnie ją rozgłaszając. Bez wątpienia nieporozumienia między nią i mężem kładły się cieniem na jej szczęściu, lecz nigdy nie zmniejszyły przydatności tej dzielnej kobiety. Służyła mężowi i misji, z poświęceniem służąc Bogu.

W 1928 roku Priscilla, dama stanowcza, choć już sześćdziesięcioczteroletnia, postanowiła odwiedzić męża. Chciała zobaczyć go raz jeszcze, nim oboje odejdą do Pana. Miała nadzieję namówić go do powrotu do domu. Charles był niezadowolony z pomysłu, obawiał się o jej życie, być może niepotrzebnie, ale pogodził się z myślą o przyjeździe żony. Z Normanem Grubbem, mężem Pauline, Priscilla przybyła do Ibambi samochodem, w towarzystwie małej grupy.

Co za dziwne spotkanie po tylu latach! Spoglądali na siebie mąż i żona, którzy żyli w dwóch różnych światach, służąc tej samej sprawie. Te dwa różne światy uczyniły z nich różnych ludzi. Priscilla, podróżniczka i znakomita mówczyni, spotkała całkowicie zrośniętego ze swym miejscem sługę Bożego. On należał do Konga.

Nie była przygotowana na tak wielką zmianę w mężu. Opowiadała: „Wydawał się zaledwie cieniem mego dawnego męża – lecz za tą wątłością krył się duchowy i mentalny olbrzym". Została trzynaście dni. Zorganizowano specjalne nabożeństwa, podczas których we wspaniałym stylu głosiła do Afrykańczyków. Wielu z nich pojawiło się w jej życiu już wcześniej – w modlitwach. Bóg cudownie pobłogosławił spotkania. Odwiedziny żony Bwany Nukubury stanowiły niezwykłą atrakcję, ludzie przybywali z daleka, by ją zobaczyć.

Próbowała nakłonić C.T. do wyjazdu, lecz on oparł się wszelkim prośbom. Zamierzał umrzeć w Kongu. Protestowała, nie chciała sama wracać do domu. Lecz Studd uparł się. Rozstanie było bardzo ciężkie – co mieli sobie powiedzieć? W milczeniu szli w stronę czekającego samochodu. Priscilla wsiadła z nieruchomą twarzą, patrząc przed siebie. Nie obejrzała się, kiedy samochód ruszył.

5 stycznia 1929 roku ta odważna kobieta odeszła do Pana. Zachorowała nagle podczas wakacji w Hiszpanii z bliską przyjaciółką, a następnego dnia już nie żyła. WEC straciła głównego architekta i budowniczego.

Zdumiewające, jak wiele Pan może zrobić przez ludzi zupełnie Mu oddanych. Priscilla wiedziała, że nic nie zdziała bez łaski Bożej – jak pokrzepiające jest spojrzenie na to, co Bóg rzeczywiście uczynił. Bez Priscilli nie byłoby WEC. Święty Augustyn powiedział: „Bez Boga nic nie możemy. Bez nas Bóg nie zadziała".

Rozdział dwudziesty siódmy

„Nadchodzi przyjazny!"

Podczas wojny w Wietnamie oddziały amerykańskie nigdy nie wiedziały, z której strony nadejdzie kolejny atak. Na odgłos wystrzałów artyleryjskich obserwator krzyczał do megafonu: „Nadchodzi!" i wszyscy kryli się czym prędzej. Niekiedy okrzyk brzmiał: „Odchodzi!", wtedy żołnierze mogli się odprężyć, słysząc jak ich własne działa raziły wroga.

Były żołnierz z Wietnamu opowiedział o przypadkach, gdy megafon ryczał: „Nadchodzi przyjazny!". Cóż to miało znaczyć? W zamieszaniu wojny amerykańscy artylerzyści omyłkowo bombardowali własne oddziały. Co najstraszniejsze w tej historii, owe „przyjazne nadejścia" niosły śmierć.

We wczesnym okresie misja działała w warunkach chronicznego niedoboru funduszy, personelu i zaufania – każdy słaby punkt szybko się ujawniał. Mocni jeszcze się wzmacniali, słabi kapitulowali nie odnajdując własnego źródła siły. Na Misję Serce Afryki uderzały niepomyślne wiatry, atakowali „nadchodzący przyjaźni" i dziesiątki dobrych misjonarzy „wypadało z trasy". Odchodzili przez spory, niedostatek, choroby, utratę złudzeń, a zdeterminowana garstka pozostających jeszcze mocniej zapierała się na pozycjach i walczyła dalej. Tu należy opowiedzieć pogmatwaną historię „nadchodzących przyjaznych".

Wróćmy do 1921 roku, w którym Alfred przyjechał z powrotem do Nala, a Studd przeprowadził się do Ibambi, gdzie napotkał wielki głód duchowy. Setki szukały Pana, w pobliskim Imbai tysiąc pięciuset ludzi przez dwie godziny siedziało w słońcu, by usłyszeć ewangelię – później wrócili po więcej. Zbudowali kościół na tysiąc dwieście pięćdziesiąt miejsc. C.T. odnalazł swoje Eldorado. Przeniósł centralę do Ibambi i mieszkał tam aż do dnia swej śmierci.

Alfred znów próbował zachęcić Charlesa do powrotu, ale ten był głuchy na wszelkie wzmianki o tym, także ze strony komitetu wspierającego. „Co? Jechać do domu? Nigdy! Bóg kazał mi tu przyjechać i nic nie mówił, bym wracał". Studd czuł, że jego autorytet jest kwestionowany i stał się bardzo nieufny wobec Alfreda. Ten „poszedł drugą milę", by rozproszyć obawy C.T., lecz ponowne zdobycie zaufania Studda było prawie niemożliwe.

Izolowany, wyczuwający brak aprobaty komitetu wspierającego oraz własnej żony, Studd przyjął postawę w dwójnasób defensywną. Buxton bardzo starał się jakoś mu pomóc, lecz tylko wystawił się na obstrzał. C.T. pisał w oskarżycielskim tonie: „Wygląda na to, że to Alfred jest tym kochającym, a ja – potworem". Problem ów trapił go bardzo, lecz przez długi czas nie był w stanie znaleźć lidera na miejsce Alfreda.

Po wyjeździe Alfreda i Edith do Anglii, do ojca w Kongu dołączyła Pauline z mężem Normanem Grubbem (po śmierci C.T. Norman kierował sprawami misji w kraju, napisał też książkę o Studdzie). Studd przyjął ich dość chłodno. Zachowanie ojca było dla Pauline niepojęte, szczególnie gdy w okresie choroby wolał opiekę innego misjonarza, a ją i Normana wysłał do daleko położonej stacji. Także Norman miał kłopoty z C.T., wcześnie odkrył, że nie da się pozostać z nim w przyjaznych stosunkach, jeśli ma się inne niż Studd zdanie.

Napięcie i problemy w relacjach doprowadziły w końcu do tego, że Charles zwrócił się do Normana. Sprawy doszły do punktu, w którym trzeba było podjąć jakąś decyzję. C.T. potrzebował reprezentanta w komitecie. Pisał listy, namawiał, perswadował, dopóki Norman się nie zgodził. Ku przygnębieniu młodej pary, nim opuścili Kongo musieli pogrzebać swe pierwsze dziecko – Noela – w rocznicę urodzin.

Pewne wydarzenia ostatnich lata życia Studda wzbudziły szczególne kontrowersje. By zrozumieć je właściwie, należy rozpatrywać każde z nich w kontekście całego życia gorliwego zeloty. C.T. nigdy nie wzdragał się przed ponaglaniem samego siebie i innych do walki przeciw siłom ciemności. Żył wyłącznie po to, by coraz więcej było zbawionych, by trwał marsz ewangelii na nowe obszary. Cel ów stanowił jego rację bytu, przyciągał też jego współpracowników i niósł naprzód. On ich jednoczył.

Przyjazd grupy misjonarzy z Ameryki w 1924 roku wzniecił prawdziwą burzę sporów doktrynalnych. Byli to kalwiniści – reszta pracowników żywiła dokładnie odwrotne poglądy. Studd nigdy nie zaakceptował kalwinistycznej zasady: „Raz zbawiony, na zawsze zbawiony". Twierdził, że święte życie i nienawiść do grzechu to owoc upamiętania i dopiero jego trwałość świadczy o nowym narodzeniu. Nie dało się znaleźć recepty na połączenie wody z ogniem. Po kilku tygodniach Amerykanie pojechali pracować gdzie indziej.

Gdyby tylko na tym się skończyło, sprawa szybko by ucichła, jednak członków komitetu wspierającego przeraził fakt, że cała pierwsza grupa wolontariuszy z Ameryki zrezygnowała ze współpracy. Priscilla i Alfred włożyli wiele starań i wysiłków w założenie biura w Stanach. Komitet obwiniał Charlesa, że przez nieumiejętne postępowanie odstrasza obiecujących pracowników i sprzymierzeńców.

Sprawa przeciągała się, dając komitetowi mocne podstawy do nieufności wobec sądów Studda. Był ekstremistą, być może ktoś bardziej pokojowo nastawiony umiałby lepiej wyjaśnić swoje racje.

Jako sekretarzowi komitetu, Priscilli przypadło niewdzięczne zadanie poinformowania męża o opinii jego członków. Oceniając wynikłe trudności z własnej perspektywy, doszli do wniosku, że Studd jest już zbyt stary i chory, potrzebuje więc odpoczynku. Charles, rozwścieczony podobną sugestią, odpowiedział Priscilli nie przebierając w słowach. Pogłębiło to jeszcze dystans między małżonkami. Odmówił powrotu do domu, do tych, którzy jego zdaniem już go nie szanowali ani nie kochali. Całkowicie zniechęcona Priscilla z trudem pełniła obowiązki, zapragnęła nawet zrezygnować ze swej funkcji.

Napięcie i stres bardzo ciążyły Studdowi. Znużony, niezdrów i o wiele za stary trwał na placu boju. Kiedyś, po wielu godzinach głoszenia i śpiewu – C.T. śpiewał przepięknym tenorem – powstał, by wypowiedzieć błogosławieństwo i upadł do tyłu na fotel. W liście napisał: „Miałem jakiś atak". Wierzył, że nie zostało mu wiele życia. Okresowo miewał bóle, puchły mu dłonie i stopy. Rok wcześniej lekarz stwierdził chorobę serca, powiększenie wątroby i częściowo zajęte płuca. Ignorując starzejące się ciało, nie poddawał się – stał przed ciągle nie ukończonym zadaniem.

Kolejnym problemem do pokonania okazała się dziwna sprawa D.C.D. (*don't care a damn* – nie dbam ni cholery).

Stałą obsesją nieco ekscentrycznego Studda był militaryzm. Cytował Rudyarda Kiplinga, przytaczał „wojenne" fragmenty z Szekspira. Podziwiał wielkich wojowników historii i pragnął ich naśladować w wymiarze ducha. WEC narodziła się w czasie wojny, co na pewno zabarwiło jego postawę. Większość napisanych przez Charlesa broszur poruszała temat walki, na ich okładkach widniały wizerunki żołnierzy z wyciągniętą bronią, pokonujących wroga. C.T. żył, by deptać diabła i wznosić chwałę Pańską. Przy pomocy pióra wbijał ciernie w boki chrześcijan wiodących łatwe życie. „Chodźcie z nami, zaciągnijcie się na front dla Chrystusa, by zmagać się, walczyć i modlić, niszczyć dzieła diabelskie i zwyciężać po dniu boju. Na pewno tysiąc razy lepiej zginąć na froncie niż żyć na tyłach" – pisał.

Ostatnie słowa słynnej broszury „Czekoladowy żołnierz" raziły jak pociski moździerza uderzające w zaspany Kościół:

Przyjdźcie, trąćmy jeszcze raz „zapomnianą strunę" chrześcijaństwa – heroizm /.../ Sam Chrystus pyta /.../ „Będziesz symulantem czy bojownikiem? Na kolana, człowieku! Do Biblii! Zdecyduj od razu! Nie wahaj się! Czas ucieka! Przestań obrażać Boga, radzić się ciała i krwi. Porzuć nieudolne kłamstwa i tchórzliwe wymówki. Zaciągnij się!". Żyj dla Chrystusa, bądź wojownikiem, mężem Bożym, hazardzistą w Chrystusie i bohaterem.

Studd powołał do życia „bractwo", do którego mogli przystąpić misjonarze i wierzący po złożeniu przysięgi następującej treści: „Odtąd nie dbam ni cholery o nic, poza chwałą Jezusa, posłuszeństwem Bogu i ewangelizacją świata". Zawarte w niej nieprzyzwoite wyrażenie pojawiało się w słowniku Charlesa od lat wojennych, kiedy to używali go żołnierze brytyjscy idący do walki ze świadomością niewielkiej szansy na powrót. Niektórzy sugerują, że podczas dyskusji na temat 11 rozdziału Listu do Hebrajczyków pojawiła się opinia, iż zdanie to najlepiej opisuje postawę ludzi zaangażowanych w duchową walkę, gotowych raczej ponieść śmierć niż zaprzeć się swego Boga. Tak więc Studd rozpoczął akcję D.C.D. i bronił jej uparcie w obliczu wybuchłego skandalu. Z szelmowskim upodobaniem szokował ludzi pruderyjnych. Przysięgę podpisała większość misjonarzy, potem nastąpiła fala poświęcenia wśród miejscowych wierzących, którzy przysięgali aż do śmierci nie cudzołożyć, nie kłamać, nie oszukiwać.

Ogarnęła ich bojaźń, grzesznicy porzucali odstępstwo, długoletni wierzący porządkowali swe życie. Lśniące twarze, gromki śpiew i radosne serca świadczyły o przemianie życia.

Duch modlitwy zstępował na zgromadzenia. W Ibambi ofiarne życie C.T. pociągało misjonarzy w nowy wymiar poświęcenia. Każdego wieczoru o ósmej prowadził w swym domu spotkanie. Powinno kończyć się o dziesiątej, lecz zwykle trwało o wiele dłużej. Uczestnicy dowiadywali się, co to znaczy być żywą ofiarą. Na podstawie Listu do Rzymian 12,1-2 i 11 rozdziału Listu do Hebrajczyków Charles uczył o bohaterach wiary. Na fragmentach z 3 rozdziału 1 Listu Jana i 2 Listu do Koryntian 5,17 wyjaśniał, że dla wierzącego życie w grzechu jest absolutnie niemożliwe. Nie zajmował się teologicznymi terminami, liczyło się doświadczenie. Standard określało słowo z Księgi Izajasza 35,8: „I będzie tam droga bita, nazwana Drogą Świętą. Nie będzie nią chodził nieczysty; będzie ona tylko dla jego pielgrzymów. Nawet głupi na niej nie zbłądzi".

Sprawa D.C.D. dosięgła komitetu. Studd zażądał, by przysięgę podpisał każdy jego członek, bo tylko osoby z taką postawą mogą godnie reprezentować krucjatę. Im większy sprzeciw, tym bardziej był nieustępliwy. Norman Grubb pojechał do Konga jako ambasador pokoju, ale ponieważ w zasadzie byli ze Studdem w jedności w podstawowych kwestiach, choć różnie je wyrażali, skończyło się na podpisaniu przez niego D.C.D.

Charles napisał też broszurę zatytułowaną *The D.C.D.*, pełną prowokacyjnych twierdzeń, z groźną czaszką i skrzyżowanymi piszczelami na okładce – dość niezwykła prezentacja całkiem słusznego skądinąd poglądu. Można wybaczyć komitetowi wspierającemu odmowę jej publikacji. Studd, nie zniechęcony, wydał ją własnym sumptem.

Co mogło być jedynie skrajnym epizodem, stało się nieszczęściem. Wielu Brytyjczyków, oburzonych skandalem, odwróciło się od Studda i WEC. Komitet próbował ratować to, co zostało z misji w kraju. C.T. nie zdawał sobie sprawy z rozmiarów zniszczenia, jakiego dokonał jego „nadchodzący przyjazny". Świadomi spoczywającej na nich odpowiedzialności i potrzeby szerokiej akceptacji, członkowie komitetu robili wszystko, by zminimalizować szkody wyrządzone przez D.C.D.

* * *

May Willson przyjechała do Ibambi w 1920 roku, by podjąć się zadania sekretarki C.T. Żyjąc i pracując w najbliższym otoczeniu wielkiego człowieka, miała mnóstwo okazji poznać jego mocne i słabe strony. Cierpiał na znacznie częstsze ataki gorączki niż inni, prawdopodobnie dlatego, że nie używał moskitiery. Z powodu nawracających trudności w oddychaniu wolał smarować się środkiem odstraszającym owady i spać na werandzie, z nadzieją, że wszystko będzie dobrze.

May opowiada: „Nawet w słabości Studd pozostawał dla nas wszystkich inspiracją. Rwał się do pracy. Cokolwiek Pan mu nakazał, robił od razu". Światło w jego pokoju gasło najpóźniej i zapalało się najwcześniej. Oddawał się całkowicie do dyspozycji Pana. Swym przykładem zawstydzał wszystkich. W podeszłym wieku i chory, jak dawniej modlił się każdego ranka z Afrykańczykami. Podróżował nocą, niesiony w lektyce, by głosić w oddalonych wioskach. Pokonywał znaczne odległości w godzinach, gdy żaden Afrykańczyk normalnie nie udałby się w drogę. Aby nie marnować czasu, zabierał z sobą w podróż Biblię i notatnik.

Ostatnim kontrowersyjnym zagadnieniem siejącym podziały było uzależnienie C.T. Studda od morfiny. Jego stosunek do tego narkotyku powinniśmy rozpatrywać w kontekście czasów, w jakich żył. W większości apteczek znaleźć można było laudanum, pochodną opium, a morfina i chinina wchodziły w skład podróżnych zestawów medycznych. Charles od lat leczył się sam. Nie czynił sekretu z przyjmowania morfiny – robił sobie zastrzyki nawet przy misjonarzach. Afrykańczycy nazywali ją chininą Bwany. Słysząc zarzuty odpowiadał: „To jedyna rzecz, którą dotąd znalazłem, pozwalająca mi opanować ból i słabość, przywracająca siły do głoszenia dobrej nowiny". Chciał tylko wykorzystać każdą odrobinę energii do wykonania stojącego przed nim zadania. Nie znosił myśli, że mógłby stać się ciężarem dla pozostałych pracowników – mieli dosyć roboty. Przyjmował więc morfinę tak samo jak diabetyk insulinę.

Pisał:

Bóg działa w cudowny sposób. Byłem w ciężkim stanie, w łóżku z gorączką 102,6 st. F.[1] *Przyszły tłumy, zrobiłem więc sobie zastrzyk morfiny. Wyszedłem, poprowadziłem spotkanie przez ponad pięć godzin, wróciłem uśmiechnięty i bez temperatury /.../ Ludzie przychodzą do Boga, gdy składamy prawdziwe ofiary.*

W nieskomplikowanych przypadkach medycznych morfina działa najskuteczniej. Jest bardzo efektywnym środkiem przeciwbólowym, mogła rzeczywiście pomóc C.T. dźwigać przygniatający ciężar obowiązków. W opinii lekarzy niekoniecznie wywierała na Studda szkodliwy wpływ. Zależność od morfiny w określonych przypadkach medycznych nie musi być automatycznie zjawiskiem groźnym. Zastrzyki przynosiły Charlesowi natychmiastową ulgę w malarycznych bólach głowy i serca. Mógł przypuszczać, że jest to odpowiedź na wszelkie bóle, łącznie z ostrymi bólami występującymi przy kamieniach woreczka żółciowego. Grubb sugeruje, że cierpiał on na tę dolegliwość.

Wybuchnął gwałtowny spór. Studd deklarował: „Nigdy nie brałem morfiny dla przyjemności". Oświadczenie to jest w pełni zgodne z wymową jego życia, pełnego poświęcenia. Wobec córki i zięcia twierdził, że tylko w ten sposób może dalej działać.

[1] 39,6 st. C.

Nadal otwarcie prosił o narkotyk i nie przejmował się oskarżeniami tych, którzy żyli wygodnie w swych domach, daleko od niego, nic nie wiedząc o jego potrzebach. Oczywiście niektórzy misjonarze niepokoili się i powodowani szczerą miłością pragnęli, by odpoczął na emeryturze. W domu, pod dobrą opieką lekarską podreperowałby zdrowie.

Studd pisał do Pauline i Normana: „Nie zwiększyłem dawki – biorę tylko tyle, by dalej funkcjonować". Możliwe, że kontrolował zależność, choć w takich przypadkach pacjent nie jest najlepszym sędzią.

Stylu życia, jaki prowadził, dziś nie utożsamiamy z nałogiem. Nie zaniedbywał się ani nie wycofał z pracy. Do ostatnich dni życia dbał o ubranie, jakkolwiek stare by było, a jego buty zawsze lśniły. Otaczający go ludzie widzieli w nim doskonałego gentlemana. A praca? Jeśli cokolwiek można rzec, to tylko tyle, że był pracoholikiem, niestrudzonym w służbie Bożej. Przez żołnierskiego ducha i całkowite oddanie się Chrystusowi Studd ustanawiał tak wysoki standard, że młody misjonarz Jim Grainger zastanawiał się, jak podoła zadaniu. Miejscowi chrześcijanie mówili: „On pracuje cały czas!". Nawet idąc do toalety zabierał z sobą książki, znany był z tego, że w tym szczególnym odosobnieniu układał zwrotki hymnów! Jeżeli zbudził się w nocy, zapalał lampę, kładł na kolanach podręczny blat i gotów był do pracy, mając wszystkie swe książki przy łóżku.

W tych latach ukończył tłumaczenie Nowego Testamentu na język kingwana. W 1926 roku mówił: „Prawie skończyłem List do Galacjan. Chwała Bogu! Od Rzymian do Objawienia – zrobione!".

Produkował ogromną liczbę listów. Pisał do misjonarzy we wszystkich stacjach. Były to listy od kochającego ojca do dzieci. Jim Grainger opowiadał:

Zaczynał list słowami: „Mój drogi synku", a kończył: „Twój kochający ojciec C.T.S.". W środku były słowa chwały dla Zbawiciela i zachęty do głębszej miłości i poświęcenia Panu. Jego życie było doskonałym przykładem ofiary, zawstydzało nas, stawiając oko w oko z naszą płytkością. Pisał: „Nie jestem tak wydajny jak młodzi, lecz bardziej wydajny niż ktoś nieobecny! Bóg wie wszystko o moim zdrowiu, potrzebie odpoczynku i wielu rzeczach uznawanych za niezbędne do życia w tych regionach. Z zadowoleniem przyjmuję ich brak i raduję się wspaniałą radością ze śmierci za życia, mogąc zająć miejsce pozostawione pustym przez innych".

Charles Studd przekroczył granice zwykłej ludzkiej wytrzymałości. Nie znał innej drogi, do ostatniego dnia życia kroczył w zupełnym umartwianiu własnego „ja". Był tym, co głosił – żywą ofiarą.

* * *

Alfred przyjechał do Ibambi pogodzić się z C.T. Ich zerwana relacja wyrządziła WEC wiele szkód i rzuciła cień wątpliwości na przywództwo Studda. Jak mogło dojść do rozdźwięku między tymi dwoma, którzy tak gorąco się kochali?

Kilka dni obaj mężczyźni krążyli wokoło, prawiąc sobie powierzchowne uprzejmości, aż w końcu doszli do sedna. Studd nie chciał Alfreda w komitecie wspierającym. Bał się, że nie będzie on twardo bronił zasad dla niego samego najważniejszych. Nie przyjął „gałązki oliwnej" Alfreda. Z jego punktu widzenia Buxton powinien prosić go o przebaczenie. Lecz tamten szczerze zapomniał o kwestiach trapiących Studda.

Świadkiem tych rozmów był Herbert Jenkinson, misjonarz wielokrotnie chwalony przez Studda za wierność i lojalność. Mimowolnie został wciągnięty w sprawę. Wrócił do domu zakłopotany i zasmucony tym, co widział. Czuł, że ktoś z rodziny C.T. powinien przyjechać i przyjąć za niego odpowiedzialność – wiedział, że Charles brał morfinę. Kiedyś widział go robiącego sobie zastrzyk.

Napisał do Normana Grubba. Ten, zasypany problemami nie odpisał. W kraju środki finansowe misji kurczyły się gwałtownie, wszystkie przychodzące telegramy głosiły: „Brak wpływów". Sprawa D.C.D., spory doktrynalne, rozpowszechnienie informacji o uzależnieniu Studda od narkotyku – wszystko to spowodowało wycofanie się ostatnich sponsorów. Z rodziny pozostali w misji tylko Pauline i Norman.

Skłoniony ciężką sytuacją, Norman napisał do teścia wyjaśniając mu, że wyrażenie „nie dbam ni cholery" oraz wieść o przyjmowaniu przez niego morfiny stawiają ich wobec konieczności ciągłego wyjaśniania tych kwestii i usprawiedliwiania go. Proponował, by C.T., zgodnie z wcześniejszą własną sugestią, zrezygnował wraz z nim i Pauline, w ten sposób uwalniając misję od dalszych kłopotów. Proponował też zmianę, zgodnie z którą skrót D.C.D. miałby oznaczać *I don't care if I die for Christ* (nie boję się umrzeć za Chrystusa).

Ostatecznie wysłano do Afryki delegację, pojechali Buckley i Evening, wracający misjonarze oraz Roome i Thynne, członkowie komitetu. Zamierzali próbować sprowadzić Charlesa do kraju. Uzgodniono, że w razie niepowodzenia założą nową misję. W rzeczywistości nigdy się z nim nie spotkali.

Buckley i Evening pojechali na południe i dzięki uprzejmości Misji Baptystycznej ulokowali się w Stanleyville. Tak powstała Misja Obszarów Nie Zewangelizowanych (*Unevangelized Fields Mission* – UFM). Poparli ją wszyscy członkowie komitetu. WEC podzieliła się. Nieco później do nowo powołanej misji dołączyli misjonarze z Brazylii i grupa z Konga.

Norman Grubb zachował się wspaniale. Lojalność ceniona jest wysoko w sądach niebios. Już przedstawił C.T. swoją opinię, ale nie zamierzał biernie przyglądać się rozwojowi wypadków. Wraz ze swym szwagrem, pułkownikiem Munro, poszedł do biura przy Highland Road 17 jako przedstawiciel C.T. Studda i zabrał dokumentację. WEC mogła dalej istnieć.

To, co zostało z rozerwanej WEC przypadło Normanowi Grubbowi. Niesamowitą historię odbudowania misji opowiada książka „Po C.T. Studdzie". WEC zawdzięcza dziś swe istnienie jego wierze i ciężkiej pracy.

Konsekwencje tych wydarzeń twardo uderzyły w Ibambi. Wśród tych, którzy odeszli do UFM znalazł się Herbert Jenkins, przedstawiciel Studda w Kongu, razem z żoną, wieloletnią troskliwą opiekunką C.T. (z nimi odeszła pielęgniarka Charlesa, Edith Paton). Przy takich podziałach nie ma zwycięzców – ci, co odchodzą i ci, co pozostają, odnoszą dotkliwe rany.

Sześć miesięcy później Studd odszedł do Pana. Zapracowany

do ostatniej chwili, ledwie miał czas umrzeć. Po krótkiej, kilkudniowej chorobie, z okrzykami „alleluja!” na ustach stary bojownik spotkał swego Zbawiciela.

Burzowe chmury zakryły niebo, ulewny deszcz spadł na głowy niosących ciało na miejsce pochówku. Trumnę, przykrytą flagą D.C.D., którą sam zaprojektował, złożono w afrykańskim grobie. Prawie dwa tysiące ludzi wzniosło do nieba pieśni chwały. Studd nie życzył sobie uroczystego pogrzebu. Takie pożegnanie pasowało do starego żołnierza. Skończyła się praca jego życia, mógł odpocząć w pokoju.

Z całego świata nadchodziły telegramy czczące pamięć Bożego męża, lecz żaden nie był tak cenny, jak nadesłany przez Alfreda Buxtona:

Życie C.T. trwa jak urwisty Gibraltar – znak dla przyszłych pokoleń, pokazujący, że warto stracić wszystko, co oferuje ten świat, postawiwszy na świat przyszły. Jego życie będzie wieczną przyganą wobec łatwego chrześcijaństwa. Zademonstrował on, co znaczy iść za Chrystusem bez względu na cenę, bez oglądania się za siebie.

C.T. z natury był dowódcą kawalerii i jako taki poprowadził kilka wspaniałych szarż /.../ Przyczynił się do postępu w ewangelizacji, którego nie jesteśmy w stanie zmierzyć /.../ Uosabiał ducha heroizmu, apostolskiego samozaparcia, które tak łatwo zgubić gdzieś w pracy dla Chrystusa.

Dowódca kawalerii nie może posiadać wszystkich talentów administratora, inaczej nie byłby zdolny prowadzić szarży. Ten prosty fakt wyjaśnia wszelkie niedociągnięcia, jakie można by wytknąć. Jeśli takowe były, w rzeczywistości wynikały one z przerysowania specyficznych cech Charlesa: jego odwagi w chwilach zagrożenia, determinacji nie znającej dźwięku trąbki sygnalizującej odwrót, jego przekonania, że wypełnia wolę Bożą, wiary, że Pan przeprowadzi go przez wszystko, pogardy wobec ciała i gotowości podejmowania każdego ryzyka dla Chrystusa. Lecz są to tylko, jak napisał Froude o Carlisle'u: „mgły wiszące wokół góry”. Ludzie pragnący uniknąć mgły muszą zadowolić się równinami, ale ja wolę góry. Minie niewiele czasu, a mgły roz-

wieją się, góra zaś stać będzie w całym majestacie. Osobiście mam wobec niego ogromny dług. Od niego nauczyłem się, iż Boży ideał świętości to nie człowiek zaprzątnięty przede wszystkim własnym uświęceniem; Boży święty w pięćdziesięciu procentach jest żołnierzem. Tak więc my i tysiące innych nadal dziękować będziemy Bogu za żołnierskie życie, jakie prowadził i żołnierską śmierć, jaką zmarł.

Ów wielki człowiek poszedł odebrać swą nagrodę. Żył tym rodzajem życia, które przyciąga uwagę. Uważne spojrzenia dostrzegały jego gliniane stopy, ale i serce ze złota. Tego dnia, gdy przyjęło go niebo, właśnie to złote serce znalazło się w centrum uwagi, bo przyniósł chwałę swemu Mistrzowi, wydając wiele owocu.

Rozdział dwudziesty ósmy

Wiele owocu

Charles i Priscilla Studd zostawili swój ślad w historii współczesnej misji. Oboje posiadali twardą jak granit determinację pionierów. Żadne nie poddałoby się. Nieważne, jakie przeszkody rzucał im pod nogi diabeł, jakie „nadchodzące przyjazne" pociski wybuchały pod ich stopami – trwali niewzruszenie.

Studd był przede wszystkim ewangelistą. Nigdy nie koncentrował się na budowaniu Kościoła, ta praca czekała na sługę Bożego z innym darem. C.T. poświęcał się wytężonej ewangelizacji. Nie ma sensu mówić, co powinien, a czego nie powinien był robić. Czynił to, do czego predestynował go posiadany dar.

Wojowniczy charakter sprawiał, że często angażował się w potyczki. Jak król Dawid był mężem wojny. Kiedy Dawid zapragnął wybudować Panu przybytek, Bóg pozwolił mu jedynie zgromadzić materiały, a zadanie budowania powierzył Salomonowi, jego synowi. Charles Studd zgromadził mnóstwo „materiału" do budowy domu Pana. Tysiące Afrykańczyków dziś raduje się w niebie, bo Studd i jego towarzysze posłuchali Pana. Gdy C.T. odszedł, Bóg pozwolił budować swój Kościół innemu. Tak samo jak na serce Dawida, Pan patrzył na serce Charlesa Studda. Widział jego całkowite oddanie i zupełne posłuszeństwo; znaczyły one w oczach Bożych znacznie więcej niż słabości charakteru. Pan honorował jego serce.

Bóg pisze historię kategoriami ludzkiej osobowości. Wydarzenia 1 Księgi Mojżeszowej koncentrują się wokół ośmiu postaci. Biblia opowiada o okresach i erach, ale w centrum każdej stoi jakaś osobowość, zazwyczaj człowiek jest kluczem do epoki. Studd na pewno pisał historię każdą odrobiną swej energii i każdą kroplą potu. Dzisiaj w sercu Afryki uwielbia się Jezusa – nie ma już miejsca dla rozpusty i czarnej magii.

C.T. Studd nigdy nie pasował do niczyich klasyfikacji. Jego przeznaczeniem było zakładać fundamenty. Szczerość serca czyniła go jedynym w swoim rodzaju. Spieszył się tam, gdzie inni bali się postawić stopę, mówiąc: „Przychodzę pełnić Twą wolę, o Boże". Udostępnił swe ciało, wola Boża musiała się spełnić.

W ewangelizacji świata pojawiają się legiony problemów, lecz wszystkie one ustępują przed ludźmi zdeterminowanymi. Cena jest wysoka. Bóg nie szuka partnerstwa z nami, ale chce mieć nas na własność. Studd wiedział, że kupiony jest za cenę krwi Jezusa. Jego Władca miał pełne i wyłączne prawo dysponowania swą własnością.

Charles Studd oddał swój majątek, a w ciągu całego życia otrzymał na finansowanie misji stokroć więcej. Nie brakowało mu pieniędzy, regularnie otrzymywał w darze kwoty pięciuset lub tysiąca funtów, do użytku zgodnie z własnym uznaniem. W większości szły na wsparcie służby jego i innych misjonarzy. Potrzeby osobiste zredukował do minimum. Dla przykładu – całe życie używał mebli i sprzętów lokalnego wyrobu.

Żyjąc, oddał się działaniu śmierci. Było to zgodne z zasadą, że życie musi wypływać ze śmierci. Wydaje się, że pragnienie, by umrzeć na afrykańskiej ziemi przerodziło się w pewien plan. C.T. widział swe życie jako ziarno, które posiane w afrykański grunt wyda stokrotny plon. Oglądał Bożą wierność na własne oczy. Widział młodych mężczyzn i kobiety przybywających, by z radością poświęcić życie ratowaniu ginących, by otwierać drogę do nowych pól misyjnych.

Od czasu, gdy Charles i Priscilla odeszli do Pana, WEC wysłała misjonarzy do ponad czterdziestu krajów świata. Liczba czynnych pracowników przekracza dziś tysiąc czterystu. Ale to nie wszystko, bo z WEC wyrosła Krucjata Literatury Chrześcijańskiej (*Christian Literature Crusade*), zatrudniająca ponad sześciuset pracowników postępujących według zasad wiary i pełnego poświęcenia Jezusowi za przykładem Studdów. Wymienić też trzeba Misję Obszarów Nie Zewangelizowanych powstałą w wyniku rozłamu. Misja ta wykonała wspaniałą pracę w Kongu przed powstaniem Simby we wczesnych latach sześćdziesiątych, obecnie działa w pięciu innych krajach.

Dzisiaj WEC nadal wysyła mężczyzn i kobiety do wciąż nie zewangelizowanych ludów świata. Jej programem jest rozwijanie pracy aż do dnia, gdy ludzie z każdego plemienia i narodu staną wokół tronu Bożego, by uwielbiać Baranka.

Powinniśmy zdać sobie sprawę, że Priscilla i Charles Studd byli ludźmi ze zwyczajnymi problemami, zdolnymi czuć i postępować tak samo jak my. Nie byli supergwiazdami z nieosiągalnego wymiaru. Niech nie onieśmielają nas ich wielkie osiągnięcia. Widząc ich takimi, jacy byli – ludźmi z ciała i krwi, przez których działała moc Boża – rozumiemy, że nie ma powodu, by Bóg nie zrobił tego raz jeszcze. Tym, czego potrzebuje, jest życie oddane w pełni do Jego dyspozycji.

Nie spisuj siebie na straty z powodu braku talentów. Bóg może wyposażyć cię w każdą umiejętność potrzebną do wypełnienia Jego woli. Pamiętaj, we wczesnym okresie służby C.T. nie był świetnym mówcą. Jego talenty rozwijały się w miarę używania. Mimo nad wyraz sprawnego umysłu, nie był wyróżniającym się administratorem, takim jak Priscilla. Zawsze dawała o sobie znać impulsywna strona charakteru Charlesa. Czyniła go nieco narwanym, lecz w Bożych rękach stawała się tym, co pozwalało mu odrzucić nadmierną ostrożność i odważyć się na śmiałe czyny dla Boga.

Jego wielką zaletą była gorąca, silniejsza niż cokolwiek miłość do Chrystusa. Jezus zajmował pierwsze miejsce we wszystkim. Górował ponad miłość własną, pragnienie wygody, światowych dóbr czy intymnych relacji.

C.T. Studd był strzałą Pana, ostruganą i wyostrzoną Jego dłonią tak, że zostało tylko to, co niezbędne. Żadnych fanaberii, kaprysów, zachcianek, z jedynym pragnieniem – iść naprzód.

C.T. Studd w 1929 r.

Ważne daty z życia C.T. Studda i Priscilli

Narodziny Charlesa Thomasa Studda	2 grudnia 1860
Nawrócenie	1876
Narodziny Priscilli Livingstone Stewart	28 sierpnia 1864
Początek studiów C.T. w Trinity College w Cambridge	1880
Kariera krykietowa	1880-1884
C.T. otrzymuje powołanie do Chin	listopad 1884
Wypłynięcie do Chin jako członek „siódemki z Cambridge”	luty 1885
Nawrócenie Priscilli w Irlandii	1885
Rozdanie majątku (Charles ma 26 lat)	13 stycznia 1887
Ślub z Priscillą Livingstone Stewart	1888
Powrót z Chin	1894
Służba w USA i Wielkiej Brytanii	1895-1900
Wypłynięcie do Indii	1900
Powrót do Anglii	1906
C.T. otrzymuje powołanie do Afryki	1908
Podróż rozpoznawcza do Sudanu	1910
C.T. i Buxton wypływają do Afryki	3 stycznia 1913
Założenie pierwszej bazy Misji Serce Afryki	1913
Pierwszy chrzest w Niangarze	1915
C.T. wraca do kraju po wolontariuszy	1916
C.T. wypływa do Afryki, z grupą płynie Edith	1917
Ślub Edith i Alfreda	1917
Wielkie żniwo w Ituri	1919
Przyjęcie nazwy Światowa Krucjata Ewangelizacyjna	1919
Przyjazd Normana Grubba i Pauline do Konga	1919
Podróż Priscilli Studd do Stanów Zjednoczonych	1920

Powrót Alfreda Buxtona do Konga	1921
Powstanie komitetu wspierającego w Ameryce	1921
Otwarcie stacji w Ibambi	1921
Dziesiąta rocznica – czterdziestu czynnych misjonarzy	1923
Początek rozszerzenia pracy na nowe obszary	1923
Podróż Priscilli do Australii i Nowej Zelandii	1924
Podróż Priscilli do Afryki Południowej	1925
Odwiedziny Priscilli w Ibambi	1928
Priscilla umiera w Hiszpanii	15 stycznia 1929
C.T. umiera w Ibambi	16 lipca 1931

Bóg dał C.T. Studdowi obietnicę, że jego służba przyniesie obfity owoc nie tylko w Afryce, ale będzie miała wielkie znaczenie dla misji na całym świecie. Ciężka praca i wielkie zaangażowanie staną się inspiracją dla wielu powołanych, a głoszone przez C.T. Studda podstawy wiary będą nieustannie przekazywane.

Obecnie w WEC International pracuje ponad 1700 misjonarzy a także wielu wolontariuszy z ponad 50 krajów; 150 z nich pochodzi z Niemiec. Najważniejszym celem naszej misji jest dotarcie do narodów, które jeszcze nigdy nie słyszały poselstwa Ewangelii.

Jeśli chcecie Państwo dowiedzieć się czegoś więcej o naszej misyjnej służbie i możliwościach przyłączenia się, zapraszamy na naszą niemiecką lub angielską stronę internetową:

www.wec-int.de
www.wec-int.org

lub napiszcie do nas:

WEC – International
Hof Häusel 4
65817 Eppstein
Deutschland

W serii *Bohaterowie wiary* dotychczas ukazała się:

Autobiografia, *John Paton – Misjonarz wśród kanibali*

W przygotowaniu:

Rob Mackenzie, *David Livingstone – Prawda ukryta w legendzie*
Frank Mott Harrison, *John Bunyan – historia jego życia*
S. Pearce Carey, *William Carey – Ojciec nowoczesnej misji*
Autobiografia, *C.H. Spurgeon – wszystko dla chwały Bożej*
John Pollock, *D.L. Moody – Wielki ewangelista XIX wieku*
Autobiografia, *Billy Graham – Taki jaki jestem*
Grace Irvin, *John Newton – Sługa niewolników*
Roger Steer, *J. Hudson Taylor – W sercu Chin*